学前教育专业系列教材

# 教育学

徐士贺◎主编
张永超　刘庆治　杨　玲◎副主编

北京大学出版社
PEKING UNIVERSITY PRESS
黑龙江大学出版社
HEILONGJIANG UNIVERSITY PRESS

**图书在版编目（CIP）数据**

教育学 / 徐士贺主编. -- 哈尔滨 : 黑龙江大学出版社 ; 北京 : 北京大学出版社, 2019.6
ISBN 978-7-5686-0345-4

Ⅰ. ①教… Ⅱ. ①徐… Ⅲ. ①教育学 Ⅳ. ①G40

中国版本图书馆CIP数据核字(2019)第060800号

教育学
JIAOYUXUE
徐士贺 主编 张永超 刘庆治 杨 玲 副主编

---

责任编辑 张微微
出版发行 北京大学出版社 黑龙江大学出版社
地 址 北京市海淀区成府路205号 哈尔滨市南岗区学府三道街36号
印 刷 哈尔滨市石桥印务有限公司
开 本 720毫米×1000毫米 1/16
印 张 15.75
字 数 258千
版 次 2019年6月第1版
印 次 2019年6月第1次印刷
书 号 ISBN 978-7-5686-0345-4
定 价 40.00元

---

# 总　序

学前教育是终身学习的开端，是国民教育体系的重要组成部分，是重要的社会公益事业。学前教育对幼儿的身心健康、习惯养成、智力发展等具有重要意义。办好学前教育，关系亿万儿童的健康成长，关系千家万户的切身利益，关系国家和民族的未来。改革开放以来，特别是21世纪以来，我国学前教育取得了长足发展，普及程度逐步提高。随着社会经济的发展，人们对学前教育提出了更高的要求。

2018年11月，中共中央、国务院出台了《关于学前教育深化改革规范发展的若干意见》，该意见明确指出："目前学前教育仍是整个教育体系的短板。"学前教育的短板突出表现在教育资源不足、政策保障体系不完善、教师队伍建设滞后、监管体制机制不健全、保教质量有待提高等方面。其中，教师队伍建设滞后成为制约我国学前教育事业发展的一个重要因素。针对师资问题，该意见提出："到2020年，基本形成以本专科为主体的幼儿园教师培养体系，本专科学前教育专业毕业生规模达到20万人以上；建立幼儿园教师专业成长机制，健全培训课程标准，分层分类培训150万名左右幼儿园园长、教师。"为了实现这个目标，加大学前教育人才培养力度、提高学前教育专业教学质量是我们面临的重要任务。

为了全面贯彻党和国家的教育方针，我们组织江苏、安徽、黑龙江、吉林、广东等省的本科院校学前教育专业的专家和学者共同编写了这套"学前教育专业系列教材"。本套教材主要面向普通本科院校、成人高校的在校学生，同时也适用于各级各类幼儿园园长和教师的培训。本套教材立足于培养实用型、技能型的幼教教师，坚持理论联系实际、讲学练结合、突出岗位技能训练的原则，力求贯彻能力本位原则、学生主体原则、与时俱进原则。在内容和体例上，本套教材力求做到科学、实用、新颖，密切结合学生的认知规律和学习特点来选择教学内容。理论知识的构建以阐述基本问题为主,理论知识通俗易懂、便于理解。专业技能的训练则与幼教机构的实际需要相联系。本套教材力求做到目的明确、重点突出、指导具体,具有较强的实用性和可操作性。

本套教材的编写得到了教育部幼儿园园长培训中心领导和专家的指导,一些幼儿园园长和资深教师对本套教材的编写也提出了很多宝贵意见。对于他们的帮助,我们表示衷心的感谢。本套教材由于编写仓促,还存在一些问题和不足,我们将在今后的使用过程中不断修订、不断完善,使这套教材更好地为广大师生服务。

编者

# 目　录

# 导 论

## 第一节 教育学的概念与研究对象

任何一门学科都有自己的研究对象,任何一门学科正是因为其研究对象的特殊性而与其他学科区别开来而成为一门特定的学科。

### 一、教育学的概念

关于教育学,赫尔巴特在其《普通教育学》中指出:"教育学作为一种科学,是以实践哲学和心理学为基础的。前者说明教育的目的;后者说明教育的途径、手段与障碍。"①

一般认为,教育学是研究教育现象,揭示教育规律的一门科学。

### 二、教育学的研究对象

关于教育学的研究对象,教育理论界的观点有多种,但影响较大的可归纳为两种,一种观点认为教育学的研究对象是教育现象,另一种观点认为教育学的研究对象是教育问题。在这两种观点的基础上又有一种折中的观点,即认为教育的研究对象是教育现象和教育问题。

---

① 赫尔巴特.普通教育学·教育学讲授纲要[M].李其龙译.杭州:浙江教育出版社,2002年,第207页.

教育现象是人类各种教育活动的外在表现形式。人类的教育现象纷繁复杂,但可以从两个维度加以考察。从纵向来看,根据历史发展阶段的划分,存在着远古的原始教育现象、古代教育现象、近代教育现象和现代教育现象;从横向来看,主要有社会教育现象、家庭教育现象和学校教育现象等。在高科技飞速发展的今天,随着教育观念和教育形式的变化,诸如终身教育思想的产生,广播电视教育、函授教育和网络教育等各种远程教育的出现和发展,都使教育呈现出许多新的特点。在众多的教育现象中,有正常的现象,也有非正常的现象。非正常的教育现象诸如当前教育领域出现的教育浪费、教育泡沫以及教育腐败现象;教育片面追求升学率而背离教育方针要求的现象;教育只重视人的智育而忽视人的全面发展的现象;沿海与内地、城市与乡村、重点学校与非重点学校、普通教育与职业教育等的发展不平衡,教育资源分配不公平的现象;教育中的一些急功近利、违背教育规律的功利化现象等,都是不正常的,都应该加以研究或者批判。

研究现象的目的是为了揭示规律,所谓规律就是不以人们的意志为转移的客观事物内在的必然的本质性联系,以及事物发展变化的必然趋势。规律具有客观性和反复起作用的特点,人们只能认识和利用规律,而不能改变或制造规律。所谓教育规律,就是教育内部诸因素之间、教育与其他事物之间的本质性联系,以及教育发展变化的必然趋势。教育现象纷繁复杂,但通过复杂的现象,可以从两个方面去揭示教育规律,即教育与社会发展之间的矛盾或关系,教育与人的身心发展之间的矛盾或关系。教育学研究的诸多问题大致都可归结为这两对矛盾或关系,因此,人们通常把这两对矛盾或关系称为教育的两条基本规律,这两条基本规律也成为学习教育学原理的两条最基本的线索。

## 第二节　教育学的产生与发展

任何一门学科都有其从无到有,从不完善到完善的发展历程。教育是随着人类社会的出现就已存在的一种社会现象,但研究教育的教育学,却是在社会发展到一定历史阶段才形成的。从学科发展的历史来看,教育学仍然是一门比较年轻的学科。

教育学的发展大体上可以分为以下三个阶段:

## 一、教育学的萌芽阶段

教育作为人类的社会现象必然引发人们的思考，尤其教育作为专门培养人的活动从社会生产和生活中分离出来以后，一些从事教育活动的思想家不断地总结教育经验，从而提出各种教育思想，其他思想家在进行哲学思考时也兼及教育问题，也会提出各种教育思想。当然，这些经验的总结和教育思想都是与他们的哲学思想混杂在一起的。

我国古代最著名的教育家孔子在其长期的教育实践中提出了许多至今仍然散发着光辉的教育思想，他的思想主要体现在记录其与弟子之间相互问答的著作《论语》中，因此，《论语》是反映中国古代教育思想的代表性著作。在教育对象上，孔子提出了“有教无类”的思想；在教学原则上，提出了“因材施教”“不愤不启，不悱不发”“学而不思则罔，思而不学则殆”“学而时习之”“君子耻其言而过其行”等教学原则；在师生关系上，提出了“三人行，必有我师焉”的思想。

还需要特别指出的是我国战国后期形成的《学记》，其在教育思想史上更具有重要意义。

《学记》是我国最早，也是世界教育史上最早专门论述教育问题的专著。《学记》全文虽只有1229个字，却对我国先秦时期的教育经验做了全面的概括和总结。文中对教育的目的和作用、教育制度、教育过程、教育内容、教育方法等都做了精辟的论述。尤其所提出的因材施教、教学相长、循序渐进、启发诱导、长善救失、师严道尊等一系列宝贵教育思想，至今仍具有学习、研究价值。例如，在教育目的上提出“化民成俗”，在教学原则上提出“虽有嘉肴，弗食，不知其旨也；虽有至道，弗学，不知其善也。是故学然后知不足，教然后知困（困惑）。知不足，然后能自反也；知困，然后能自强也”“大学之法，禁于未发之谓豫，当其可之谓时，不陵节而施之谓孙，相观而善之谓摩。此四者，教之所由兴也”。

此外，诸如《孟子》《荀子》《道德经》，韩愈的《师说》，朱熹的《语录》，颜元的《存学篇》等或多或少都对教育的某些问题进行了论述。

古希腊哲学家苏格拉底、柏拉图、亚里士多德在阐述其哲学、政治思想时也谈到了有关教育的问题。

苏格拉底在与其他人辩论的时候采用了一种问答法，也称为“产婆术”或“苏格拉底法”，后来发展为一种教学方法，这种方法主要通过讨论、不断提问，而使对方认识并承认自己的错误,自然而然地获得正确的结论,这种方法对后来的教学法产生了深远的影响。

柏拉图是苏格拉底的学生,西方客观唯心主义的创始人,他认为世界由“理念世界”和“现象世界”所组成。理念世界是真实的存在,永恒不变,而人类感官所接触到的这个现实的世界,只不过是理念世界的微弱的影子,它由现象所组成,而每种现象是因时空等因素而表现出暂时变动等特征。这就是柏拉图著名的理念论。柏拉图在他著名的“洞穴隐喻”中阐明了理念世界和可感世界之间的关系,进而说明了人类的生活状态及教育在解放思想、启蒙心智方面的力量。柏拉图认为,教育是让灵魂转向到其应该关注的对象和方向上去——教育即灵魂的转向。“教育不是某些人所声称的那样,在欠缺知识的灵魂中放进知识,就如同在瞎眼中放进视力。”基于理念论,柏拉图认为人的一切知识都由天赋而来,它以潜在的方式存在于人的灵魂之中。因此,知识不是对世界物质的感受,而是对理念世界的回忆,“学习即回忆”。在《理想国》这部著作中,柏拉图分别探讨了城邦的保卫者和统治者的教育。

亚里士多德是柏拉图的学生,他是世界古代史上最伟大的哲学家、科学家和教育家之一。他认为人的灵魂由三部分构成,即植物灵魂、动物灵魂和理性灵魂,与之相应也有三方面的教育:体育、德育和智育,教育的目的在于促进儿童德、智、体多方面的和谐发展。亚里士多德提出了“百科全书”式的课程,主张学生在德、智、体方面全面发展,且在不同时期各有所侧重,例如幼儿期以身体发展(体育)为主,少年期以音乐教育为核心,以德、智、美为主要内容。

此外,古罗马的昆体良对教学和学前教育提出了许多独到的见解,对后世影响较大,他的《雄辩术原理》被称为世界上第一本研究教学法的书。他十分重视学前教育,在教育史上第一次提出了双语教育问题,希望儿童先学希腊语,再学拉丁语。

这一时期对教育经验的总结,虽然思想非常丰富,但还不是独立的教育学。因为:第一,这一时期的教育思想还包含在哲学思想体系中,同哲学思想交织在一起,还没有从哲学中独立出来;第二,这些教育思想和教育篇章,还处在经验总结阶段,还没有上升到系统化的理论高度。

## 二、独立形态教育学的产生与发展

随着教育实践的丰富和教育理论的提升，教育学逐渐从哲学中分化出来，成为一个专门的领域，独立形态的教育学由此产生。1623 年，英国哲学家培根发表了《论科学的价值和发展》一文，首次在科学分类中将教学的艺术作为一个独立的学科领域划分出来，这标志着教育学在科学体系中有了独立的学科地位。独立形态教育学的产生不仅意味着专门论述教育问题的专著的大量产生，而且最终产生了具有科学体系的教育学著作。在这一历程中，夸美纽斯、康德、赫尔巴特等教育家或哲学家是独立形态教育学产生的标志性人物。

17 世纪的捷克教育家夸美纽斯所著的《大教学论》(1632 年)被认为是近代最早的教育学著作。该书开篇就提出了"大教学论是把一切事物教给一切人类的全部艺术"，反映了他的泛智教育思想，提出了普及初等教育，主张建立适应学生年龄特征的学校教育制度，论证了班级授课制度，规定了广泛的教学内容，并论述了教学原则等思想，在反对封建教育、建立新的教育科学方面起到了积极的作用。

德国著名的哲学家康德于 1776 年在柯尼斯堡大学的哲学讲座中讲授了教育学，这是教育学作为一门课程首次在大学里讲授。反映康德教育思想的《康德论教育》一书在 1803 年出版。

德国著名的哲学家、心理学家和教育家赫尔巴特于 1806 年出版了《普通教育学》，这本书被认为是世界上第一本形成科学体系的教育学著作，赫尔巴特因此被认为是"现代教育学之父"或"科学教育学的奠基人"。赫尔巴特致力于将教育学建立在心理学基础之上，他把心理学和哲学作为教育学的基础，他说："教育学作为一种科学，是以实践哲学和心理学为基础的。前者说明教育的目的；后者说明教育的途径、手段与障碍。"①他把教育目的分为"可能的目的"和"必要的目的"，可能的目的是指与儿童未来所从事职业有关的目的；必要的目的是教育的最高和最基本的目的。

赫尔巴特被认为是传统教育学派的代表，传统教育学派以"教师中心"、"课

① 赫尔巴特. 普通教育学·教育学讲授纲要[M]. 李其龙译. 杭州：浙江教育出版社，2002 年，第 207 页.

堂中心”和“教材中心”为显著特征。

英国著名哲学家、社会学家和教育家斯宾塞于1861年出版了《教育论》,斯宾塞认为教育的目的是“为未来完满的生活做准备”。他提倡科学教育,认为在所有的知识当中,科学知识最有价值。他把人的活动分成五类,并分别确定不同的教学内容:第一种是直接保全自己的活动。它要求了解解剖学、生理学及卫生学。第二种是获得生活资料,间接保全自己的活动。除了掌握读、写、算等基本技巧外,还要掌握逻辑学、算术、几何学、力学、物理学、化学、天文学、地质学、生物学、社会学以及外国语知识等。第三种是种族保存(即教养子女)的活动。它要求研究生理学、心理学和教育学,以便正确地实施对儿童的体育、智育和德育。第四种是履行社会义务。需要研究历史,研究“自然的社会史”,即社会发展的现象。第五种是满足兴趣爱好和感情需要的休闲活动。斯宾塞的科学主义教育思想推动了科学教育的发展。

此外,许多著名的哲学家、思想家也出版了专门的教育学著作,为教育学的创立做出了贡献。英国哲学家洛克于1693年出版了《教育漫话》,提出了绅士教育思想;法国启蒙思想家卢梭于1762年出版了《爱弥儿》,在批判封建旧教育的基础上提出了他的自然主义教育思想;瑞士教育家裴斯泰洛齐明确提出了“使人类教育心理学化”的主张,对推动教育活动的科学化起到了重要作用,他在《林哈德和葛笃德》中提出了全面发展教育和要素教育的思想。

## 三、教育学的多样化发展

随着科学技术和教育实践的发展,教育学越来越多地吸收其他学科的成果,并采用多种研究方法,从而产生了许多新的教育学派和教育思想。

### (一)实验教育学

实验教育学是19世纪末20世纪初在欧美一些国家兴起的以教育实验为标志的教育思想流派。代表人物是德国教育学家梅伊曼和拉伊,代表著作是梅伊曼的《实验教育学纲要》(1914)和拉伊的《实验教育学》(1908)。德国心理学家冯特于1879年在莱比锡大学创设了世界上第一个心理学实验室,至此,实验心理学得以诞生和发展。实验心理学为实验教育思想提供了可以直接借鉴和吸收的成果,一些教育学者利用实验、统计及比较方法研究儿童身心发展和教育上的问题,促使了实验教育学的产生。

### (二)文化教育学

文化教育学,又称精神科学教育学,是19世纪末以来出现在德国的一种教育思潮,代表人物有狄尔泰、斯普朗格、利特等人,代表著作有狄尔泰的《关于普遍妥当的教育学的可能》(1888)、斯普朗格的《教育与文化》(1919)、利特的《职业陶冶、专业教育、人的陶冶》(1947)等。

### (三)实用主义教育学

实用主义教育学是19世纪末20世纪初在美国兴起的一股教育思潮,对20世纪整个世界的教育理论研究和教育实践的发展产生了极大的影响。其代表人物有美国哲学家、教育学家杜威和他的学生克伯屈等人。代表著作有杜威的《民主主义与教育》(1916)和《经验与教育》(1938),克伯屈的《设计教学法》(1918)等。

实用主义教育学和实验教育学一样,也是在批判以赫尔巴特为代表的传统教育学的基础上提出和发展起来的。很显然,实用主义教育学以实用主义作为哲学基础和理论依据。

### (四)马克思主义教育学

马克思主义教育学产生于20世纪的苏联和中国,代表人物有苏联的克鲁普斯卡娅、加里宁、凯洛夫和中国的杨贤江。代表著作有克鲁普斯卡娅的《国民教育与民主主义》、加里宁的《论共产主义教育和教学》、凯洛夫的《教育学》、杨贤江的《新教育大纲》。

### (五)批判教育学

批判教育学是20世纪70年代之后兴起的一种教育思潮,代表人物有美国的鲍尔斯、金蒂斯、阿普尔、吉鲁,法国的布迪厄,巴西的保罗·弗莱雷等人。代表著作有鲍尔斯与金蒂斯的《资本主义美国的学校教育》(1976)、阿普尔的《教育与权力》(1982)、吉鲁的《批判教育学、国家与文化斗争》(1989)、布迪厄的《教育、社会和文化再生产》(1979)、保罗·弗莱雷的《被压迫者的教育学》(1970)。

# 第三节　教育学的研究方法

## 一、观察法

### (一)观察法的概念

观察法是指人们有目的、有计划地通过感官或一些辅助仪器,对处于自然状态下的客观事物进行系统考察,从而获取经验事实的一种科学研究的方法。

### (二)观察法的类别

#### 1. 自然观察法与实验室观察

按照观察情境的条件可以将观察法分为自然观察法和实验室观察法。

(1)自然观察法

自然观察法就是在教室、博物馆、运动场、家等真实情境中对儿童开展观察。这种方法的优点在于它能揭示人们在日常生活中的真实行为,它的缺点在于:第一,一些行为不是经常发生的(如见义勇为),或者是一些行为是不被学校或社会所允许的(如欺负行为),观察对象不愿意该行为被观察到。第二,在自然的环境中,常常会发生很多事件,研究者很难弄清楚各种事件之间的关系。第三,观察者在场会使被观察对象表现出与平常不同的行为,从而产生观察者效应。当然,研究者可以通过隐蔽摄像机或让被观察对象先熟悉自己等手段降低观察者效应。

(2)实验室观察(结构观察)法

实验室观察法又叫结构观察法,就是在实验室中,研究者从观察对象身上引发自己感兴趣的行为并且观察其反应的一种观察方法。实验室是一个受到控制的环境,真实环境中的复杂因素被排除在外。实验室观察可以帮助研究者控制研究进程,使研究者观察到那些在真实情境中难以捕捉到的行为,但不够真实,可能难以观察到被试在日常生活中有代表性的行为。

2. 直接观察法和间接观察法

按照观察的方式(是否借助媒介)可以将观察法分为直接观察法和间接观察法。用我们的双眼进行观察即为直接观察,其优点是能切身感受当时的场景,能够获得更为真实的信息;借助摄像机等设备进行观察即为间接观察,其优点是不易遗漏现场中的繁杂信息。

3. 参与式观察法和非参与式观察法

按照观察者是否直接参与被观察者所从事的活动可以将观察法分为参与式观察法和非参与式观察法。

(1)参与式观察法

参与式观察法是指研究者直接参加到所观察对象的群体和活动中去,不暴露研究者的真实身份,在参与活动的过程中进行隐蔽性的研究观察。该方法具有不破坏和影响被观察对象的原有结构和内部关系的特点,因此能够获得有关的较深层次的结构和关系的材料,但处理不当易影响观察的客观性。

(2)非参与式观察法

非参与式观察法是指研究者以“旁观者”的身份,或采取公开的或秘密的方式进行的观察。它不要求研究人员站到与被观察对象相同的地位上,其结论通常也比较客观,但具有易表面化,不易获得深层次的材料的缺点。

## 二、调查研究法

### (一)调查研究法的概念

调查研究法是一种描述研究的方法,是通过对原始材料的观察,有目的、有计划地搜集研究对象的材料,从而形成科学认识的一种研究方法。调查是用科学的手段搜集有关研究对象的客观事实材料,研究是对所收集得来的事实材料进行整理分析。

## (二)调查研究法的类别

### 1. 典型调查、普遍调查、抽样调查、个案调查和专家调查

按照调查对象的选择范围,可分为典型调查、普遍调查、抽样调查、个案调查和专家调查(也叫德尔菲法)。典型调查是指根据调查目的和要求,在对调查对象进行初步分析的基础上,有意识地选取少数具有代表性的典型单位进行深入细致的调查研究,借以认识同类事物的发展变化规律及本质的一种非全面调查。普遍调查,又称全面调查,是指对调查对象的总体所包括的所有单位和要素进行逐一进行调查的方法。抽样调查是一种非全面调查,它是从全部调查研究对象中抽选一部分单位进行调查,并据此对全部调查研究对象做出估计和推断的一种调查方法。个案调查是指对一个人、一个群体、一件事、一个社会集团或一个社区所进行的深入全面的调查。专家调查是指用书面形式广泛征询专家意见,以预测某项专题或某个项目未来发展的方法。

### 2. 问卷调查、访谈调查、测验调查和调查表法

按照调查的手段,可以分为问卷调查、访谈调查、测验调查和调查表法。问卷调查是以书面提出问题的方式搜集资料的一种研究方法。访谈调查就是以口头沟通的方式搜集资料的研究方法。测验调查是指通过教育测验或心理测验获取研究对象信息的研究方法。调查表法是指以表格的方式获得研究对象一些基本状况的研究方法。

(1)问卷调查法

1)问卷调查法的概念

问卷调查法是教育科学研究中收集数据的最基本、最常用的方法之一。问卷调查法是指研究者以按照一定的要求和程序编制的问卷为工具收集数据的一种方法。

2)问卷调查法的优点与缺点

①问卷调查法的优点

适用范围广;可以快速地收集到大量样本的信息,效率较高;其结果很少受主被试交互作用的影响;结果容易量化,标准化的模式能够使研究者直接比较来自不同研究对象的数据。

②问卷调查法的缺点

缺乏灵活性;主试无法了解被试回答问题时的反应;所收集到的数据可能不够精确或不够真实。

(2)访谈法

1)访谈法的概念

访谈法是研究者通过对研究对象进行有目的的交谈的方式收集研究资料的一种方法。

2)访谈法的类型

①结构性访谈和非结构性访谈

根据访谈过程是否有严格设计的访谈问卷或访谈提纲,实际的过程是否严格按计划进行,可以讲访谈分为结构性访谈和非结构性访谈。结构性访谈又称结构式访问、定向访谈、标准化访谈、口头式访谈,是指按照统一设计的访谈提纲对访谈对象进行提问,结构性访谈对访谈的过程有严格的规定。非结构性访谈又称非结构式访问、非定向访谈,是指只有一个粗略的访谈提纲,对访谈的过程没有严格规定的访谈调查。

②一次性访谈和重复性访谈

根据对某一问题或某一对象访谈时间、次数的不同,可以将访谈分为一次性访谈和重复性访谈。一次性访谈又称横向性访谈,是指对人们某一生活时刻或某段时期内的想法、态度以及行为等方面的情况进行一次性完成的调查方法。重复性访谈又称跟踪性访谈或纵向访谈,是指要经过多次访谈才能完成的访谈。

③个别访谈和集体访谈

根据访谈者一次访问对象的多少,可以将访谈分为个别访谈和集体访谈。个别访谈是指由访谈员对每一个被调查者逐个进行的单独访谈调查;集体访谈是指一名或数名访谈员召集一些被调查者,就有关问题通过集体谈话的方式进行的调查。

### (三)调查研究法的步骤

确定调查课题→选择调查对象→确定调查的方法和手段、编制和选用调查工具→制订计划→实施调查→整理分析调查资料、撰写调查报告。

## 三、历史研究法

### (一)历史研究法的概念

历史研究法就是运用历史资料,从事物发生和发展的过程中去进行考察,以弄清该事物的实质和发展规律的研究方法。由于教育作为一种社会现象有其发生与发展的过程,所以我们要了解教育的某一问题,探求教育发展的规律都需要运用历史研究法进行研究。

### (二)历史研究法的特点

#### 1. 历史性

在研究对象上,历史研究法关注的是过去发生的教育事件;在研究过程上,历史研究法试图按照历史的时间顺序和空间范围再现历史事件的全过程。

#### 2. 具体性

历史研究法的开展必须基于丰富而具体的文献资料。

#### 3. 以逻辑分析法概括史实

逻辑分析法从纯粹的抽象理论的形态上来揭示对象的本质,通过概念、判断、推理等思维形式研究事物发展过程的矛盾运动,揭示历史规律并形成科学的理论体系。

### (三)历史研究法的步骤

#### 1. 史料的搜集

史料包括文字的和非文字的两种。

#### 2. 史料的鉴别

要用多种方法尽可能地搜集与研究问题有关的史料,并用各种方式对搜集的史料鉴别真伪。

3. **对史料的分析研究**

要用历史唯物主义的观点对史料进行分析探讨,从而发现和揭示教育演变的规律。

## 四、实验法

### (一)实验法的概念

实验法是研究者根据研究目的,在研究对象所处的环境中引发一些变化,然后测量这些变化对研究对象的行为有何影响的研究方法。实验法是直接探讨事物因果关系的一种研究方法。

### (二)实验法的类别

1. **实验室实验和现场实验**

根据实验的场所和情境可以将实验研究划分为实验室实验和现场实验。

(1)实验室实验

在实验室中进行的实验,能够对研究对象的环境进行操纵(自变量),能测量自变量对研究对象行为(因变量)的影响。其优点是能确定变量之间是否存在因果关系,实验的内在效度高;其缺点是数据是从人为的实验环境中获得的,不能推广到真实的环境中去,实验的外在效度低。

(2)现场实验

在自然情境(如教室)中进行的实验,可以操纵自变量(如教师改变教学方法),测量在自然情境中自变量对因变量的影响(如不同教学方法对学生成绩的影响)。该种方法能确定变量之间是否存在因果关系,能把实验结果推广到真实世界中去;然而,在自然情境中的实验处理可能不够有力,也难以控制。

2. **探索性实验和验证性实验**

根据实验研究的目的和功能可以将实验研究划分为探索性实验和验证性

实验。探索性实验是指实验者在不知晓实验结果的前提下,通过自己的实验、探索、分析、研究得出结论的实验方法;验证性实验则是对已有的研究结果进行重复验证的实验方法。

**3. 单因素实验、多因素实验、多变量实验**

根据施加实验因素的多寡可以将实验研究划分为单因素实验、多因素实验和多变量实验。如果研究中只有一个自变量,那么该实验是单因素实验;如果研究中有两个或两个以上的自变量,那么该实验是多因素实验;如果研究中有两个或两个以上的因变量,那么该实验就是多变量实验。

**4. 前实验设计、准实验设计和真实验设计**

根据实验的控制程度和内外效度的高低可以将实验研究划分为前实验设计、准实验设计、真实验设计。

(1)前实验设计

前实验设计通常是一种自然描述,用来识别自然存在的临界变量及其关系。此种设计效度极低,因此被称为前实验设计。包括单组后测设计、单组前后测设计、固定组比较设计。

(2)准实验设计

用于真实的情境中,不能用真正的设计来控制无关变量,不能用随机的方法分派被试。主要包括不等控制组设计和时间序列设计。

(3)真实验设计

对自变量、因变量以及无关变量都能进行比较严格的控制。真实验设计都有一个控制组。

## 五、教育行动研究法

### (一)教育行动研究法的概念

教育行动研究法是教育实际工作者与教育理论工作者共同合作,为解决实际问题,在教育实践中进行的一种教育科学研究方法。

### (二)教育行动研究法的步骤

**1. 计划**

以事实和调查研究为前提,制订总体规划和每一步具体的行动方案。

**2. 行动**

行动要遵循“计划—行动—反馈—调整—再行动”的过程。也就是教育行动研究并不是线性的过程,它是一个循环的过程,旨在使研究的问题能够完满地解决。

**3. 观察**

行动过程中对行动的过程、背景、影响因素以及行动者的特点进行全面考察。观察是反思、修订计划和进行下一步研究的前提条件。

**4. 反思**

反思是阶段性总结的过程,反思中要注意对自己的实践和行动做出批判性思考,对行动的过程和结果做出判断,对有关现象和原因做出分析和解释,以为下一次的研究做积累。

# 第一章 教育及其发展

## 第一节　教育的概念及构成要素

### 一、教育的概念

关于教育的概念，国内普遍采用《中国大百科全书·教育卷》对教育所下的定义："教育是培养人的一种社会活动，它同社会的发展、人的发展有着密切的联系。从广义上说，凡是增进人们的知识和技能、影响人们的思想品德的活动，都是教育。狭义的教育，主要指学校教育，其涵义是教育者根据一定社会（或阶级）的要求，有目的、有计划、有组织地对受教育者的身心施加影响，把他们培养成为一定社会（或阶级）所需要的人的活动。教育这个词，有时还作为思想品德教育的同义语使用。"①

我们认为，在广义的教育定义上，不能丢弃教育的重要特点"目的性"。丢弃了教育的目的性，就使教育失去了自己的独特性，教育就会混同于环境和实践活动等影响人的因素。因为增进人们的知识和技能、影响人们的思想品德的活动不仅仅是教育，环境和社会实践活动同样可以做到。狭义的教育定义上，任何教育都必然体现为一定的社会服务、为一定社会培养人的特点，在阶级社会也必然要反映阶级的要求。因此，教育定义中"或阶级"的提法是语义上的重

① 中国大百科全书出版社编辑部. 中国大百科全书·教育[M]. 北京：中国大百科全书出版社，1985 年，教育第 1 页.

复。因此,广义的教育:凡是有目的地增进人的知识和技能、影响人的思想品德的活动,都是教育。狭义的教育:即学校教育,教育者有目的、有计划、有组织地对受教育者的身心施加影响,把他们培养成为一定社会所需要的人的活动。

## 二、教育的构成要素

事物总是由一定的相互联系的要素构成的,要彻底认识事物还必须研究该事物的要素构成。一般认为,教育由四大要素构成,即教育者、受教育者、教育内容、教育手段。任何教育都是教育者借用一定的教育手段,把教育内容传授给受教育者的活动,或是对受教育者施加影响的过程。

### (一)教育者

凡是对受教育者在知识、技能、思想、品德等方面起到教育影响作用的人,都可称为教育者。教育者主要包括父母、教师以及对人起到教育作用的人。自从学校教育产生以后,教育者主要是指学校中的教师和其他教育工作人员。教育者是构成教育活动的一个基本要素,是教育活动的主导者。

### (二)受教育者

受教育者是指在各种教育活动中从事学习的人,既包括学校中学习的儿童、少年和青年,也包括各种形式的教育中的成人学生。受教育者既是教育的对象,又是学习的主体。与教育者一样,受教育者也是构成教育活动的基本要素。在教育活动中,教育者和受教育者两者互为存在,缺少任何一方都不能构成教育。

### (三)教育内容

教育内容是师生共同认识的客体,是教师作用于学生的影响物。教育内容是人类文化的精华,反映着一个社会文化的整体发展水平和所积淀的民族传统。教育内容的选择不仅要根据教育目的和培养目标,也要适合受教育者的身心发展水平。教育内容具有历史性与变化性。教育内容主要体现在教学大纲、教科书以及其他形式的信息载体中。

(四)教育手段

教育手段是指教育者将教育内容传授给受教育者所借助的各种形式与条件的总和。教育手段主要包括物质手段和精神手段,其中物质手段包括教育的活动场所和设施、教育媒体和教育辅助手段,精神手段包括教育方法、教育途径。

在教育的四个基本要素中,教育者与受教育者之间的关系是最基本的关系,这种关系在教育活动中主要表现为教与学的关系。

## 第二节　教育的本质

要了解教育,不得不思考和追问“教育究竟是什么”这样的问题,这一问题是对教育的形而上思考。我国教育理论界曾经对教育的本质展开激烈的争论,形成了几种关于教育本质的不同观点。

### 一、上层建筑说

这种观点的主要理论依据是:

第一,纵观教育发展的历史,教育为政治经济所决定,并为政治经济服务。教育虽然是一种普遍的永恒现象,但它随着社会经济结构的变化而变化,在整个社会结构中,教育属于社会意识形态的范畴,是社会的一种上层建筑现象。教育是通过培养人为政治经济服务的,这是教育区别于其他上层建筑现象的自己专门的特点 。

第二,任何事物都由诸多因素构成,事物的性质由反映本质属性的因素所决定。在教育的诸多因素中,教育目的是教育工作的出发点和归宿,它对教育内容、教育方法和教育组织形式起着制约作用。教育目的在整个教育体系中是基本的、决定的方面,居于核心地位,而教育目的受一定的政治制度和经济制度制约,它是一定社会的占据统治地位的阶级利益在教育上的集中表现。这些本质因素都随着经济基础的变化而变化,为政治经济服务。承认教育目的、教育的方针路线、教育制度等这些上层建筑因素是规定教育性质的矛盾主要方面,也并不否认教育中非上层建筑因素的存在,如自然科学的内容,教育方法和形式,入学年龄等。

第三,从教育与生产力、生产关系的联系看,教育同生产力的相互影响和作用关系,必须通过经济基础的中介来实现。生产力的发展对教育的要求和为教育的发展提供的物质条件,必须通过经济基础的中介而起作用。而教育对生产力的作用,也是通过经济基础的中介实现的。生产力不能直接决定教育,教育是由经济基础直接决定的。从这点看,教育也是一种社会上层建筑现象,只是教育同生产也有着本质的必然的联系。教育与生产斗争的这种内在本质联系,是由于教育是劳动力再生产的必要条件,也是生产工具革新的必要条件。在科学技术高度发达的今天,教育同生产斗争这种本质联系更为突出地表现出来。

持续多年的关于教育本质的争论,就是始于对教育"上层建筑说"的重新认识。对"上层建筑说"的问难主要有两种方式:一种是对"上层建筑说"立论的理论基础进行问难。这种观点认为,马克思、恩格斯的社会结构理论,从来没有要求人们把纷繁复杂的社会现象简单地归结为不是经济基础就是上层建筑,诸如语言就是一种独立于经济基础与上层建筑之外的特殊现象。所以,认为"上层建筑说"的非此即彼的方法是错误的 。另一种方式是对教育本身进行剖析,通过肯定教育中有些因素不属于上层建筑的范畴,进而否定"上层建筑说"的正确性。

## 二、生产力说

教育本质的"生产力说"是于光远在《重视培养人的研究》一文中率先提出来的。后来,黄风漳等许多论者也提出了类似的看法。

这种观点认为教育是培养人的过程,而人是生产力中的重要因素。教育是通过传递科学技术来培养人的,科学技术是知识形态的生产力,教育是把可能的生产力转化为直接生产力的基本途径。同时,还有人根据马克思的关于总体工人生产出了社会产品以及生产劳动概念扩大的理论,认为教育培养了人的劳动能力,虽然是间接地作用于劳动对象,但教育劳动又应该是总体工人劳动的一部分,因而认定教育应该属于生产力,甚至是"生产力的生产力",教育部门也是一个重要的生产部门。

教育本质的"生产力说"虽然强调了教育对社会生产的重大作用,但也因其理论本身的不完备而受到了批评。

大多数论者认为这种观点看到了教育对物质生产的重大作用,肯定了教育同生产力之间的密切联系,无疑是可贵的。但不能因为教育重要,就把教育说成是生产力,也不能因为教育对生产力的发展有重大促进作用而判断教育就是生产力。马克思的生产劳动理论所阐明的总体工人概念的扩大,也只是限于物质生产领域之内。教育的劳动对象是人,它既不参加物质生产过程,也不直接生产任何物质产品,教育只是生产人的劳动能力,它本身并不就是生产力。就教育内容来说,虽然所传授的自然科学知识是没有阶级性的,但在阶级社会里,也是受阶级意志支配的,不符合统治阶级要求的内容是不会存在的。因此,认为教育不是生产力。也有人从另外的角度提出疑问,指出马克思主义的基本原理是一定的生产力决定一定的生产关系,经济基础决定上层建筑,一定的政治经济决定一定的文化教育。如果把教育看作是生产力,就变成了教育可以决定生产关系,教育可以决定社会的政治经济,教育就成了社会发展的决定因素,这无疑是极为错误的。

## 三、多重属性说

这种观点认为教育既有上层建筑因素,又有生产力因素,教育不完全是上层建筑现象,教育具有多重属性。教育的思想、方针和目的以及涉及的社会科学内容都是意识形态,在阶级社会有阶级性,应属于社会上层建筑现象。而教育的自然科学内容、教育的方法手段等都不随社会制度的变化而变化,自然科学是生产力的要素,方法手段又都具有物质性,由此认为教育的属性是多质的,多层次的。教育既不完全是上层建筑现象,也不完全是生产力,而是具有双重属性,甚至是多重属性的。

"多重属性说"试图超出于"上层建筑说"与"生产力说",致力于教育职能的剖析研究,进而把教育自身的因素分为上层建筑部分与生产力等部分。这种思想方法受到了理论界的抨击。有论者从矛盾论的基本思想出发,认为事物的本质是固定的,是由事物的主要矛盾与矛盾的主要方面决定的,次要矛盾与矛盾的次要方面不决定事物的本质。所以,把教育本质属性看成是多重的,既有上层建筑属性,又有生产力属性的折中性观点是不正确的。

## 四、特殊范畴说

在教育本质的讨论中，也有人从对社会结构的分析出发，提出“特殊范畴说”。这种观点从对教育发展历史的研究出发，认为教育是复杂的社会现象。教育既有生产力的成分和因素，但又不能归结为生产力；教育与经济基础有密切联系，但本身又不是经济基础；教育有上层建筑的成分，但又不完全是上层建筑。如有的教学方法和教学内容，既不是生产力，也不是经济基础，又不是上层建筑，但又不同程度地受到三者的影响。对于这样复杂的社会现象，不能简单地把它归入生产力、经济基础和上层建筑的某一方面，而只能独立出来，作为一个专门的、特殊的范畴加以研究。

这一观点显然立论于社会结构的划分理论，认为生产力与生产关系，经济基础与上层建筑的划分并未包括社会现象的全部。如语言就既不属于上层建筑也不属于经济基础，而是一种特殊的社会现象。因此，认为教育同语言一样，是一种工具，一种特殊的范畴。“单就工具和武器本身，无法确定其性质。关键在于谁掌握它，用它来达到什么目的。当不同的阶级利用教育来实现自己的政治目的时，教育就是上层建筑，当他们利用教育来发展生产时，教育就不是上层建筑。”这实质上是把教育看作一种工具，亦有人称之为“教育工具说”。

## 五、实践活动说

这种观点认为，传统的教育观点把教育看作一种观念形态的东西，忽视了教育本质属性的主要方面是社会实践活动。教育属于实践的范畴，它有别于三大革命实践，是一种有目的、有意识培养人的实践活动。

持“实践活动说”观点者认为，教育“上层建筑说”是把教育完全看作是一种意识形态，忽略了教育本质属性的社会实践性。实践是物质活动，具有物质性。因此，主张教育既不属于上层建筑，也不属于生产力等，而属于实践范畴；提出教育是培养人的实践活动，是人类自身生产的实践。

马克思主义认为实践是人们变革现实的一切活动的总和。“人的社会实践，不限于生产活动一种形式，还有多种其他形式，阶级斗争，政治生活，科学和艺术的活动，总之，社会实际生活的一切领域都是社会人所参加的。因此，人的认识,在物质生活以外,还从政治生活文化生活中(与物质生活密切联系)在各种不同程度上,知道人和人的各种关系。”这说明,实践包含着人的一切活动,“社会生活在本质上是实践的”。不仅教育是实践活动,凡是人们有目的有意识地去影响和变革现实的活动都是实践活动。因此,认为用实践活动来揭示教育本质是没有意义的,这种思想方法是不可取的。

### 六、教育属于上层建筑现象

这一观点有别于上层建筑说。根据基本现象是事物本质的反映这一原理,杨兆山认为要揭示教育的本质必须先从教育现象着手,分清教育的社会属性,掌握其特点,最后方能对教育的本质有所认识。划分教育的属性,当然还不是对教育本质的真正揭示,但是,认识教育的社会属性,却是认识教育本质的必要一步。

通过对上层建筑的共同特征和教育现象的分析,杨兆山认为教育完全具有上层建筑的共同特征,教育应属于社会的上层建筑现象:从教育的产生来看,教育是由社会关系决定的;从教育的作用和职能来看,教育一经产生,就能动地反作用于经济基础,为一定政治经济服务;从教育的性质来看,阶级社会的政治和经济都具有阶级性,为政治和经济所决定的教育也同样具有鲜明的阶级性;从教育的发展来看,教育的发展也完全取决于政治经济;从教育的独立性来看,教育由政治经济决定,但也具有相对独立性。种种非上层建筑说的问题主要有:贬低了人的社会地位,夸大了教育的转化价值;曲解了生产劳动概念扩大的理论,误解了教育的劳动性质;违背了关于事物性质的主要矛盾观点,犯了方法论的错误。①

## 第三节　教育的功能

教育是培养人的社会实践活动,决定了教育既是一个相对独立的系统,又是一个复杂开放的系统。因此,教育功能是教育活动与系统对个体发展和社会

① 杨兆山.教育学——培养人的科学与艺术[M].长春:东北师范大学出版社,2006.

发展所产生的各种影响和作用。

从不同的角度，可以把教育功能划分为以下几种：

## 一、教育的本体功能与社会功能

从作用的对象来看，教育功能可以分为本体功能和社会功能。

教育的本体功能是教育作为一个独立的系统，始终把培养人作为其基本职能和本质所在所表现的功能。人类教育发展至今，所以有别于生产劳动、军事保卫等其他社会活动形式，其根本原因在于教育自始至终保持着培养人的职能，保持着社会上任何其他活动形式都无法相比的培养人的职能。也正是因为有了培养人的职能才使其成为教育。

教育的社会功能是教育作为社会的子系统，通过培养人进而影响社会的存在和发展所表现的功能。教育的社会功能是教育的本体功能在社会结构中的衍生，是教育的派生功能，也称教育的工具功能。具体地说，教育的社会功能主要有经济功能、政治功能、科技功能、文化功能等。教育在不同的社会，表现出社会功能的重点不同、方向不同。如古代社会，教育的社会功能主要是政治功能，维护统治阶级的既有利益；现代社会，教育功能的重点转向经济功能，通过“科教兴国”促进社会繁荣和发展，成为教育社会功能的基本方向。

## 二、教育的正向功能与负向功能

从作用的方向来看，教育功能可以分为正向功能和负向功能。

美国社会学家默顿提出了正向功能和负向功能的分类，正向功能是那些有助于一个特定体系适应或调整的可以观察到的结果；负向功能是不利于体系适应或调整的可以观察到的结果。即正向功能是“贡献”性功能，负向功能是“损害”性功能。[①]

按照默顿的思想，教育功能也可分为正向功能和负向功能，教育的正向功能是指有助于个体发展和社会进步的积极影响与作用；教育的负向功能是指阻碍个体发展和社会进步的消极影响与作用。对任何社会、任何时期的教育来

① 全国十二所重点师范大学. 教育学基础[M]. 北京：教育科学出版社，2002.

说,教育的正向和负向功能都存在,只不过比重不同而已。

## 三、教育的显性功能与隐性功能

从作用的呈现形式来看,教育功能可以分为显性功能和隐性功能。

显性功能和隐性功能也是默顿提出的分类。显性功能是主观目标与客观结果相符的情况;隐性功能与显性功能相对,指这种结果既非事先筹划,也未被觉察到。可见,显性功能是有目的实现的功能,而隐性功能是主观愿望之外的意外结果。

同理,按这一思想,也可把教育功能分为显性功能和隐性功能。教育的显性功能是依照教育目的,教育在实际运行中所出现的与之相符合的结果;教育的隐性功能是伴随教育的显性功能所出现的非预期的功能。

# 第四节　教育的历史发展

## 一、教育的起源

教育是人类社会的永恒现象,从人类社会产生起,教育就相伴而生。关于教育是如何产生这一问题,在历史上曾经有过三种不同的观点,即生物起源说、心理起源说和劳动起源说。

### (一)生物起源说

教育生物起源说的提出者是法国的社会学家利托尔诺,他在《教育之演化》一书中认为,教育是一种在人类社会范围以外,远在人类出现之前就已产生的现象。他根据对动物生活的观察,认为在动物世界里存在着如大猫教小猫捉老鼠、大鸭教小鸭游水之类的教育活动形式。据此,他认为后来出现的人类教育,不过是继承了动物界业已存在的教育形式,使其获得了新的性质而已。

后来,英国教育学家沛西·能在他的《教育原理》一书中也阐发了他的生物学化的理论观点。他在不列颠协会教育科学组大会上的报告中就曾提出:“教育从它的起源来说，是一个生物学的过程，不仅一切人类社会有教育，不管这个社会如何原始，甚至在高等动物中也有低级形式的教育”，教育是“扎根于本能的不可避免的行为”。①

教育的生物起源论观点，把教育的起源归之为动物的本能行为，把教育过程看成是按照生物学规律进行的本能过程，这就完全把教育概念生物学化了，否认了教育的社会性质。

### （二）心理起源说

教育的心理起源说的代表人物是美国教育家孟禄，他认为教育起源于儿童对成人无意识的模仿。他在其所著的《教育史》中写道：原始社会的教育普遍采用的方法是简单的无意识的模仿，原始共同体中儿童对老年成员的无意识的模仿就是原始人的教育的起源。

教育的心理起源说虽然使教育从动物界回到了人类社会，但这种观点把全部教育都归于无意识状态下产生的模仿行为，不懂得人之所以成为人是有意识的本质规定，不懂得人的一切教育活动都是在意识支配下的目的性行为。因而，这种观点仍然是与人类教育的大前提相矛盾的。

### （三）劳动起源说

教育的生物起源说和心理起源说从不同角度揭示了教育的起源，但他们的共同缺陷是都否认了教育的社会属性，否认了教育是一种自觉有意识的活动，把动物本能和儿童无意识的模仿同有意识的教育混为一谈，因而都是不正确的。

教育起源于劳动的学说，主要是苏联一些教育史学家和教育学家的观点。他们认为，教育从人类生产自己需要的生活资料和生产资料的时候就开始了。人类为了自身的生存和延续，就必须把生产经验和技能在劳动中传递给新生一代，教育就是基于生产的需求，基于人类的生存需要而产生的。同时认为，教育是人类所特有的一种社会活动，是一种有意识有目的的活动。而且，教育产生于劳动是以人类的语言为条件的，语言和教育同时又都是在劳动中产生和发展

① ［英］沛西·能. 教育原理［M］. 王承绪，赵瑞瑛译. 北京：人民教育出版社，1992 年，第 38 页.

起来的。

马克思主义教育学在关于教育起源问题上，不是武断地判定上述观点的错误，而是通过科学分析人类教育产生的历史，认为教育起源于原始社会早期，是在劳动过程中产生的，产生的根本动力在于社会需要和人的发展需要的辩证统一。

## 二、教育的发展历程

教育从产生之日起，一刻也没有停止发展的脚步。教育不仅为人类社会所特有，而且随着人类社会历史的更替而发展变化。每一社会阶段都有该阶段的特点，随着社会的发展，教育相继经历了原始阶段、古代阶段和现代阶段。

### （一）原始社会教育的特点

原始社会是人类历史中最初的社会形态，也是一个漫长的历史阶段。不同的原始文化中有着不同的教育情况，但是对所有的部落来说，却不同程度地存在着一些共同特点。原始状态的社会生产状况和社会生活方式，决定了教育的原始性质。

#### 1. 教育活动与生产活动的不分化性

原始的教育是完全融合在生产和生活过程中，密切结合生产实践一道进行的。由于生产力发展水平的低下，教育还没有从社会生产和社会生活中分化出来，成为一种独立于劳动过程之外的专门活动，也没有专门从事传授或教导活动的教师。

#### 2. 教育的平等性

原始社会由于生产力水平的低下，社会上没有私有财产，没有阶级，体力劳动和脑力劳动也没有分离。部落中人与人是平等的，原始的教育也是平等的，人人都有均等的机会接受部落中的首领或有经验的长者的教育。

#### 3. 教育内容及教育方法的贫乏性和简单性

原始社会没有正规的学校和专职教师，没有文字和教材。教育内容是与生产直接相关的经验与技能，以及与生活密切联系的各种行为规范；教育方法多是示范和口授。

### （二）古代社会教育的特点

古代社会包括奴隶社会和封建社会两种社会形态。同原始社会相比，古代社会已进入阶级社会，生产力有了巨大的进步，教育也获得了极大的发展并完全被统治阶级所把持。古代社会教育的基本特征如下：

1. 出现了专门的教育机构和专职的教育人员。伴随着生产力的发展和社会分工的出现，社会上出现了专门从事传授活动的“知识分子”，和专门对儿童进行教育的场所——学校。学校的产生标志着教育在历史发展中步入了一个新的阶段。因为学校是专门的教育场所，须有固定的场地，专职的教育人员，专门致力于学习的教育对象，有计划有组织的教育活动，比较丰富和系统的教学内容，从而使教育从一般的生产和生活过程中分化出来，成为一种独立存在的社会活动形式。

2. 鲜明的阶级性和严格的等级性。在阶级社会里，受教育是统治阶级的特权，被统治阶级只能在民间接受家庭教育，或在劳动过程中接受生产知识与生产技能等的教育。即使在统治阶级内部，统治阶级的子弟入何种学校也有严格的等级规定。同时，教育的阶级性也鲜明地体现在统治阶级对被统治阶级的教化方面。《学记》中就曾有“化民成俗，其必由学”的主张，而儒家的一些思想，如“三纲五常”等都是对劳动人民的教化，都反映了统治阶级的利益和需要。

3. 教育内容依政治需要而定，重视社会的典章制度教育，轻视生产知识传授。同古代希腊的统治者崇尚文化学习，斯巴达统治者崇尚军事训练一样，古代中国一向把儒家经典奉为学生必读教材。从奴隶社会的“六艺”，到封建社会的“四书”“五经”，都一直是中国古代社会教育的主要内容。

4. 教育方法崇尚书本，呆读死记，强迫体罚，棍棒纪律。

5. 施教或集体个别施教的教学组织形式。古代社会生产的手工方式，决定了教育上的个别施教形式。中国古代孔子的私学和众多的官学、私塾，其教学形式大都是个别施教或集体个别施教。

### （三）现代社会教育的特点

1640 年，英国发生了推翻封建统治的资产阶级革命，这标志着人类开始进入到现代社会阶段,以机器大生产为主要标志的工业革命和以民主制度为主要标志的政治革命对教育产生了深远的影响,与古代社会的教育相比,现代社会的教育呈现出了明显的现代特点。

**1. 普及教育和公共义务教育制度建立并逐步完善**

普及教育是机器大生产给教育带来的最根本的变化,改变了自古以来教育只是少数贵族子弟特权的现实。世界各国都把教育作为公共事业重点发展,建立了公共义务教育制度,并且,普及义务教育的年限成为衡量一个国家教育发达程度的重要指标之一。

**2. 教育系统开始发展完善**

随着科学技术的发展和社会分工的日益复杂化,现代社会的教育系统也逐渐完善起来,形成一个多层次多系统的复杂教育网络。社会上已既有普通基础教育,又有各种类型的对劳动者进行单一训练的专门教育、职业教育和技术教育;也有培养高级专门人才的高等教育和各级各类的成人继续教育等。

**3. 教育的世俗化、法制化和民主化**

在古代社会,尤其在西方古代社会,教育主要受到宗教的统治和影响,现代社会,教育则逐步摆脱宗教的控制,走向世俗化。世界各国相继颁布教育法令,通过法令保障教育的实施和儿童的受教育权。随着人们民主观念的建立,教育民主化成为人们的追求,从追求教育机会的平等,到追求教育质量的平等,这表明教育民主化成为现代教育最显著的特征。

**4. 教育手段日益现代化**

现代社会科学技术的进步和发展,使教学设备和教学手段得到彻底更新。教师正摆脱单一的粉笔加黑板的传统教育手段,而采用各种现代化的教学手段进行教学,使教学方法和教学手段有了改进和更新。

**5. 终身教育成为现代社会的重要理念**

随着现代社会的发展,人们前半段接受学校教育,后半段工作的状况将得到改变,学校教育不再是一劳永逸的事,终身接受教育、终身学习不仅是社会对人的要求,也是人们自身的客观要求,终身教育已经成为世界各国教育改革的重要理念。

## 问题

**1. 什么是广义的教育和狭义的教育?**

广义的教育:凡是有目的地增进人的知识和技能、影响人的思想品德的活动,都是教育。

狭义的教育:即学校教育,教育者有目的、有计划、有组织地对受教育者的身心施加影响,把他们培养成为一定社会所需要的人的活动。

**2. 教育活动的基本要素包括什么?**

教育作为培养人的社会活动,是由教育者、受教育者、教育内容和教育手段等基本要素构成的。

凡是对受教育者在知识、技能、思想、品德等方面起到教育影响作用的人,都可以称为教育者。教育者是教育活动的主体。

受教育者是指在各种教育活动中从事学习的人。受教育者是教育活动的对象,是身心有待获得良好发展的个体。受教育者是教育的对象,是学习的主体,也是构成教育活动的基本要素,缺少这一要素,就无法构成教育活动。

教育内容是教育者用来作用于受教育者的影响物,它是根据教育目的,经过选择和加工的影响物。

教育手段是指在教育活动中所采用的方式和方法,它既包括教育者和受教育者在教育活动中所采用的教和学的方式与方法,也包括进行教育活动时所运用的一切物质条件。教育者和受教育者凭借着这些手段,才能完成教与学的任务。

教育的各要素是相互联系的,其中教育者是主导性的因素,他是教育活动的组织者和领导者。

**3. 阐述教育的本体功能与社会功能。**

从作用的对象来看,教育功能可以分为本体功能和社会功能。

教育的本体功能是教育作为一个独立的系统，始终把培养人作为其基本职能和本质所在所表现的功能。人类教育发展至今，所以有别于生产劳动、军事保卫等其他社会活动形式，其根本原因在于教育自始至终保持着培养人的职能，保持着社会上任何其他活动形式都无法相比的培养人的职能。也正是因为有了培养人的职能才使其成为教育。

教育的社会功能是教育作为社会的子系统，通过培养人进而影响社会的存在和发展所表现的功能。教育的社会功能是教育的本体功能在社会结构中的衍生，是教育的派生功能，也称教育的工具功能。具体地说，教育的社会功能主要有经济功能、政治功能、科技功能、文化功能等。教育在不同的社会，表现出社会功能的重点不同、方向不同。如古代社会，教育的社会功能主要是政治功能，维护统治阶级的既有利益；现代社会，教育功能的重点转向经济功能，通过"科教兴国"促进社会繁荣和发展，成为教育社会功能的基本方向。

**4. 现代社会教育的特点是什么？**

1640 年，英国发生了推翻封建统治的资产阶级革命，这标志着人类开始进入到现代社会阶段，以机器大生产为主要标志的工业革命和以民主制度为主要标志的政治革命对教育产生了深远的影响，与古代社会的教育相比，现代社会的教育呈现出了明显的现代特点：

(1)普及教育和公共义务教育制度建立并逐步完善；

(2)教育系统开始发展完善；

(3)教育的世俗化、法制化和民主化；

(4)教育手段日益现代化；

(5)终身教育成为现代社会的重要理念。

# 第二章 教育与社会的发展

## 第一节 教育与经济

### 一、社会经济对教育的制约

历史唯物主义告诉我们,物质生产活动是人类社会赖以生存和发展的最基本的社会活动。人类的物质生产活动是其他一切社会活动的基础。从教育史上看,人类教育的每一个发展都与社会物质生产活动有着这样或那样的联系。

#### (一)社会物质生产的发展为教育发展提供了基础性条件

首先,从教育发展所需要的人力与时间的条件来看,任何教育活动,都必须有教育者和受教育者,而且在进行教育活动时,又需要他们在不同程度上,在一定时间内,能够脱离社会物质生产劳动。那么,在一个社会中,究竟有多大比例的人员可以作为教育工作者,有多大比例的儿童和少年可以脱离生产和脱离生产多少时间去做学生,这取决于社会物质生产的性质、水平,取决于社会所能提供的剩余劳动量。比如,原始社会低下的生产水平,不能提供任何剩余劳动,人类为了生存必须全力以赴与大自然搏斗,因此,不可能产生专门从事教育活动的学校。到了近代,由于生产发展水平不断提高,可以提供越来越多的剩余劳动。

其次,教育事业的发展还需要足够的财力和物力。学校所需资金主要来源于国家的财政支出,以及生产单位的投资,尤其是基础教育更是如此。教育事业的发展受制于整个国家的经济发展程度。大量的事实证明:在物质生产比较发达的国家,其教育投资水平一般都高于生产落后的国家;在同一个国家内,经济贫困地区常常是教育落后的地区;甚至在各类家庭中,其家庭的经济状况也是影响孩子接受教育程度的一个重要因素。可见,贫富程度通常是造成教育发展水平差距的一个重要因素。

### (二)社会物质生产发展对教育不断提出新的需求

这种新的需求大体上表现为两个方面。

其一,社会物质生产发展对劳动力再生产的数量上的需求。也就是说,教育部门培养多少劳动力,完全取决于社会再生产的情况。任何教育体制的改革,教育结构的调整,乃至人才的预测等,从根本上说,都是力图使教育适合社会再生产的客观要求。

其二,社会物质生产发展对劳动力再生产的质量上的需求。教育应该培养具有什么素质和规格的劳动力,一般地说,是由社会再生产的性质和方式所决定的。比如在现代社会生产中,由于生产过程对科学知识、人的智力和能力的要求越来越高,因而,决定了现代教育不但要培养科学家、工程师、管理专家、教师等脑力劳动者,而且还要培养有一定科学文化水平的熟练劳动者。

综上所述,社会物质生产发展对教育发展的需求,不仅表现在量的扩展上,而且也表现在质的规定上。因而,它对教育结构、培养目标、内容、方法、途径等一系列教育内部系统产生了深刻的影响,越来越成为推动教育发展的根本动力。

## 二、教育的经济功能

教育的经济功能是指教育对社会物质生产发展所起的有效作用。

教育的经济功能在第二次世界大战以后特别为人们所重视。据美国学者研究,美国在1929—1957年间国民总收入增长部分的30%得益于教育,并认为教育投资的收益率是很高的,为17.3%。苏联学者认为,苏联在1940—1960年国民总收入的增长中有30%是由于提高劳动者的教育水平而获得的。日本文部省则认为,日本在1930—1955年间国民总收入的增长中有25%得益于教育资本的增加。一系列的研究表明:教育的经济效益是值得重视的,只有发展教育才能振兴经济。

一般地说,教育的经济职能及其发挥主要表现为以下几方面:

### (一)教育是实现劳动力生产、再生产和提高劳动者生产能力的重要手段

劳动力是社会生产力最重要的组成部分。劳动者的劳动积极性和创造性越高,劳动技能、技巧越熟练,就可能创造出越多的财富。然而,人的劳动能力不是生而俱有的,正像马克思指出的那样:"要改变一般的人的本性,使它获得一定劳动部门的技能和技巧,成为发达的和专门的劳动力,就要有一定的教育或训练。"①

### (二)教育是加速现代社会物质生产技术更新的有力因素

教育,尤其是高等教育不仅是科学研究的重要阵地,生产新的科学技术的重要场所,而且还日益加强了教学、科研与生产的密切联系,成为加速现代社会物质生产技术更新的有力因素。比如,美国半导体工业的主要基础——"硅谷"的发展。在全世界半导体市场的贸易额中,"硅谷"占 1/5。它之所以能发展起来并保持领先地位,重要原因之一就是凭借其附近斯坦福大学及研究院的高科技力量的强大支援系统。世界各国纷纷效仿美国的经验,并努力探索更多的途径,以加强企业与大学之间的联系。如联邦德国政府明令规定:企业顾问必须是工科学校的负责人,大学工科的教师必须具有胜任企业中某些工作的能力和解决企业生产问题的能力。苏联曾以建立教学、科研、生产联合体的方式来加强高等学校与企业的联系。

通过以上分析,我们认识到,教育与社会经济发展之间有着极为密切的关系,特别是随着社会物质生产的不断发展,现代教育的经济功能将会愈加突出。正如联合国教科文组织的报告指出的那样:"我们很难想象,没有教育的更新,社会也会发展。"

---

① 马克思,恩格斯. 马克思恩格斯全集(第 23 卷)[M]. 中共中央马克思恩格斯列宁斯大林著作编辑局译. 北京:人民出版社,1972 年,第 195 页.

# 第二节　教育与政治

政治一词源于希腊文 πολιτικό，意指作为物质实体的城市，随着时间的推移，词义扩展为对“各种城市生活的处理，特别是公共事物的管理”①。过去很长一段时间里，传统社会主义国家的理论界一般把“政治”的基本含义解释为阶级斗争。这一解释的基本理论依据，是列宁所讲过的这样一句话：“政治就是各阶级之间的斗争。”

## 一、政治对教育的制约

### （一）政治决定教育的领导权

首先，统治阶级利用国家政权的力量来掌握教育的领导权。他们通过政府或执政党对教育机构从组织上进行直接领导；通过颁布政策和法令，规定办学的宗旨和方针，并以强制的手段监督执行，把教育纳入其所需要的轨道；借助国家举办的学校，通过任免教育机构的领导人和教师，对教育实施更为直接的控制。

其次，统治阶级利用经济力量来掌握教育的领导权。在阶级社会中，统治阶级都全部或大部分占有生产资料，掌握着国家的财政和金融。他们通过政府拨款和个人捐资等方法控制着教育经费，从而有效地控制着教育领导权。

最后，统治阶级利用思想上的优势力量来影响和控制教育。在教育领域中，通过教科书的编审制度，各种读物的出版发行以及对师生思想行为的影响和监控，在实际上左右着教育工作的思想政治方向。

总之，统治阶级就是通过以上几个方面的渠道，千方百计地把教育的领导权牢牢地掌握在自己的手中。虽然，不同时期、不同国家在具体运作形式上有一定的差别，但最终目的都在于更有效地控制教育，使之为本阶级的利益服务。

---

① 瞿保奎.教育学文集(第3卷)[M].北京:人民教育出版社,1989年,第335页.

### (二)政治决定受教育的权利和机会

在原始社会,所有的儿童都接受同样的教育,享有平等的受教育权利和机会,只是由于男女分工的不同,在教育内容上有一定差别。这是由原始社会的社会性质所决定的。

进入阶级社会以后,由于不同的阶级在地位上的不平等,就造成了受教育权利和机会的不平等。这种不平等或者由国家法律明文规定,或者由受教育者的经济状况或其他种种条件所实际决定。

在奴隶社会中,学校就是专为奴隶主子弟开设的,接受学校教育是他们的特权。如我国西周时期的国学规定只有国王之子和贵胄之子才能入学;而古代印度这个奴隶制国家,曾以法律规定,谁若让社会最下层的首陀罗阶级接受文化教育,就立即处以死刑。

在封建社会中,不仅广大劳动人民子弟被排斥在学校门外,就是在统治阶级内部,受教育权利也有严格的等级判别。如汉朝的太学,明文规定从大将军到俸禄六百石以上的官家子弟才能入学;唐朝的"六学二馆",在入学资格上也都做出了严格的等级规定。

在资本主义社会中,资产阶级从法律上废除了教育权利的不平等,而且由于资本主义现代化工业和科学技术发展的需要,各国资产阶级先后颁布了义务教育法,大力普及义务教育。但是,由于资产阶级和工人阶级以及其他劳动阶层,在经济和其他种种条件上的不平等,因此造成了受教育权利在实际上的不平等,这也是不可否认的事实。就连一些资产阶级学者也不得不承认"教育面前的机会不平等是到处感到的最严重的最不可忍受的问题之一"①。

在社会主义社会中,广大劳动人民在政治上和经济上翻了身,为实现受教育权利的完全平等创造了条件。但是,在受教育权利上依然存在着实际上的不平等。当然,随着社会主义社会生产力水平的不断提高,社会主义制度不断完善,这种不平等将逐渐得到限制,并将最终消失。

### (三)政治决定教育目的的性质和思想品德教育的内容

在一定的社会中,教育要培养什么人,使受教育者具有什么样的思想品德

---

① [法]让·托马斯. 世界重大教育问题[M]. 上海:华东师范大学出版社,1978 年,第10 页.

和政治方向，以及为实现教育目的进行什么样的政治思想、伦理道德、宗教信仰、文学艺术以及哲学理论等教育内容，是由社会的政治、经济制度决定的。

在原始社会中，人们共同占有生产资料，共同参加生产劳动。教育的目的是培养未来的氏族成员，教育的内容主要是学习生产知识、宗教仪式、道德规范、风俗习惯以及进行军事教育。

当阶级社会出现以后，居于统治地位的阶级，总是力图按照他们的经济利益和政治要求，提出教育目的，规定教育内容，使教育目的带有明显的阶级性质。例如，我国奴隶社会的教育目的在于“明人伦”（“学则三代共之，皆所以明人伦也”《孟子》）。“明人伦”实质上就是让奴隶主子弟懂得明贵贱、别尊卑，从而成为自觉维护宗法等级制、镇压奴隶和抵御外患的统治人才。为此，要求学生学习礼乐典章制度和军事技术等，即进行所谓的“六艺”教育。

资本主义社会建立后，由于政治、经济制度发生了重大变化，教育也发生了重大变化。在教育目的上，一方面要把资产阶级子弟培养成为能够掌握国家机器、管理生产的统治人才和知识分子；另一方面通过普及教育，使劳动人民子弟能接受一定的学校教育，让他们掌握一定的文化知识和生产技能，接受资产阶级思想的影响。

社会主义社会的教育是为社会主义的政治服务的。在社会主义条件下，教育目的是培养在德、智、体、美、劳等方面都得到发展的，有社会主义觉悟的、有文化的建设者。为此，在教育内容上，要把人类历史所创造的精神财富传授给受教育者，使其具有马克思主义世界观、社会主义觉悟和共产主义道德品质。

总之，从人类几千年的文明发展史上看，随着政治的变化，教育目的和内容必然随之变化。一个社会的教育目的，除了受政治制约外，其他因素如社会生产的发展、人的身心发展以及哲学思潮等也对教育目的的制定产生一定的影响作用。

## 二、教育的政治功能

教育的政治功能主要体现为以下几个方面：

### （一）传播一定社会的政治意识形态，完成青年一代的政治化

政治化是人的社会化的重要方面。任何社会都要求个体接受和理解一定

的社会政治观念，形成适应和拥护现行政治制度与政治活动的思想意识及行为方式。为了使受教育者政治化，各国通常都把学校的公民训练放在十分重要的位置。有的国家在学校里开设公民课程，系统地讲授政治、法律常识；有的国家虽然不设公民课程，但也把有关的内容渗透到相关的学科里去。

### （二）选择和培养专门的政治人才，促进社会政治的稳定、完善和发展

要保持和发展一种政治制度，必须有一批忠诚于这种政治制度的政治人才。在西方社会，普遍重视教育选拔政治人才的职能。国家设立特殊的学校，如英国有伊顿和哈罗公学；美国的西点军校。在美国，1789—1953 年，约有 67% 的高级政治领导人（包括总统、副总统、众议院院长、最高法院法官）是大学毕业生，其中绝大多数毕业于东部的一些名牌大学。在日本，1937 年在总数为 1377 名的文职官员中，有 1007 名，即 73.1% 的人是东京大学的毕业生。有些国家，如土耳其，还明文规定任命高级行政机构职务——诸如总督（省长）和副总督的先决条件是上过大学，尤其是上过安卡拉大学政治学院和法律学院。

### （三）通过宣传一定的政治观点、思想，制造舆论，对社会现实的各种政治变化和发展产生影响

在阶级社会的政治斗争中，要巩固和推翻一个政权都必须制造舆论。学校是知识分子和青年人聚集的地方，师生对社会的各种政治变化具有较强的敏感性。从历史上看，许多重大的政治事件常常从学校发端，如我国近现代的五四运动、“一二·九”学生运动；欧美各国在 1965 年前后兴起的校园风潮，都可视为这方面的典型代表。这说明，学校的政治局势安定与否对社会有极大的反作用，对社会政治舆论起着推波助澜的作用。

综上所述，教育的政治功能是客观的，它可以成为巩固政权的有力武器，也可以成为被统治阶级手中的武器，用来加速旧政权的灭亡，为新政权的诞生创造条件。但是，必须指出，这种功能的发挥是有限度的，因为教育不可能直接摧毁旧政权，改变社会性质。

## 第三节　教育与文化

教育与文化有着密切的关系。任何文化的传递都是由教育来完成的，同

时,文化是教育的内容。可以说,文化与教育是相互作用,互为目的和手段的交融关系。

从定义的视角分,可分为广义的和狭义的文化。广义的文化是指与"自然"相对应的概念,是由人所创造的,非自然所提供的、社会性的人适应环境的超生物手段与机制的总和,包括物质文化、制度文化、精神文化。狭义的文化定义如人类学的创始人英国学者泰勒在《原始文化》中的定义①,文化学创始人美国学者怀特的文化界说,美国文化人类学家克鲁克洪的文化观②,结构主义倡导者法国的列维·斯特劳斯的文化理解③和我国学者李宗桂的文化观④,他们所认为的文化均是指知识、信仰、道德、法律、艺术、习俗、礼仪、符号、精神风度、心理状态、价值取向、隐形或显形的意义系统等精神成果,主要是一种观念存在物。我们是在狭义上使用文化的概念。

## 一、文化对教育的制约

文化是人类在长期的历史实践过程中积累起来的。人类要发展,就必须以文化为基础,并在此基础上创造新的文化。教育作为文化继承和传递的重要手段之一,也必然受制于文化的发展。

### (一)文化水平制约着教育水平

一定社会的文化水平与教育水平存在着密切的联系,具有极高的相关性。从科学的意义上说,衡量社会文化的指标是多种多样的,如从事脑力劳动和体力劳动的人数对比;文化需要的水平与结构;文化创造的活动及成果;等等。因此,不能简单地用教育水平去衡量文化发展水平,更不能不加分析地把它们等同起来。

从人类文明发展史上看,人类文化的发明与创造先于文化的继承与传递。

---

① 庄锡昌,顾晓鸣,顾云深等.多维视野中的文化理论[M].杭州:浙江人民出版社,1987.

② [美]克莱德·克鲁克洪等.文化与个人[M].高佳,何红,何维凌译.杭州:浙江人民出版社,1986.

③ [美]C.恩伯,M.恩伯.文化的变异[M].杜杉杉译.沈阳:辽宁人民出版社,1988.

④ 李宗桂.中国文化概论[M].广州:中山大学出版社,1988.

教育作为社会文化继承与传递的重要手段之一,总是要在一定文化发展的基础上进行。因此,社会文化的发展水平制约着教育的发展水平。这种制约性主要表现为两种情形:其一,社会文化的发展决定人们对教育的需求,从而影响教育事业的发展。现代文化发展的必然要求,使得现代教育事业兴旺发达,形成了多系统、多层次、多规格和多功能的教育网络,使全体社会成员能够终身从不同渠道不断接受各种级别和各种类型的教育。其二,社会文化的发展水平决定每个时代教育发展所能达到的水平。随着社会文化的进一步发展,人们会愈加关注自身的全面发展和个性的充分发展,社会将处于促使人全面发展的文化阶段。

### (二)社会文化对教育内容的制约

教育的内容是文化,在一定社会条件下,教育能够选择什么内容和应该选择什么内容,是由一定社会文化的发展状况和特征所决定的。一方面,教育内容的选择不能超越文化发展为其提供的可能范围;另一方面,深层的文化观、价值观和教育观又决定了对一定文化范围的某些教育内容的选择。文化发展与教育内容的变化并非是完全同步的。文化本身的变化在先,而这一变化只有在社会发展中产生影响并能被确认为具有教育价值时,才会在教育内容中得到相应的反映。而教育内容相对于文化的发展、变化来说,具有相对的稳定性,它的变化是一个有意识、有控制的改造过程。因此,不可能也不应该要求教育必然反映文化的每一个变化。

### (三)文化传统对教育的制约

在社会文化中,一定的文化传统对一定的教育有着明显的影响。由于文化传统有别,因而也就形成了不同的教育传统。如德意志民族人文主义的文化传统和重理性思维的文化传统,美利坚民族崇尚实际和求实的文化传统,对各自的教育传统都有重大影响。

中国文化传统是在凭借简单工具的小规模农业生产条件下产生的农耕时代的精神表达。人与自然的和谐关系是以人对自然的顺从与崇拜为前提的,这种传统被儒家演绎到人与人之间关系时,体现的是人对人的依附。如强调权威、忠孝,主张人与人之间要和谐、不争、不抢。而这种传统投射到教育上,就是崇尚教师的权威,要求学生无条件地服从、听话。这里我们必须强调的是,我们不是历史虚无主义者,在对待文化传统上应该采取科学的态度。首先,人不能失掉传统。因为力图全面否定传统,人就会失去章法规范的约束。其次,传统也是可塑的,因为它本身就是为满足人的需要而创造的,它必然可以随着人的需要和能力的发展、社会的动变而获得新生。

从上面我们的讨论中可以看出,即使政治、经济制度和生产力发展水平大致相同的国家,由于民族文化传统的不同,在教育方面也会有所不同。正如《学会生存》一书所指出的那样:教育体系是每个民族的民族意识以及文化与传统的最高表现,既然各个国家之间具有不同的语言、地理、文化和社会——职业环境,没有一个国家与其他国家完全相同,那么世界教育的多样化就是必然。①

## 二、教育的文化功能

### (一)教育的文化传递功能

所谓文化传递是指文化的世代相传,是文化在时间上的延续。文化传递是文化发展的重要机制,因为人类丰富多彩的文化财富并不是一下子创造出来的,它是文化在一代一代人之间传递、积累、整合和发展的结果。

从个体的角度讲,人不像生物那样具有固定的遗传下来的行为模式,他必须通过社会教化获得社会性。教育通过有目的、有计划、有组织的活动,把人类所积累的文化再生产出来,传递给下一代,使文化得以继承和保存。在现代社会中,教育已成为普及文化,提高全社会文化水平,促进社会文明进步的重要前提。

### (二)教育的文化选择功能

所谓文化选择是指某种文化的自动撷取或排斥。对于作为专门教育机构的学校来说更是如此,文化选择贯穿了教育的始终。一般地说,教育的文化选择具有两种取向:其一,是按照社会的需要选择文化。如中国古代儒学文化占统治地位,教育领域里的一切取舍均以儒学为标准,力求以“依五经之法言,同

① 联合国教科文组织国际教育发展委员会.学会生存[M].上海师范大学外国教育研究室译.上海:上海译文出版社,1979.

圣人之是非”(班固《汉书》)来对各种文化做出选择。在中世纪的欧洲,学校把与基督教信仰无关的知识一概视为无用,它让学生“只知道一种意识形态,即宗教和神学”。其二,按教育的需要选择文化。在教育过程中所选择的文化要有可能为学生所接受,而且要较为有利于他们能力的发展,知识的增长,品性的陶冶,体质的增强,等等。这也是教育的文化选择与其他各种文化机构的选择的不同之处。

#### (三)教育的文化创新功能

教育不仅再生产文化,而且还创造新文化。因为教育在再生产文化和传递文化的过程中,首先要进行选择、整理和综合,也就是要根据教育对象身心发展的特点、教育规律和各种文化素材本身的特点,进行科学的再加工和再创造。另外,以科学研究和探索为主要形式的文化创造活动,已经成为现代学校特别是高等学校不可缺少的重要组成部分。现代学校之所以具有这种功能,一是因为学校里集中了一批具有创造能力的人;二是因为现代文化发展的步伐太快,若不把教学和科研有机地结合起来,学生就无法学习最新的知识并掌握进行科学研究和发明创造的方法。正因为这样,世界各国的高等学校都已成为科学研究的重要阵地,尤其是著名的高等学府,已经成为现代新文化的策源地。

## 第四节　教育与科技

### 一、科学技术对教育的影响

#### (一)科学技术制约教育内容

古代社会由于科学技术发展缓慢,科学技术没有从社会生产实践中分离出来,古代学校教育主要培养统治人才和顺从的臣民,而学习科学和技术则被看作是雕虫小技。贝尔纳曾断言:“在十九世纪中叶以前,所有伟大的科学家就其科学知识而言都是自学出来的,尽管有了波义尔和牛顿的先例,科学并没有在较老的大学中生根。”[①]

在现代社会，特别是第三次科技革命之后，人类知识和活动范围变得丰富。人类一方面借助于强大的高能加速器深入地探索物质结构之谜，另一方面又克服地球引力的束缚，开始向广袤的宇宙空间发展。目前，这场科学技术革命还在继续深入开展，微电子学、计算机信息技术、生物工程、航天技术、海洋技术、新能源和新材料等的研究与发展，无疑将进一步改变世界的面貌。面对这些变化，世界一大批经济学家、未来学家、社会学家、哲学家和科学家，对这场新技术革命的社会影响进行了深入的思考和探讨，并在此基础上对当代社会的发展趋势提出了种种预测。

在未来的科技社会里，一方面因为社会需要大量的科学家，另一方面则由于科学数量和门类的增加。所以，一系列科学发现、技术创造成果相继进入学校，写进教科书。诸如：物理与化学中的狭义相对论、量子论、波粒二象性、放射性元素；生物学中的 DNA 双螺旋结构、遗传密码和基因工程、染色体结构；地理学中的大陆漂移学说、板块构造学说；工程与技术中的电子管、晶体管、半导体、激光器、计算机、软件以及信息论、控制论、系统论等新兴学科。

### （二）科学技术制约着教育的方法、手段和组织形式

随着科学的发展，现代科学方法和技术手段也在不断地引入学校，以改造传统的教学方法和教学设备，形成新的科学的教学方法和配置新的教学技术手段，同时产生新的教学组织形式。例如观察法、实验法、实习法等方法，都是现代科学方法与教学相结合而产生的现代教学方法。

随着科技的发展，显微镜、幻灯机、照相机、收录机、电视机和各种实验仪器进入学校。特别是现在以集电脑、电视、电话为一体的多媒体机为载体，通过大容量光纤通信网络高速传输各种图、文、声等信息的“信息高速公路”的开通，实现了远程双向信息传播。学习者可以通过网络随时随地提取学习材料进行自学，并通过鼠标器、键盘、触摸屏、扫描仪以及声音等输入装置或方式与计算机交互作用，讨论学习心得体会。利用这种方式，学生可以方便快捷地查找到世界各地图书馆的资料。这些事实证明了科技对教学手段的制约，而随着现代教

① ［英］贝尔纳. 科学的社会功能［M］. 陈体芳译. 北京：商务印书馆，1985 年，第 120 页.

学手段的运用,必将对传统的教学组织形式也产生深刻的影响。

## 二、教育对科学技术的制约

### (一)教育是科技之母

恩格斯曾指出,科学的发展是“同前一代人遗留下来的知识量成比例”①。马克思也说:“每一项发现都成了新的发明或生产方法的新的改进的基础。”②上述论证说明科技的发展是建立在原有科学技术的基础之上的,而原有的科学技术知识是长期积累的结果。正是教育把已积累起来的科学技术知识再生产出来,传递给新的一代人。这样,教育的这种对科学技术的再生产就成了科学技术得以继承、积累和发展的必要条件。

如果上述“教育是科技之母”还显得有些抽象的话,下面就以美国诺贝尔奖获得者与其所受教育的关系做个实证。

根据美国学者哈里特·朱克曼1977年出版的《科学界的精英》一书所述,在1901—1972年间,美国获得诺贝尔奖的74位获奖者当中,有16.2%来自哈佛大学,14.9%来自哥伦比亚大学,以下是:加州伯克利大学8.1%,约翰·霍普金斯大学8.1%,普林斯顿大学8.1%,芝加哥大学6.8%,加州理工学院5.4%,伊利诺伊大学4.0%,麻省理工学院4.0%,耶鲁大学4.0%,康奈尔大学2.7%,威斯康星大学2.7%,这12所大学都是美国乃至世界知名的大学,拥有全部74位诺贝尔奖获奖者中的63位,相当集中(因为当时美国能授予硕士、博士学位的大学就有几百所)。

### (二)教育改革对科技发展具有定向推动作用

与社会其他领域不同,教育发展比较稳定,随着社会前进做渐进式的进步,少有内容和形式上的剧烈变革。相对而言,科学技术的发展受教育改革的影响明显。

---

① 马克思,恩格斯.马克思恩格斯全集(第1卷)[M].中共中央马克思恩格斯列宁斯大林著作编译局译.北京:人民出版社,1956年,第621页.

② 上海师范大学教育系.马克思恩格斯论教育[M].北京:人民教育出版社,1979年,第122页.

18世纪后半叶的英国工业革命促进了国内的经济发展,也对英国教育提出了改革要求。于是,从19世纪20年代开始,英国教育领域开展了一场“新大学”运动。这一运动到1851年创建曼彻斯特欧文斯学院时达到高潮。到20世纪初,英国共有18所大学,4所大学学院。这类新大学的共同点是:重视技术教育,设置工程技术专业;不受宗教信仰的限制;与地方工业企业关系密切。显然,“新大学”运动对于英国科学技术事业的发展起到了定向的推动作用。著名的剑桥大学卡文迪许实验室就是在这一运动高潮中成立的。到了50年代,科学技术的突飞猛进和社会进步对教育提出了新的要求。这一点先被麻省理工学院的校领导敏锐地感受到了,这就是自然科学、工程技术与人文社会科学的合流对于培养新一代的一流工程技术人才的必要性。在教学计划的革新中,该校提出通才教育与专才教育融会贯通的方针,并规定学生必须修满相当数量的非本专业课程的学分,方可毕业。以后,该校又相继成立了人文社会科学学院和管理科学学院。至于麻省理工学院创建的波士顿128公路这一世界知名的科学工业园区,在使技术成果商业化方面,则领导了世界“新潮流”。

## 问题

**1. 简述政治、经济制度对教育的制约性。**

(1)政治经济制度决定教育的领导权;

(2)政治经济制度决定受教育的权利;

(3)政治经济制度决定教育目的的性质和思想品德教育的内容。

**2. 简述教育的政治功能。**

(1)传播一定社会的政治意识形态,完成青年一代的政治化;

(2)选择和培养专门的政治人才,促进社会政治的稳定、完善和发展;

(3)通过宣传一定的政治观点、思想,制造舆论,对社会现实的各种政治变化和发展产生影响。

**3. 简述教育的经济功能。**

(1)教育是实现劳动力生产、再生产和提高劳动者生产能力的重要手段;

(2)教育是加速现代社会物质生产技术更新的有力因素;

(3)教育能够培养人们形成与现代经济生活和现代生产相适应的各种新观点、态度、行为和习惯。

**4. 简述教育的文化选择的基本原则。**

(1)选择社会主流文化的基本要素和基本精神,如语言、价值观念、生活方式、思维习惯等;

(2)注意选择能促使学生在德、智、体、美等几方面都获得发展的基本文化要素;

(3)注意选择有利于科学进步、生产发展和生活质量提高的,实际应用率较高的文化要素。

**5. 简述科学技术对教育的影响。**

(1)科学技术制约教育内容

在现代社会,特别是第三次科技革命之后,人类知识和活动范围变得丰富。人类一方面借助于强大的高能加速器深入地探索物质结构之谜,另一方面又克服地球引力的束缚,开始向广袤的宇宙空间发展。

在未来的科技社会里,一方面因为社会需要大量的科学家,另一方面则由于科学数量和门类的增加。所以,一系列科学发现、技术创造成果相继进入学校,写进教科书。

(2)科学技术制约着教育的方法、手段和组织形式

随着科学的发展,现代科学方法和技术手段也在不断地引入学校,以改造传统的教学方法和教学设备,形成新的科学的教学方法和配置新的教学技术手段,同时产生新的教学组织形式。例如观察法、实验法、实习法等方法,都是现代科学方法与教学相结合而产生的现代教学方法。

**6. 简述我国文化传统对当代教育改革的影响。**

(1)宏观理念层面

在教育理念上,提倡“教以养学,学以为己”。我国传统的教育特别强调自主学习,以教学生会“学”、愿“学”为根本价值取向。

(2)中观制度层面

在教育体制上,追求“多元灵活、富有弹性”。

(3)微观过程层面

在教育内容上,注重“取精弃伪,古为今用”。对文化传统的继承不是再现与还原,而是一种“创造性转化”,是在把握文化传统精髓的基础上,结合时代特征有选择地吸收、价值评估与转换。

**7.简述教育与科技的关系。**

(1)科学技术对教育的影响

①科学技术制约教育内容;

②科学技术制约着教育的方法、手段和组织形式。

(2)教育对科学技术的制约

①教育是科技之母;

②教育改革对科技发展具有定向推动作用。

**8.简述教育的社会功能的再认识。**

教育的社会功能主要包括教育的经济功能、教育的政治功能、教育的文化功能和教育的科技功能。

教育的经济功能是指教育对社会物质生产发展所起的有效作用。

教育的经济功能主要表现为:

(1)教育是实现劳动力生产、再生产和提高劳动者生产能力的重要手段;

(2)教育是加速现代社会物质生产技术更新的有力因素;

(3)教育能够培养人们形成与现代经济生活和现代生产相适应的,各种新观点、态度、行为和习惯。

教育的政治功能主要表现为:

(1)传播一定社会的政治意识形态,完成青年一代的政治化;

任何社会都要求个体接受和理解一定的社会政治观念,形成适应和拥护现行政治制度与政治活动的思想意识及行为方式。为了使受教育者政治化,各国通常都把学校的公民训练放在十分重要的位置。

(2)选择和培养专门的政治人才,促进社会政治的稳定、完善和发展;

(3)通过宣传一定的政治观点、思想,制造舆论,对社会现实的各种政治变化和发展产生影响。

教育的文化功能主要表现为：

(1)教育的文化传递功能；

(2)教育的文化选择功能；

(3)教育的文化创新功能。

**9. 如何把握教育发展与社会发展之间的辩证关系？**

(1)社会发展对于教育的制约作用

主要体现在社会经济对教育的制约作用，政治、经济制度对教育的制约作用。

(2)教育对社会的能动作用

主要通过对人的培养而实现。主要表现在对经济发展的促进和推动，对政治制度的维护和巩固以及对文化的传播和创新。

**10. 简述教育与文化的关系。**

(1)文化对教育的制约

①文化水平制约着教育水平；

②社会文化对教育内容的制约；

③文化传统对教育的制约。

(2)教育的文化功能

①教育的文化传递功能；

②教育的文化选择功能；

③教育的文化创新功能。

# 第三章 教育与人的发展

## 第一节 人的发展概述

### 一、人的发展的含义

理解“人的发展”的含义，主要涉及两个问题：一是这里的“人”指的是什么；二是这里的“发展”指的是什么。我们在教育学中所讲的人不是指以“类”存在的人，而是指“个人”，是个人作为类存在物、社会存在物和个体存在物的发展，或者说是个人身上的类特征、社会特征和个性的发展。人的一切形式都是发展的，人类在发展，社会在发展，这是不容否认的客观事实。问题在于：自从达尔文进化论产生之后，稍有科学常识的人都承认人类发展这个事实，而人类的发展、社会的发展只有靠个人的发展来实现，正如马克思所说：“要不是每一个人都得到解放，社会本身也不能得到解放。”①从哲学的意义上说，发展是自然、社会和思维的属性，是连续不断地由低级向高级的运动变化过程。在教育学中，人的发展是指人随着年龄增长而发生的身心不断变化的过程，是由简单到复杂、由低级向高级的上升运动，这其中既有量变，又有质变。从这个定义中可以看出，人的发展内容包括生理和心理两个方面。生理发展是指机体的正常发育和体质的增强。机体的正常发育是指儿童的身高、体重、神经系统、呼吸系

① 马克思，恩格斯．马克思恩格斯全集（第20卷）[M]．中共中央马克思恩格斯列宁斯大林著作编译局译．北京：人民出版社，1971年，第318页．

统、分泌系统等组织系统的正常发育及机能的完善;体质的增强,则是指儿童机体的各种生理指标的提高,如免疫力、耐力、灵活性等方面的提高。

## 二、影响人的发展的因素

### (一)遗传素质的作用

#### 1. 遗传素质是身心发展的生理前提

人的遗传是指人的个体继承上代生理解剖方面的特点,如机体的结构、形态、神经系统的特点等。这些遗传的生理因素及其特点,也叫遗传素质,是人的发展的自然的生理前提条件,如果没有这些条件,人的发展就无法实现。人对外界环境之所以能做出各种反应,就其生理机制而言,都是神经系统和大脑活动的结果。神经系统和大脑这种生理机制,是一切心理发展的物质前提。

#### 2. 遗传素质的成熟制约着身心发展的过程

成熟作为一种状态是指机体及其组成系统在形态与机能上达到完善。人的各个身体器官的构造和机能在出生时是很不完备和孱弱无力的,身体的器官和整个系统的结构、功能都是随年龄而发展,并逐步成熟的。这种逐步成熟的变化过程为一定年龄阶段的身心特点的出现提供了可能和限制。美国耶鲁大学心理学家格塞尔的双生子爬梯的实验能很好地说明这一点。他以一对满 46 周的同卵双生子为被试者,其中之一先每天做 10 分钟的爬特制小梯的训练,共 6 周。然后测量两个孩子爬同一楼梯所需的时间,结果是受训儿需 26 秒,未受训儿需 45 秒完成爬梯的“任务”。然后,当这对双生子满 52 周后,再对他们同时进行为期两周的相同的爬梯训练。测量结果是,他们只用 10 秒钟就完成了爬梯任务。格塞尔据此提出了个体发展的成熟决定论。心理学家和教育学家都认为,早于成熟期或迟于成熟期的学习都无助于发展。

#### 3. 遗传素质仅为人的发展提供了可能性

遗传素质是人的身心发展的生理基础,为人的身心发展提供了可能性,这种可能性必须在一定条件的影响下才能转化为现实性。1920 年在印度发现了两个“狼孩”。狼孩回到人类社会后,她们的狼性十足,昼伏夜动,吃了就睡,饿了就引颈长嗥,一看到生肉就全身发抖,垂涎欲滴,饮用生水时总是用舌头舔喝,上肢不能发挥应有的功能。她们虽然都是人,具有人的遗传素质,但由于她们自幼在野兽的养育下成长,既没有接受人类社会的影响,又没有参加人类的实践活动,因此,她们身心各方面的发展都受到了抑制和阻碍,几乎不具有任何人的心理,不会语言和思维,没有情感。这一事实足以说明,遗传素质只是提供了发展的可能性。

**4. 遗传素质具有可塑性**

人在实践活动中,作用于自然和社会,创造新的自然环境和社会,同时也改变着人自己的本性。生物学实验证明:神经细胞中核糖核酸的含量与人在积极活动中所接受的感觉刺激有直接联系,刺激的数量和种类可以加速或延缓先天的生长因素;人的生活经验证明:人们由于长期进行某一方面的实践活动,就可以使脑的某一方面反应能力提高,如印染技工与一般人相比具有较强的颜色鉴别能力,酿酒老工人具有较敏锐的鉴别酒质的能力。人的遗传素质发展也因人的生活条件的不同可以提前或推迟。这一切都说明遗传素质具有随环境和实践的影响而改变的可塑性。

**5. 遗传素质对人的发展的影响程度是有区别的①**

遗传素质对人的发展的影响还与具体的机能性质有关。生理学家和心理学家的研究表明:人的低级生理、心理机能(如眨眼、电反射、手腕动作等)受遗传影响较强;高级生理、心理机能受遗传影响程度相对较弱,如人的认知高级神经的活动等。从动态的角度来看,遗传素质对人的发展的影响程度在整个发展过程中呈减弱的趋势,而且随着机体的成熟、身心发展水平的提高、自我控制能力以及人的活动水平的提高,影响越来越小。

综上所述,遗传素质是人的身心发展的生理前提,制约着人的身心发展过程,但也不能片面夸大遗传的作用,美国心理学家霍尔认为“一两的遗传胜过一吨的教育”,这是遗传决定论的观点,是错误的遗传宿命论的观点。因为,遗传素质不仅为人的发展提供可能性,它本身也具有可塑性。

---

① 叶澜. 教育概论[M]. 北京:人民教育出版社,1991.

## （二）环境的作用

环境是指存在于人的周围并能给人的发展以一定影响的外部世界，它包括自然环境和社会环境。自然环境包括日月星辰、山川草木、鸟兽虫鱼等纯粹的天然的环境，总之是指人类生活的空间环境和地理环境，同时包括经过人类加工改造过的自然环境，如城市园林等。社会环境包括个体所接触到的社会经济生活、政治生活、文化生活以及家庭、邻里生活和学校教育生活等。

环境是人发展的必要条件，在环境的影响下，人获得一定的生活知识和经验，形成各种思想道德和行为习惯。马克思说："人的本质并不是单个人所固有的抽象物。在其现实性上，它是一切社会关系的总和。"①19 世纪初，德国巴登大公国王子卡斯·豪瑟三四岁时，被争夺王位的宫廷阴谋家关进低矮黑暗的地窖中。他可以吃到面包，喝到水，但不能接触任何人，一直到 17 岁时才被放出来。这时，他身高只有 144 厘米，膝盖已经变形，走路时如同婴儿学步一样；目光呆滞、怕光，但暗视觉很敏锐，黑暗中能看到 180 步以外的马；听觉、嗅觉比较灵敏，但不会说话，智力水平如同幼儿。他 22 岁时遇刺身亡后，解剖时发现，他的大脑很小，还没覆盖住小脑。这一实例充分说明了环境对人的身心发展的影响，没有一定的环境的影响，遗传素质发展的可能性就不能变成现实。这些都是强调环境对人的影响作用。教育者不仅要注意为受教育者的发展提供较有利的条件，更要培养受教育者认识、利用和超越环境的意识和能力。可以说，环境对人的发展影响的大小与人本身的发展水平、独立程度和自主能力成反比。

虽然环境是人发展的条件，但不能说环境在人的发展过程中起决定作用。18 世纪理论界曾盛行过环境决定论，这种观点最初是针对遗传决定论的。欧洲启蒙运动者爱尔维修说"人的形成只是由于环境和教育的影响"②，是"教育把我们变成现在的这种样子"③。这种观点在当时对反对封建贵族特权、推动社会民主进步是有积极意义的。在 20 世纪初，这种观点被一些人发展到极端，如美国行为主义心理学家华生在他的《行为主义》一书里这样写道："给我一打健康的婴儿，我可以按自己的愿望培养，我保证把他们培养成我选择的任何特定的

---

① 马克思，恩格斯. 马克思恩格斯选集（第 1 卷）[M]. 中共中央马克思恩格斯列宁斯大林著作编译局译. 北京：人民出版社，1972 年，第 18 页.

② 曹孚. 外国教育史[M]. 北京：人民教育出版社，1979 年，第 135—136 页.

③ 曹孚. 外国教育史[M]. 北京：人民教育出版社，1979 年，第 136 页.

类型——医生、律师、艺术家、商人、领袖甚至乞丐和小偷。不拘他的祖先的天才、嗜好、脾气、能力、职业和种族如何。”[①]环境决定论者没有看到，虽然环境对人的发展影响十分大，但环境也是由人创造的。

（三）实践活动的作用

**1. 社会实践活动是人的活动中的最根本活动**

人须臾离不开自然界，因为人是自然界长期发展的产物，人的生存延续和发展都需要不断地同自然进行物质交换，即进行生理活动；人要获得对世界和自己的认识，形成个性，需要把外部环境对象化，即进行心理活动；人作为社会成员，为满足社会或群体发展的需要，保持、扩大自己的利益，体现自己的价值，需要不断地认识和改造周围世界，即进行社会实践活动。[②] 因此，社会实践活动在人的活动中是最根本的活动，社会实践活动不断扩大，内容不断丰富和深化，人的身心发展水平就不断提高。

**2. 人在改造环境的实践中发展**

人的发展是以实践活动为中介的，个体只有投身于实践活动中，其素质和能力才能得到良好的发展。外部环境的因素，只有作为个体的活动对象时，才能显示出它的意义和作用；才会映入个体的主观意识，与个体的动机、需要、认识、意志发展交互作用，将客观世界的东西联系起来。马克思曾经说：“为了在对自身生活有用的形式上占有自然物质，人就使他身上的自然力——臂和腿、头和手运动起来。当他通过这种运动作用于他身外的自然并改变自然时，也就同时改变他自身的自然。他使自身的自然中沉睡着的潜力发挥出来，并且使这种力的活动受他自己控制。”[③]这表明人的活动是一个对象化地体现着作为主体的人的主观能动性的客观过程，是活动主体通过占有、改造活动对象实现自己的目的、意志和加强人自身本质力量的过程。马克思的结论是：“环境的改变和

---

① [美]威廉·C. 格莱因. 儿童心理发展的理论[M]. 计文莹等译. 长沙：湖南教育出版社，1983年，第313页.

② 叶澜. 教育概论[M]. 北京：人民教育出版社，1991.

③ 马克思. 资本论(第1卷)[M]. 中共中央马克思恩格斯列宁斯大林著作编译局译. 北京：人民出版社，1975年，第202页.

人的活动的一致,只能被看作是并合理地理解为革命的实践。”①

总之,在实践活动过程中,人不仅使自己的力量和智慧得以外化和对象化,实现对外部世界的改造与平衡,获得物质财富和精神财富,而且使自己的身体、才干、意志、智慧等方面都得到了发展。因此,实践活动在人的发展中起决定作用。

## 第二节　教育在人的发展中的作用

### 一、教育在人的发展中的作用

#### (一) 具有明显的目的性和方向性

一般环境(除学校教育以外的其他环境)对人的影响往往是无意识的、盲目的,而教育这一特殊环境对人的影响是有明确目的的,那就是要把受教育者培养成社会所需的人。而教育从理论上说要排除和控制不良因素的影响,从而给人以正面教育,使受教育者朝着既定方向发展。

#### (二)具有高度的组织性和计划性

教育这一特殊环境具有高度的组织性和计划性。教育的组织性体现在两个方面:一方面,学校教育本身就是由专门机关组织的;另一方面,学校的机构、教育和教学活动等各方面都具有高度的组织性。教育的计划性包括两个方面:一方面,从整个教育系统来看,在资金、设备、教师队伍、招生人数、各级各类学校比例、规模和发展速度等方面,都有周密的计划;另一方面,从学校内部看,在学校管理、开展教育、教学活动等方面也都有高度的计划性。

#### (三)具有严密的系统性和全面性

一般环境对人的影响常常是零散的、片面的,相比之下,教育则具有严密的

---

① 马克思,恩格斯. 马克思恩格斯选集(第1卷)[M]. 中共中央马克思恩格斯列宁斯大林著作编译局译. 北京:人民出版社,1972年,第17页.

系统性和全面性。教育的系统性首先是指学校教育本身就是一个系统,是由适应儿童发展的各阶段而组织起来的,相互衔接的各级各类学校教育组成的完备的系统;其次,各阶段的教育内容相互联系,有利于受教育者形成完整的知识体系,在同一阶段内的教育内容也是系统的。教育的全面性是指学校教育任务要使教育者在德、智、体、美、劳等各方面都得到发展。正是由于上述原因,所以,教育在人的发展中起主导作用。但这种主导作用绝不能理解为决定作用。例如,同在一个学校就读的学生,虽然他们的教学设施、教学内容和教师都是一样的,但学生的发展水平并不一样。马克思在分析批判"人是环境和教育的产物"这一主张时,指出:"有一种唯物主义学说,认为人是环境和教育的产物——这种学说忘记了:环境正是由人来改变的,而教育者本人一定是受教育的。"①

## 二、教育起主导作用的条件

### (一)教育应与社会发展方向一致

教育对学生的主导作用主要表现在帮助学生选择合适的发展方向上,使学生身心朝着有利于社会发展的方向发展。为此,教育的总体目标应符合社会发展方向,适应人类社会政治、经济、科学文化发展的水平。21世纪,急剧发展变化的科学、技术、生产和社会不断向人的素质提出新的、更加全面的要求,因此教育必须着眼于人的素质的培养,发展人的潜在的能力。

### (二)教育活动要符合个人发展需要

教育的功能之一,就是促进学生的身心发展。要实现这一功能,教育活动就必须符合学生的发展需要。因为教育的作用是通过学生参加实践活动得以实现的,而在实践活动中的态度,直接影响教育作用发挥的效果。学生参加活动的态度与个人发展需要密切相关:当活动符合个人发展需要时,学生在活动中的态度就会积极主动;当活动不符合个人发展需要时,学生在活动中就会情绪低迷、消沉,甚至消极、抵抗。为此,教育者必须认识、研究学生的个人发展需

① 马克思,恩格斯.马克思恩格斯选集(第1卷)[M].中共中央马克思恩格斯列宁斯大林著作编译局译.北京:人民出版社,1972年,第17页.

求,精心设计教育活动,使教育活动能够符合个体发展需要。

### (三)教育要与环境影响取得协调

这里的环境主要指家庭邻里及其他社会物质文化环境,这些环境的影响可能与教育的影响相协调,也可能与教育的影响相抵触。因此,教育者有责任并要善于化环境消极影响为积极影响,保持教育与家庭、社会影响的一致性,这样才能体现出教育的主导作用。

### (四)教育要适应学生的身心发展规律

学生身心发展具有顺序性、阶段性、不均衡性和差异性规律。

顺序性是指儿童从出生到成年,他们的身心发展是一个由低级到高级、由量变到质变的连续不断的发展过程。这一过程是具有一定顺序的,如:身体的发展是按照"从头部向下肢"和"从中心部位向全身的边缘"方向进行的;心理发展是按照从具体思维到抽象思维、由机械记忆到意义记忆发展的。

阶段性是指儿童在不同年龄阶段中的身心发展具有一般的、典型的和本质的特征。例如:童年期的学生思维特点是具有较大的具体性和形象性,抽象思维能力还比较弱;少年期的学生,抽象思维已有很大发展,但经常需要具体感性经验支持;青年初期学生的抽象思维则居于主要地位。

不均衡性是指同一儿童在不同年龄阶段中身心的各个方面的发展速度和水平是不同步的。例如:有机体各组织系统成熟程度不同,神经系统、淋巴系统成熟在先,肢体居中,生殖系统最后成熟。身高体重有两个增长高峰,第一高峰出现在出生的最初几年,第二高峰则在13—14岁到15—16岁期间等。

差异性是指同一年龄阶段的儿童身心发展水平存在差异,例如:两个同为7岁的儿童,一个儿童已能掌握数的概念,能够利用概念进行计算,而另一儿童却不能脱离实物进行计算。

因此,教育要适应上述儿童身心发展的规律性,采取恰当的教育措施和方法。根据学生身心发展的阶段性,教育应遵循"循序渐进"的原则;根据学生身心发展的阶段性,教育要采取适合儿童接受能力的内容和方法;根据学生身心发展的差异性,在教育中要注意"因材施教"的原则;等等。

## 问题

**1. 教育在学生身心发展过程中起主导作用的条件有哪些?**

(1)教育应与社会发展方向一致;
(2)教育活动要符合个人发展需要;
(3)教育要与环境影响取得协调;
(4)教育要适应学生的身心发展规律。

**2. 青年初期学生的思维发展的主要特点是什么?**

(1)具有高度的概括性,并形成理论思维能力;
(2)具有严密的逻辑性和深刻性;
(3)具有较强的独立性和批判性。

**3. 影响人的身心发展的各种因素及其作用有哪些?**

人的发展是主客观方面的众多因素综合作用的结果。其中,最重要的因素是遗传素质、环境、教育和社会实践活动。

遗传素质是身心发展的生理前提;遗传素质的成熟制约着身心发展的过程;遗传素质仅为人的发展提供了可能性;遗传素质具有可塑性;遗传素质对人的发展的影响程度是有区别的。

环境是人发展的必要条件,人一生下来就受着环境的影响。在环境的影响下,获得一定的生活知识和经验,形成各种思想道德和行为习惯。

教育在人的身心发展中起主导作用。

社会实践活动是人的活动中的最根本活动,人在改造环境的实践中发展。

**4. 简述教育在人的发展中的作用。**

(1)具有明显的目的性和方向性;
(2)具有高度的组织性和计划性;
(3)具有严密的系统性和全面性。

### 5. 遗传在人的身心发展中的作用是什么？为什么遗传决定论是错误的？

遗传素质的作用：

(1)遗传素质是身心发展的生理前提；

(2)遗传素质的成熟制约着身心发展的过程；

(3)遗传素质仅为人的发展提供了可能性；

(4)遗传素质具有可塑性；

(5)遗传素质对人的发展的影响程度是有区别的。

遗传素质对人的发展的影响还与具体的机能性质有关。

遗传决定论是错误的。因为遗传素质是人的身心发展的生理前提，制约着人的身心发展过程，因此，不能否认遗传素质的作用。但是，也不能片面夸大遗传的作用，美国心理学家霍尔认为“一两的遗传胜过一吨的教育”，这是遗传决定论的观点，是错误的遗传宿命论的观点。因为，遗传素质不仅为人的发展提供可能性，它本身也具有可塑性。

### 6. 为什么说教育在学生的身心发展中起主导作用？

(1)教育是一种有目的、有计划、有组织、有系统地进行培养人的活动；

(2)教育工作是由受过专门训练和培养的教师或教育工作者来进行的；

(3)教育可以把遗传素质提供的可能性、自发的环境影响以及个人主观努力纳入教育轨道，以促进青少年儿童的发展。

### 7. 环境决定论为什么是错误的？

环境决定论者没有看到，虽然环境对人的发展影响十分大，但环境也是由人创造的。这样，在环境决定论者那里，究竟是环境改造和决定人，还是人改造和决定环境，就成了“鸡生蛋，蛋生鸡”的问题。因此，人们批评环境决定论是一种逻辑上的循环论，同遗传决定论一样，都是宿命论。

### 8. 为什么说实践活动在人的发展中起决定作用？

在实践活动过程中，人不仅使自己的力量和智慧得以外化和对象化，实现对外部世界的改造与平衡，获得物质财富和精神财富，而且使自己的身体、才干、意志、智慧等方面都得到了发展。因此，实践活动在人的发展中起决定作用。

### 9. 顺境和逆境哪个更有利于人的发展?

顺境和逆境都是强调环境对人的影响作用。人生活在不同的环境中,这些环境所提供的条件并不相同,对个体发展的意义也不相同,因而不同环境中人的发展有很大区别。但个体对环境的作用也不是消极的,处在同一环境中的个体,其水平也不会完全相同的。一个人怎样认识他的环境取决于他的成熟程度、知识基础和认识目的。个体对环境持积极态度,就会挖掘环境中有利于自己发展的因素,克服消极的阻力,从而扩大发展的天地,否则就会出现视而不见、充耳不闻的现象。

# 第四章 教育目的

教育目的是教育活动的出发点和归宿，制约着教育活动的性质和方向。任何教育活动都围绕教育目的进行，教育过程就是教育目的的逐步实现过程。

## 第一节　教育目的概述

### 一、教育目的的概念

人的全部活动所表现出来的本质特征就是目的性。这是人的实践活动与动物本能活动的根本区别。正如马克思所说："蜘蛛的活动与织工的活动相似，蜜蜂建筑蜂房的本领使人间的许多建筑师感到惭愧，但是，最蹩脚的建筑师从一开始就比最灵巧的蜜蜂高明的地方，是他在用蜂蜡建筑蜂房以前，已经在自己的头脑中把它建成了。劳动过程结束时得到的结果，在这个过程开始时就已经在劳动者的表象中存在着，即已经观念地存在着。"①马克思的这段话无疑说明，人在实践活动之前，头脑中就已经形成了一定的观念，人的一切行为都具有目的性。

教育作为人类的基本实践活动，也具有目的性。从教育的产生来看，教育发端于劳动。在共同的生活和劳动过程中，人类必然会形成一定的共同伦理规

① 马克思，恩格斯. 马克思恩格斯全集（第 23 卷）[M]. 中共中央马克思恩格斯列宁斯大林著作编译局译. 北京：人民出版社 1972 年，第 202 页.

范,必然会积累许多社会经验和生产经验。这些经验关系到人类的生存和发展,但这些经验又是不能通过种族的遗传保存下来的。所以,人类要生存繁衍下去,就必须要找到一种保存经验的方法,这个方法就是有目的的教育活动。从教育的作用看,培养人是教育的最基本职能。但培养人总是体现为一定的计划性和目的性,培养什么人,为谁培养人这无疑是教育的最根本问题。一般而言,教育的目的受社会制约,要首先反映一定社会的要求,个人受教育的目的不能脱离社会对人的素质的总的要求。

所谓教育目的,就是人们在进行教育活动之前,在头脑中预先观念地存在着的教育活动过程结束时所要取得的结果,也就是教育所要培养的人的质量规格。教育目的反映着社会对教育总的要求,它是人们在观念上、思想上对教育活动结果的设计。教育目的是客观需要在主观上的反映,是教育理想与现实的结合,教育目的的社会制约性与人的身心发展的制约性是一致的。

教育目的是教育工作的出发点,也是教育工作的归宿。教育的内容、教育的方法手段、教育中的各种活动,乃至教育的制度和结构,都是按照一定教育目的确定的。教育工作要根据教育目的来计划和安排,也要依据教育目的来评价和验收。教育目的规定着教育对象的发展方向,也是社会实现其对教育制约作用的中心环节。教育目的规定了人才的规格和质量标准,决定着教育对象的发展方向,具有非常重要的作用。

## 二、教育目的与教育方针、培养目标的关系

教育目的是一个体系,他与上位层次的教育方针和下位层次的培养目标等是自上而下的相互制约与自下而上的逐级达成关系。

### (一)教育目的与教育方针

教育目的与教育方针既有联系:教育方针是对教育工作的总体规定,是一个国家办教育的根本大法。它包括对教育性质和方向、教育目的和道路等的总要求。教育目的是对人的质量标准和培养规格的专门规定,因此,完整的教育方针包括教育目的,教育目的是教育方针的重要内容之一。

教育目的与教育方针又有区别:在层次上,教育方针是一个国家教育发展和人才培养的最高行动指针,是目的体系中的最高层次;教育目的则是不同层

次的教育关于人才培养规格与标准的具体规定，是目的体系中的下位层次，是可分的，如高等教育目的、中等教育目的、初等教育目的等。在具体内涵上，方针是从最宏观、最根本的方面规定了一个国家的教育性质和方向、人才发展的内容和质量要求以及实现方针要求的途径；教育目的则是在方针的规定下或依据方针而对某一层次所要培养的人才规格做出的具体规定，它往往有着不同的层次、不同类别教育的具体性和特殊性。

### （二）教育目的与培养目标

教育目的与培养目标有联系又有区别：教育目的是国家对教育所培养的人的质量和规格的总要求；而培养目标则指不同类型、层次的学校或专业培养人才的具体质量规格，如高等学校中理、工、农、医、师各类别的培养目标，某一类别院校中各专业的培养目标等。教育的类别不同、层次不同、专业方向不同，培养目标均会不同。教育目的与培养目标是一般与个别的关系。教育目的必须依靠培养目标来实现，培养目标必须根据教育目的来制定。如中小学和各类高等学校虽都有自己的具体培养目标，但在总体上又都必须符合教育目的的总要求。

## 三、确立教育目的依据

教育目的的提出和确立，不仅是个人主观意志的表现，更是来自于对教育客观规律的认识。教育目的具有一定的时代性，总是反映着一定时代的社会生产力发展程度、社会关系条件以及人的身心发展水平的要求。

### （一）生产力的发展水平

人的劳动能力是由体力、智力、劳动经验和技术熟练程度等因素共同构成的，一定的生产力总是要根据自己的发展水平，对人的培养提出自己的要求。在原始社会，教育只是将狩猎、捕鱼、采集等人类生存需要的劳动经验和部落的伦理传统传递给下一代。在古代社会，学校教育为统治阶级所把持，生产力水平仍较低，学校同生产劳动仍然是分离的，学校只培养统治方面的人才，而不培养劳动者。大工业生产兴起后，现代生产本身要求生产工人受到一定程度的教育，以适应大工业生产的需要。从此，教育的目的开始扩大，即不仅要培养统治人才,也要培养能为资本家创造更多财富的生产工人。今天,随着科学技术的迅速发展,现代生产主要表现为科技的应用。教育的重要目的之一就是培养人的劳动素质、劳动观念等,教育同生产劳动的结合已是教育的普遍规律,而生产力水平对人的素质要求是教育目的确立的重要因素。

### (二)社会关系

一定的社会关系即社会中的物质关系和思想关系,对教育目的起着直接的决定性影响。一个社会需要什么样的人,具有什么样的政治倾向和思想意识,具有什么样的劳动技能等,都集中反映在所制定的教育目的上。任何一个社会对教育的要求总是在一定的社会关系中产生并受这种关系制约。在阶级社会里,学校为统治阶级所垄断,教育目的也主要是统治阶级的经济、政治利益的反映。社会不同,时代不同,教育目的也不同。奴隶社会、封建社会的教育目的,都反映着各自的政治经济要求,他们的教育目的都以培养本阶级的继承人,教化百姓,维护统治阶级的根本利益为宗旨。资本主义倡导教育的民主与公平,但教育中渗透的资本主义伦理精神亦明显地体现为教育要为培养心甘情愿为资本主义发展奉献终生的人服务。所有这些都是社会关系对教育目的直接制约的体现。

### (三)受教育者身心发展的特点与规律

一个国家教育目的的制定一要符合社会发展的需要,二要符合个体身心发展的特点与规律。教育目的的制定应是上述两种需要的有机统一。教育总是指向处于一定发展阶段的受教育者个体,为了使受教育者身心发展达到预期的目标,教育目的的制定者也必须考虑个体身心发展的特点和规律。

人的身心发展具有一定的顺序性、阶段性、不平衡性、稳定性、可变性和个体差异性。教育目的的确立主要应符合教育对象的身心发展规律。

第一,教育目的的确立要符合教育对象的身心发展程度。教育目的作为对人才发展的指向,必须关照教育对象发展的可能性,既不能超出学生发展的能力范围,又要在学生最近发展区内使学生获得最大的发展空间。

第二,教育目的的制定还要符合教育对象的身心发展变化。学生的身心发展具有不平衡性和可变性。这就要求教育目的的制定应该根据学生的身心发展不断变化的特点,及时灵活调整,从而使教育目的有更强的适应性,促进学生全面发展。

第三，教育目的的制定，尤其具体培养目标的确立也要符合教育对象的不同阶段的身心发展需要。小学生、中学生、高中生、大学生等，他们的身心发展水平不同，在教育目的总的要求下，教育目标便应有所差别。

## 四、教育目的的价值取向

选择和确立教育目的，不能不涉及教育目的的价值取向问题，这是因为，人们对教育目的的选择和确立，总是从各自的利益和需要出发，从而体现为不同的价值追求。

### （一）个人本位论与社会本位论

从个人与社会的关系来看，教育目的的价值取向可分为个人本位论和社会本位论。

个人本位论认为人的价值高于社会价值，把人作为教育目的的根本所在，并认为教育目的在于使人成为人，使人性得以发展，使人性得以完善。个人本位论重视人的价值、个性发展及需要，把人的个性发展及需要的满足视为教育的价值所在；认为教育目的的根本在于使人的本性、本能得到自然发展，使其需要得到满足；主张应根据人的本性发展和自身完善这种“天然的需要”来选择确立教育目的，按照人的本性和发展的需要来规定教育目的。

从教育思想来看，个人本位论主要反映在自然主义和人文主义教育思想之中，主要代表人物是法国思想家卢梭、瑞士的裴斯泰洛齐等。古希腊智者派基于人是万物的尺度主张教育应以弘扬人性、发展人的个性为根本目的。文艺复兴时期的人文主义反对宗教对人的压抑，把人的解放和个体自我意识觉醒，培养独立个人作为教育的根本目的。18—19 世纪的自然主义反对封建社会尤其是宗教对儿童的压抑，主张“天赋人权”，认为个人自由、幸福是人与生俱来的“自然权利”，把培养具有独立人格和尊严的“自然人”，促进人的自然发展作为确立教育目的的根本依据。

社会本位论认为教育的一切活动应服从、服务于社会需要，教育的目的是为了社会的发展。教育目的不应从人的本位出发，而应从社会需要出发，根据社会需要来确定。

社会本位论的主要代表人物有法国哲学家孔德、法国社会学家涂尔干、德国教育家凯兴斯泰纳等。孔德认为:真正的个人是不存在的,只有人类才存在,因为不管从哪方面看,我们个人的一切发展,都有赖于社会。涂尔干认为:教育在于使年轻一代系统地社会化,其目的在于使儿童的身体、智力和道德状况都得到某些激励与发展,以适应整个社会在总体上对儿童的要求,并适应儿童将来所处的特定环境的要求。凯兴斯泰纳认为:国家的教育制度只有一个目标,就在于造就公民。

个人本位论和社会本位论都具有其积极意义,但由于各执一端,也存在各自的缺陷。应该看到,在教育目的的选择和确立上,单纯考虑个人还是社会都是不全面的。社会是由个人组成的,个人的发展是社会发展的必要条件和动力,社会发展是个人发展的条件和保障。个体的发展要以社会的发展为基础,要受到社会发展的制约,要服从社会发展的需要。忽略了个人的发展,社会的发展就会因缺乏人的主观能动因素而减缓;反过来,如单纯考虑个人的发展需要,忽视社会需要的一面,人的发展也是不健全的,缺乏价值的。所以,教育目的应从社会需要和个人需要的统一出发。

### (二)教育准备生活说和教育适应生活说

从教育与生活的关系来看,教育目的的价值取向可分为教育准备生活说和教育适应生活说。

教育准备生活说认为教育要为人的未来生活做准备。代表人物是英国的教育家斯宾塞。他认为:为我们的完满生活做准备是教育应尽的职责。“怎样运用我们的一切能力使对己对人最为有益,怎样去完满地生活?这个既是我们需要学的大事,当然也就是教育中应当教的大事。”[①]基于这样的目的论,斯宾塞把人的完满生活划分为五种活动:直接保全自己的活动、从获得生活必需品而间接保全自己的活动、目的在抚养子女的活动、维持正常社会政治关系有关的活动、在社会中的闲暇时间满足爱好和感情的活动。与这五种活动相适应,把教育内容划分为五种。

教育适应生活说认为教育不是为未来生活作准备,教育就是生活本身。代表人物是美国哲学家、教育家杜威。他认为:“生活就是发展,而不断发展,不断

---

① [英]赫·斯宾塞.教育论[M].胡毅译.北京:人民教育出版社,1962年,第7页.

生长,就是生活。用教育术语来说,就是:第一,教育过程在它的自身以外无目的;它就是它自己的目的。第二,教育过程是一个不断改组、不断改造和不断转化的过程。”又说:“没有教育即不能生活。所以我们可以说,教育即生活。”在他看来,最好的教育就是“从生活中学习”“从经验中学习”。

## 第二节　我国的教育目的

新中国成立以来,我国的教育目的在不同历史时期有着不同的表述。这里主要列出表述中有较大变化的教育目的,这反映了我国在不同历史时期对我国教育目的的调整。

### 一、我国的教育目的在不同时期的表述

1949 年 12 月,教育部在北京召开第一次全国教育工作会议,确立了全国教育工作的总方针:中华人民共和国的教育是新民主主义的教育,它的主要任务是提高人民文化水平,培养国家建设人才,肃清封建的、买办的、法西斯的教育,发展为人民服务的思想。这种新教育是民族的、科学的、大众的教育,其方法是理论与实际一致,其目的是为人民服务,首先为工农兵服务,为当前的革命斗争与建设服务。这个方针被称为新民主主义文化教育方针。

1956 年,毛泽东在最高国务会议上提出:“我们的教育方针,应该使受教育者在德育、智育、体育几方面都得到发展,成为有社会主义觉悟的有文化的劳动者。”这是我国第一个规范化的教育总目的,1958 年,中共中央、国务院在发布的《关于教育工作的指示》中,“文化大革命”结束后,1978 年邓小平在《在全国教育工作会议上的讲话》中都坚持了这一教育目的。

1981 年,《关于建国以来党的若干历史问题的决议》提出“坚持德智体全面发展、又红又专、知识分子和工人农民相结合、脑力劳动和体力劳动相结合的教育方针”。

1982 年,《中华人民共和国宪法》第四十六条规定:“国家培养青年、少年、儿童在品德、智力、体质等方面全面发展。”这是中国当代历史上第一个以法的面貌出现的教育目的。

1985 年,《中共中央关于教育体制改革的决定》提出,教育必须“面向现代化、面向世界、面向未来,为九十年代至下世纪初叶我国经济和社会的发展,大规模地准备新的能够坚持社会主义方向的各级各类合格人才”。“所有这些人才,都应该有理想、有道德、有文化、有纪律,热爱社会主义祖国和社会主义事业,具有为国家富强和人民富裕而艰苦奋斗的献身精神,都应该不断追求新知,具有实事求是、独立思考、勇于创造的科学精神。”这个教育方针的表述既体现了德、智、体全面发展的一贯思想,又融入了新的时代发展对人才规格的新要求。

1986 年,《中华人民共和国义务教育法》规定“义务教育必须贯彻国家的教育方针,实施素质教育,提高教育质量,使适龄儿童、少年在品德、智力、体质等方面全面发展,为培养有理想、有道德、有文化、有纪律的社会主义建设者和接班人奠定基础”。

1993 年,《中国教育改革和发展纲要》提出“教育改革和发展的根本目的是提高民族素质,多出人才,出好人才。各级各类学校要认真贯彻‘教育必须为社会主义现代化建设服务,必须与生产劳动相结合,培养德、智、体全面发展的建设者和接班人’的方针,努力使教育质量在 90 年代上一个新台阶”。

1995 年,《中华人民共和国教育法》对我国的教育方针又进行了全面的概括和总结:“教育必须为社会主义现代化建设服务、为人民服务,必须与生产劳动和社会实践相结合,培养德、智、体、美等方面全面发展的社会主义建设者和接班人。”

此后的教育目的基本上是在 1995 年的教育目的为谁培养人和如何培养人的表述上稍作调整,因此,到目前为止,1995 年的教育目的是最为权威和经典的表述。

## 二、我国社会主义教育目的的精神实质

我国的教育目的在各个不同历史时期的表述有一定差别,但精神实质却是一致的。

### （一）坚持教育的社会主义性质和方向是我国教育目的的根本特点

教育目的的方向性是教育性质的根本体现，阶级社会的教育从来都具有阶级性，教育的阶级性首先反映在教育目的上。过去一切剥削阶级的教育目的，都极力掩饰其教育上的阶级实质，说自己的教育是为整个社会利益服务，而事实上他们的教育都只是为统治阶级服务的，都主要反映着统治阶级的愿望和需要。而社会主义的教育目的从不掩饰自己的阶级意图，明确指出我们的教育目的就是培养社会主义事业的建设者和接班人。我国的教育目的强调了要培养的是新型的劳动者，是既能从事体力劳动，又能从事脑力劳动的人。他们所具有的素质不是抽象的德、智、体、美、劳，而是具有社会主义方向性的素质标准。教育目的的社会主义方向性要求，反映了我国教育的社会主义性质和特色。

### （二）坚持德、智、体等方面全面发展的质量标准

社会主义教育目的是培养全面发展的新型劳动者。人的全面发展首要的是智力和体力广泛、充分、统一、自由的发展，教育必须首先大力发展受教育者的智力和体力。

我国的教育目的指出了人的素质的基本构成，即德、智、体等方面，是社会对人的素质的基本要求，也是人自身整体发展的内在需要。因此，我国的教育目的一直强调德、智、体的统一发展。此外，还要有美的素质和劳动技术素质的发展。

### （三）坚持为社会培养“劳动者”

我国的教育目的是培养劳动者，劳动者既包括以体力劳动为主的劳动者，也包括以脑力劳动为主的劳动者。这些劳动者尽管有分工的不同，有体力劳动和脑力劳动的差异，但没有阶级和地位的差别。

我国的教育目的提出的是培养“建设者”和“接班人”，这只是对“劳动者”的具体提法，社会主义事业的建设者和接班人都是劳动者，分别来提只是从不同角度要求的具体化。“建设者”和“接班人”不应理解为两种人，而是对社会主义劳动者两种职能的统一要求。“建设者”指的是在社会主义物质文明、精神文明等建设中的职能要求，“接班人”指的是社会主义革命事业上的职能要求。

这是教育目的对劳动者的统一要求。

### (四)坚持教育与生产劳动相结合的基本途径

教育与生产劳动相结合是教育培养人的基本途径。马克思分析和论述了在资本主义大工业生产条件下,教育与生产劳动相结合对社会生产产生的巨大作用。在高科技广泛应用于现代生产的今天,教育与生产劳动相结合对社会生产起着更大的促进作用。国民经济的发展,现代化的社会生产对高素质人才和先进的科学技术产生了迫切的需求,而人才和科技的提供靠教育。现代教育通过培养德、智、体等方面全面发展的劳动者为社会生产提供人才和科技上的保障。同时,现代化的社会生产又为现代教育提供了实践基础。教育与生产劳动是相互作用的。

教育与生产劳动相结合是社会生产所必需的,也是培养人所必需的。正由于此,我国才一直把教育同生产劳动相结合作为教育目的的重要构成。

生产劳动是人类最基本的实践活动,但不是唯一的实践活动,教育同生产劳动相结合是培养人的最基本途径,但不是唯一途径。毛泽东同志就曾将社会实践分为生产斗争、阶级斗争和科学实验三大革命实践,并认为人类的社会实践并不限于生产劳动一种形式,此外还有社会生活实践和科学实验实践。因此,我们培养人就不能仅仅局限在教育同生产劳动实践的结合这一个方面,也要坚持教育同整个社会实践的结合。

## 第三节　全面发展教育的组成部分及关系

为了实现教育的目的,全面培养人的素质,必须实施全面教育。全面教育由德育、智育、体育、美育和劳动技术教育等几个部分组成。各育的划分是相对的,是为了学习与研究的方便。事实上,各育都是教育,不存在所谓单独的德育、智育、体育或美育。[1]

---

① 各育都是教育,因此,社会上甚至有些专业著作和期刊中有关“德育教育”“体育教育”等说法是错误的。

## 一、全面发展教育的组成部分

### （一）德育

德育是思想品德教育的简称，是教育者按照一定社会政治经济要求和受教育者的身心发展规律，有计划、有目的、有组织地对受教育者的思想品德施加系统影响的过程。德育主要包括政治教育（政治方向和政治态度教育）、思想教育（世界观、人生观和方法论教育）和品德教育（道德规范和行为准则教育）三个方面。

德育的任务是多方面的，概括地说就是育德。在品德内容上，培养学生具有坚定正确的政治方向，无产阶级世界观和共产主义的道德品质；在品德心理上，培养学生正确的道德思维和道德评价能力，形成符合社会要求的积极的道德行为；在品德发展上，培养学生自我教育的能力和习惯。德育体现着教育的社会主义性质，对受教育者的全面发展起着定向的作用，因而德育是全面发展教育的重要组成部分。

学校德育的基本内容主要包括以下几个方面：马克思主义基本理论常识教育；共产主义理想教育；爱国主义和国际主义教育；集体主义教育；自觉纪律教育和法制教育；劳动教育；社会公德教育；身心卫生教育和个性品质教育。

### （二）智育

智育是教育者有目的、有计划、有组织地以系统的科学知识和技能武装学生，发展学生智力的教育。智育是继承、传递和创造人类社会文明的手段。人类的文明必须靠智育来传承，如果没有智育，人类的文明就不能继续发展创新。智育也是培养人才的重要手段，国家的发展靠科技，科技的发展和使用靠人才，而人才的培养靠教育。在这其中，智育起着至关重要的作用。同时，智育也是开发人的智力和实施全面教育的认识基础和知识基础。

人们常常认为智育就是教学，教学就是智育。事实上，二者根本不同。智育是全面发展教育的组成部分，它同德育、体育、美育等并列构成全面教育的整体；而教学是实施全面教育的基本途径，它与课外活动和社会实践活动等一起构成教育途径的整体。从二者完成的任务上看，智育只侧重于知识的传授、技能的培养和智力的开发；而教学除了完成智育的任务外，还要完成其他各育的任务，教学是全面发展教育的共同途径。

智育的任务主要有三个方面：向学生传授系统的文化科学基础知识，培养训练学生形成基本技能，发展学生智力。当然，智育也要帮助学生理解知识形成发展的过程，也要重点培养人的创造性。智育在帮助学生认识自然规律和社会规律，提供分析和解决问题的能力，掌握从事社会主义现代化建设的实际本领以及促进个性全面发展中都起着重要作用。智育同样是全面发展教育的重要组成部分。

智育的内容主要是由智育的任务决定的。智育内容的确定一般主要遵循两种基本原则：一种是基础性原则，学生所学的是在未来的社会生活中常用的、能为进一步学习打基础的课程；另一个是全面性原则，即指课程的内容应该包括自然的、社会的和思维的等方方面面的课程。

### （三）体育

体育是教育者有目的、有计划、有组织地向学生传授体育卫生知识和技能，全面发展学生的身体素质，增强学生的体质和运动能力，培养良好的体育道德品质和意志品质的教育活动。体育不仅历史悠长，而且一直倍受重视。体育是从古至今教育内容中的必要成分，现代社会更加重视体育的作用。体育是增进人的体质，促进个体全面发展的需要。作为人类来说，必须通过不断的体育活动来改善和提高自身的机能，促进生长发育，以更好的状态来适应和改造外部的客观世界。体育既可丰富学生的业余生活，调节心情，也可促进各育的实施。

体育的任务有：第一，全面发展学生身心素质，增强学生体质；第二，使学生掌握体育的基本知识，使学生养成自觉锻炼的习惯；第三，提高学生运动技术水平，为国家培养体育后备人才；第四，在体育运动中，对学生进行品德教育，增强学生的组织纪律性，并培养他们勇敢、顽强、进取的精神。体力和体质的发展是个性全面发展的物质基础，人们进行生产劳动，参加社会活动，或享受幸福的生活都离不开强健的体魄。

体育也是全面发展教育的重要组成部分，体育的内容是根据学生的身心发展规律、年龄特点和体育的任务选择的。它包括：体育、卫生保健知识和以身体活动为主要形式的体育运动。体育的基本知识包括运动的规则，技术要求等；卫生保健知识包括生理卫生知识、基本的自我保健与疾病防治知识。

### (四)美育

美育,又称审美教育或美感教育,是培养学生正确的审美观点以及感受美、鉴赏美和创造美能力的教育。美育可以给学生积极的思想影响,通过向学生展示自然、社会中的美好事物,让学生在感受美的同时,树立正确的审美观念,形成辨别善恶美丑的能力,发展美好的情感,为高尚道德的形成打基础。美育与智育密不可分,艺术是人们认识世界的一条重要途径。美育可以扩展学生的视野,丰富学生的知识,激发学生的学习兴趣,并增强对所学知识的理解;美育还可以发展学生的观察力、想象力、判断力、创造力;美育也可以增进各育的效果,使学生得到和谐的发展,因为只有各育的和谐发展才能促进学生的身心健康、和谐发展。

美育的任务是培养学生正确的审美观点,使他们具有感受美、理解美和鉴赏美的知识与能力;培养学生艺术活动的技能和兴趣,发展其艺术创作能力;同时也要培养学生高尚的情操和文明的行为习惯。美育的内容主要包括自然美、社会美、艺术美和科学美等四大方面。

### (五)劳动技术教育

劳动技术教育是向学生传授基本的现代生产知识和技能,培养学生正确的劳动观点和良好劳动习惯的教育。

重视劳动技术教育是促进学生全面发展的需要。教育与生产劳动相结合"不仅是提高社会生产的一种方法,而且是造就全面发展的人的唯一方法"①。劳动技术教育是马克思主义教劳结合原理的重要内容。实施劳动技术教育,可以使学生掌握应用于现代生产的科学技术,形成劳动的基本技能;可以提高学生对劳动的认识,端正劳动态度;也可以增强学生的机体功能,促进其身体健康。总之,劳动技术教育能使学生在德、智、体等多方面得到发展。

重视劳动技术教育是解决当前学生缺乏劳动能力与劳动观念淡薄问题的现实需要。由于智育的过高地位,不仅德育、体育和美育都或多或少地受到了影响和冲击,劳动技术教育也同样被冷淡。由于社会、家庭等诸多因素的影响,

① 马克思,恩格斯.马克思恩格斯全集(第23卷)[M].中共中央马克思恩格斯列宁斯大林著作编译局译.北京:人民出版社,1972年,第530页.

反映在学校中的突出问题之一就是青少年的劳动能力日渐萎缩,劳动观念日渐淡薄。因此,重视劳动技术教育,不只是要培养他们的劳动态度、习惯及生产技能,更重要的是使学生继承我们优良的民族精神与美德,热爱劳动,热爱劳动人民。这关系着国家、民族的前途和未来。

劳动技术教育的任务是通过实施劳动技术教育培养学生正确的劳动观点和良好的劳动习惯,使学生掌握基本的现代生产知识和技能,培养实际操作能力,促进学生身心全面健康发展。在普通学校里加强劳动技术教育,这已经成为当前世界教育的潮流。人们已普遍意识到,劳动技术教育是全面发展教育的一个有机组成部分。劳动技术教育的内容主要包括:自我服务性的劳动技术、手工艺性的劳动技术、工农业生产性的劳动技术、社会服务性的劳动技术。

## 二、全面发展教育中各育之间的关系

在全面发展教育中,各育之间是相互联系、相互影响、辩证统一的。

首先,各育间不可分割。因为各育都具有制约或促进其他各育的因素,各育的发展又都离不开其他各育的配合,都需要其他各育与之协调。

其次,各育间不能相互代替。因为各育都具有特定的内涵,都具有自己特定的任务,各育的社会价值、教育价值、满足人发展需要的价值都是通过各自不同的作用体现出来的。因此,任何一育都是不可替代的。

## 问题

**1. 简述教育目的与教育方针的关系。**

教育目的与教育方针既有联系:教育方针是对教育工作的总体规定,是一个国家办教育的根本大法。它包括对教育性质和方向、教育目的和道路等的总要求。教育目的是对人的质量标准和培养规格的专门规定。因此,完整的教育方针包括教育目的,教育目的是教育方针的重要内容之一。

教育目的与教育方针又有区别:在层次上,教育方针是一个国家教育发展和人才培养的最高行动指针,是目的体系中的最高层次;教育目的则是不同层次的教育关于人才培养规格与标准的具体规定,是目的体系中的下位层次,是可分的,如高等教育目的、中等教育目的、初等教育目的等。在具体内涵上,方针是从最宏观、最根本的方面规定了一个国家的教育性质和方向、人才发展的内容和质量要求以及实现方针要求的途径;教育目的则是在方针的规定下或依据方针而对某一层次所要培养的人才规格做出的具体规定,它往往有着不同的层次、不同类别教育的具体性和特殊性。

**2. 简述教育目的与培养目标的关系。**

教育目的与培养目标有联系又有区别:教育目的是国家对教育所培养的人的质量和规格的总要求;而培养目标则指不同类型、层次的学校或专业培养人才的具体质量规格,如高等学校中理、工、农、医、师各类别的培养目标,某一类别院校中各专业的培养目标等。教育的类别不同、层次不同、专业方向不同,培养目标均会不同。教育目的与培养目标是一般与个别的关系。教育目的必须依靠培养目标来实现,培养目标必须根据教育目的来制定。如中小学和各类高等学校虽都有自己的具体培养目标,但在总体上又都必须符合教育目的的总要求。

**3. 教育目的确立的依据是什么?**

教育目的的提出和确立,不仅是个人主观意志的表现,更是来自于对教育客观规律的认识。教育目的具有一定的时代性,总是反映着一定时代的社会生产力发展程度、社会关系条件以及人的身心发展水平的要求。教育目的的提出和确立主要有三个依据:

(1)生产力发展水平;

(2)社会关系;

(3)受教育者身心发展的特点和规律。

**4. 简述个人本位论。**

个人本位论认为人的价值高于社会价值,把人作为教育目的的根本所在,并认为教育目的在于使人成为人,使人性得以发展,使人性得以完善。个人本位论的主要代表人物是法国思想家卢梭、瑞士的裴斯泰洛齐等。

个人本位论重视人的价值、个性发展及需要,把人的个性发展及需要的满足视为教育的价值所在;认为教育目的的根本在于使人的本性、本能得到自然发展,使其需要得到满足;主张应根据人的本性发展和自身完善这种“天然的需要”来选择确立教育目的,按照人的本性和发展的需要来规定教育目的。

5. 简述社会本位论。

社会本位论认为教育的一切活动应服从、服务于社会需要,教育的目的是为了社会的发展。教育目的不应从人的本位出发,而应从社会需要出发,根据社会需要来确定。

社会本位论的主要代表人物有法国哲学家孔德、法国社会学家涂尔干、德国教育家凯兴斯泰纳等。

6. 简述教育准备生活说。

教育准备生活说认为教育要为人的未来生活做准备。代表人物是英国的教育家斯宾塞。他认为:为我们的完满生活做准备是教育应尽的职责。“怎样运用我们的一切能力使对己对人最为有益,怎样去完满地生活?这个既是我们需要学的大事,当然也就是教育中应当教的大事。”基于这样的目的论,斯宾塞把人的完满生活划分为五种活动:直接保全自己的活动、从获得生活必需品而间接保全自己的活动、目的在抚养子女的活动、维持正常社会政治关系有关的活动、在社会中的闲暇时间满足爱好和感情的活动。与这五种活动相适应,把教育内容划分为五种。

7. 简述教育适应生活说。

教育适应生活说认为教育不是为未来生活作准备,教育就是生活本身。代表人物是美国哲学家、教育家杜威。他认为:“生活就是发展,而不断发展,不断生长,就是生活。用教育术语来说,就是:第一,教育过程在它的自身以外无目的;它就是它自己的目的。第二,教育过程是一个不断改组、不断改造和不断转化的过程。”又说:“没有教育即不能生活。所以我们可以说,教育即生活。”在他看来,最好的教育就是“从生活中学习”“从经验中学习”。

8.《中华人民共和国教育法》中对教育目的的表述是什么?

教育必须为社会主义现代化教育服务、为人民服务,必须与生产劳动和社会实践相结合，培养德、智、体、美等方面全面发展的社会主义建设者和接班人。

**9. 简述我国社会主义教育目的的精神实质。**

我国的教育目的在各个不同历史时期的表述有一定差别，但精神实质却是一致的。

(1)坚持教育的社会主义性质和方向是我国教育目的的根本特点。

(2)坚持德、智、体等方面全面发展的质量标准。

(3)坚持为社会培养“劳动者”。

我国的教育目的提出的是培养“建设者”和“接班人”，这只是对“劳动者”的具体提法，社会主义事业的建设者和接班人都是劳动者，分别来提只是从不同角度要求的具体化。“建设者”和“接班人”不应理解为两种人，而是对社会主义劳动者两种职能的统一要求。“建设者”指的是在社会主义物质文明、精神文明等建设中的职能要求，“接班人”指的是社会主义革命事业上的职能要求。这是教育目的对劳动者的统一要求。

(4)坚持教育与生产劳动相结合的基本途径。

**10. 简述全面发展教育的组成部分及各组成部分之间的关系。**

全面发展教育由德育、智育、体育、美育和劳动技术教育五部分构成。

德育是教育者按照社会的要求，对受教育者施加影响以形成所期望的政治立场、世界观和道德品质的教育。

智育是传授系统科学文化知识，形成科学的世界观，培养基本的技能技巧和发展智力的教育。

体育是全面发展体力，增强体质，传授和学习健身知识和体育运动技能的教育。

美育是培养学生正确的审美观，发展感受美、鉴赏美和创造美的能力，培养高尚情操和文明素质的教育。

劳动技术教育是引导学生掌握劳动技术知识和技能，形成劳动观点和习惯的教育。

在全面发展教育中，各育之间是相互联系、相互影响、辩证统一的。首先，各育间不可分割。因为各育都具有制约或促进其他各育的因素，各育的发展又都离不开其他各育的配合，都需要其他各育与之协调。其次，各育间不能相互代替。因为各育都具有特定的内涵,都具有自己特定的任务,各育的社会价值、教育价值、满足人发展需要的价值都是通过各自不同的作用体现出来的。因此,任何一育都是不可替代的。

# 第五章 教育制度

联合国教科文组织早在其1972年出版的《学会生存》中就指出:“最近的各种实验表明:许多工业体系中的新管理程序,都可以实际应用于教育,不仅在全国范围可以这样做(如监督整个教育体系运行的方式),而且在一个教育机构内部也可以这样做。”

## 第一节 教育制度概述

### 一、教育基本制度

1995年9月1日起施行的《中华人民共和国教育法》指出我国实行学前教育、初等教育、中等教育、高等教育的学校教育制度,由国家建立科学的学制系统。学制系统内的学校和其他教育机构的设置、教育形式、修业年限、招生对象、培养目标等,由国务院或者由国务院授权教育行政部门规定。

(1)九年制义务教育制度。各级人民政府采取各种措施保障适龄儿童、少年就学。适龄儿童、少年的父母或者其他监护人以及有关社会组织和个人有义务使适龄儿童、少年接受并完成规定年限的义务教育。

(2)职业教育制度和继续教育制度。各级人民政府、有关行政部门和行业组织以及企业事业组织应当采取措施,发展并保障公民接受职业学校教育或者各种形式的职业培训。国家鼓励发展多种形式的继续教育,使公民接受适当形式的政治、经济、文化、科学、技术、业务等方面的教育。

(3)国家教育考试制度。国家教育考试由国务院教育行政部门确定种类,并由国家批准的实施教育考试的机构承办。

(4)学业证书制度。经国家批准设立或者认可的学校及其他教育机构按照国家有关规定,颁发学历证书或者其他学业证书。

(5)学位制度。学位授予单位依法对达到一定学术水平或者专业技术水平的人员授予相应的学位,颁发学位证书。

(6)扫除文盲的教育工作。按照国家规定具有接受扫除文盲教育能力的公民,应当接受扫除文盲的教育。

(7)国家实行教育督导制度和学校及其他教育机构教育评估制度。

## 二、学校教育制度

教育制度是根据国家性质和法律建立起来的教育机构系统和教育规范系统的总称。它通常由两个部分组成:一是教育的施教机构系统,二是教育的管理机构系统。在教育制度的形成过程中,最先形成与完善起来的是学校教育系统,因而,最初的教育制度就是学校教育制度(简称学制)。

### (一)学校教育制度的概念

学校教育制度简称学制,指一个国家各级各类学校的系统,它规定各级各类学校的性质、任务、入学条件、修业年限以及它们之间的关系。[①] 学校教育制度的建立是制度化教育的典型表征。[②]

现代学校是复杂的系统。教育在不同的历史时期经历了不同的教育制度形式,不同国家的学校教育制度也各不相同。从形式上,教育经过了从非形式化教育到教育制度化教育的过程。

按教育程度划分,有幼儿教育、初等教育、中等教育、高等教育机构;按教育类型划分,有普通教育、专业教育等教育机构;按照受教育的时间划分,有全日制、半日制、业余教育等机构;按主要教育手段和场所划分,有面授、函授、巡回、广播、电视等教育机构;按教育对象的年龄划分,有学龄期教育、成人教育机构;按主办单位划分,有国家办、地方办、企事业办和私人办的教育机构,组成了一

① 王道俊,王汉澜. 教育学(新编本)[M]. 北京:人民教育出版社,1999.

② 袁振国. 当代教育学[M]. 北京:教育科学出版社,2010.

个纵横交叉的学校教育网。没有这些学校教育机构和相应的规章制度,教育就不能完成培养人才的任务,因此,学校教育制度是整个教育制度的主体。教育制度除包括上述的各种学校外,还包括儿童校外教育机构(如少年之家、儿童图书馆、少年科技站等)、成人文化教育机构(如文化宫、俱乐部、影剧院、图书馆等)和各级教育行政组织机构等。①

### (二)学校教育制度建立的依据

学校教育制度的建立具有重要的地位与作用。在我国《教育法》第二章中对学校教育制度做了明确规定:“国家实行学前教育、初等教育、中等教育、高等教育的学校教育制度。”

#### 1. 首先取决于社会经济和科技发展水平的状况

综观各国学制的发展,无不与社会经济发展水平和科技发展状况密切相关。一方面,推行免费的义务教育,发展职业技术教育和高等教育,而设立学校、培训师资和购置教学设备,需要大量的资金,没有雄厚的经济做基础是无法实现的。科技的发展大大有利于促进教育的发展,科技知识的深化大大充实了教学内容,现代化教学手段的采用大大扩展了教育的范围,使更多的人可以通过广播、电视、网络等现代媒介接受教育。另一方面,社会经济的发展、科学技术水平的提高,都依赖于高素质的人才,高素质的人才则需要各级各类学校教育来培养。因此,学校教育制度的建立必须满足社会经济发展和科技发展的要求。

#### 2. 受社会制度的制约,反映一个国家教育方针政策的要求

学校教育制度是一个国家政治、经济、文化制度要求的反映。在不同的社会制度下,统治者代表着不同阶级的利益。由于学校教育对于人才培养的特殊作用,他们必须要求根据统治阶级的利益和要求来设立学校教育制度。例如,19 世纪 70 年代以后,欧美的工业生产发展很快,各国之间展开了激烈的市场竞争,争夺势力范围的斗争日益加剧,各国都把教育作为经济上竞争、军事上对抗的重要手段,于是提出了普及义务教育的口号,这在客观上为普通民众的子女

---

① 王道俊,王汉澜. 教育学(新编本)[M]. 北京:人民教育出版社, 1999.

提供了机会,但从根本上看,是为了通过教育使资产阶级获得更多的廉价劳动力,从而增强他们在国际市场上的竞争能力。

### 3. 要依据青少年儿童的年龄特征

各级各类学校的教育必须符合学生的身心发展规律。学生的身心发展可以分为幼儿期、童年期、少年期、青年期几个不同的年龄阶段。在每个年龄阶段,个体身心发展表现出不同的特点,这些特点有其阶段性也有其连续性,有其稳定性也有其可变性。因此,在制定学制中确定儿童的入学年龄和修业年限,确定各级各类学校的分段和衔接,都必须要考虑到不同年龄阶段学生的不同特点,要适合他们身心发展的特点,要适合他们智力和体力的发展水平。

### 4. 受各国历史条件、文化传统的影响

各国的学校教育制度总是根植于本国的文化历史土壤之中的,即使从国外引进也是根据国情加以改造。由于各国的历史条件、文化传统、教育传统不同,所以学校教育制度各具特色。例如,日本 19 世纪 70 年代颁布的第一学制,仿效法国的中央集权制和学校系统,实行强迫教育。由于这种做法不符合日本的文化传统,因而引起国民的不满,使学制改革计划无法实现,推行几年后不得不废除。第二次世界大战后,德国教育被迫废除了中央集权制,按照占领国特别是美国的教育制度采取学校教育由各州自制的办法。这种脱离德国历史传统的做法使各州的差距极大,为了克服这种做法对德国造成的混乱和对今后发展造成的困难,各州于 1955 年签署了一个协定,规定了各州各类学校的统一名称,学期的长短,等等。1959 年,德国教育委员会又提出了《改组和统一普通公立学校的总纲计划》。1969 年,联邦政府为了进一步加强对全联邦的控制,修改了基本法,扩大了联邦政府对教育的管辖权限,并成立了中央以及教育行政机构教育和科学部。也就是说,德国的现行学制虽然曾经受到美国的重大影响,但由于其自身民族文化传统的巨大作用,最终还是要与自己的历史接轨。

### 5. 受人身心发展规律的制约

制定学校教育制度要考虑到学生的身心发展的阶段性和连续性。教育的内容体系,学科的知识容量,受教育的年限等,都必须遵循人的身心发展规律。

# 第二节　我国的学校教育制度

## 一、旧中国的学校教育制度

1840 年鸦片战争后，由于帝国主义相继入侵，中国沦为经济衰败、文化教育和科学技术落后的半殖民地半封建国家。清政府为了维护摇摇欲坠的封建统治和适应资本主义因素的发展，开始实行新政。

### （一）癸卯学制

1902 年，我国近代以法令形式公布了壬寅学制，尚未实行，1904 年初又修改为现代学制癸卯学制。这个学制在形式上是照搬日本，同时保留了封建教育（如读经、讲经、科举制度）的残余。如图 5 – 1 所示：

癸卯学制的年限比较长，共需约 26 年。该学制没有规定女子学堂的地位，而且还把学校制度与科举制度结合，授予不同级别毕业的学生不同出身和相应的官职。

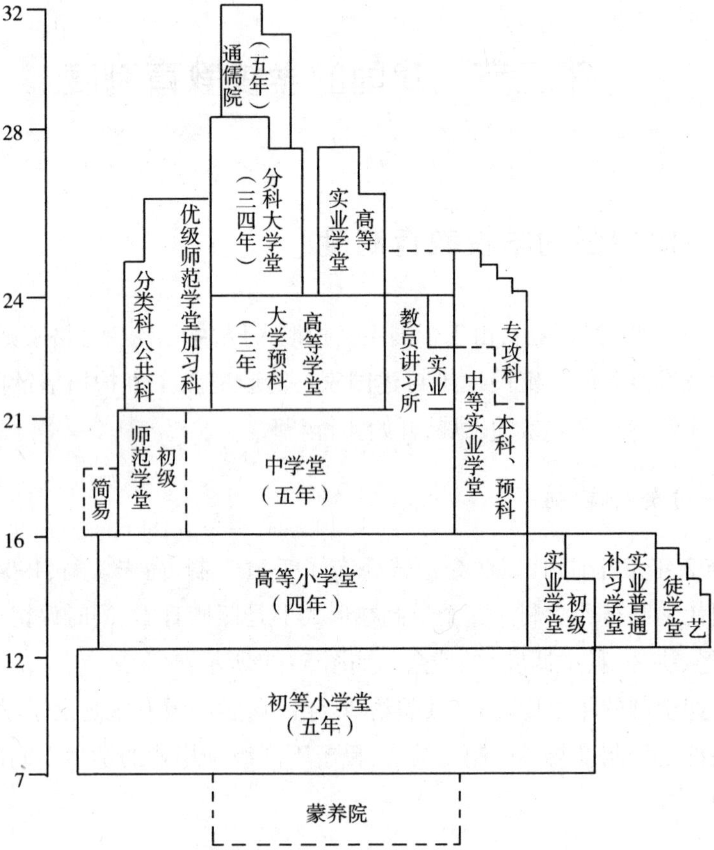


图 5－1　癸卯学制

## （二）壬子－癸丑学制

1912—1913 年间，民国政府就废除了旧学制，颁布了新学制，如图 5－2 所示。壬子－癸丑学制废除了中小学的读经科和大学的经学科，反映了现代社会民族资本主义发展的要求；缩短了初等教育的年限，便于普及初等教育；同时强调对学生个性的培养；等等，都具有一定的进步意义。

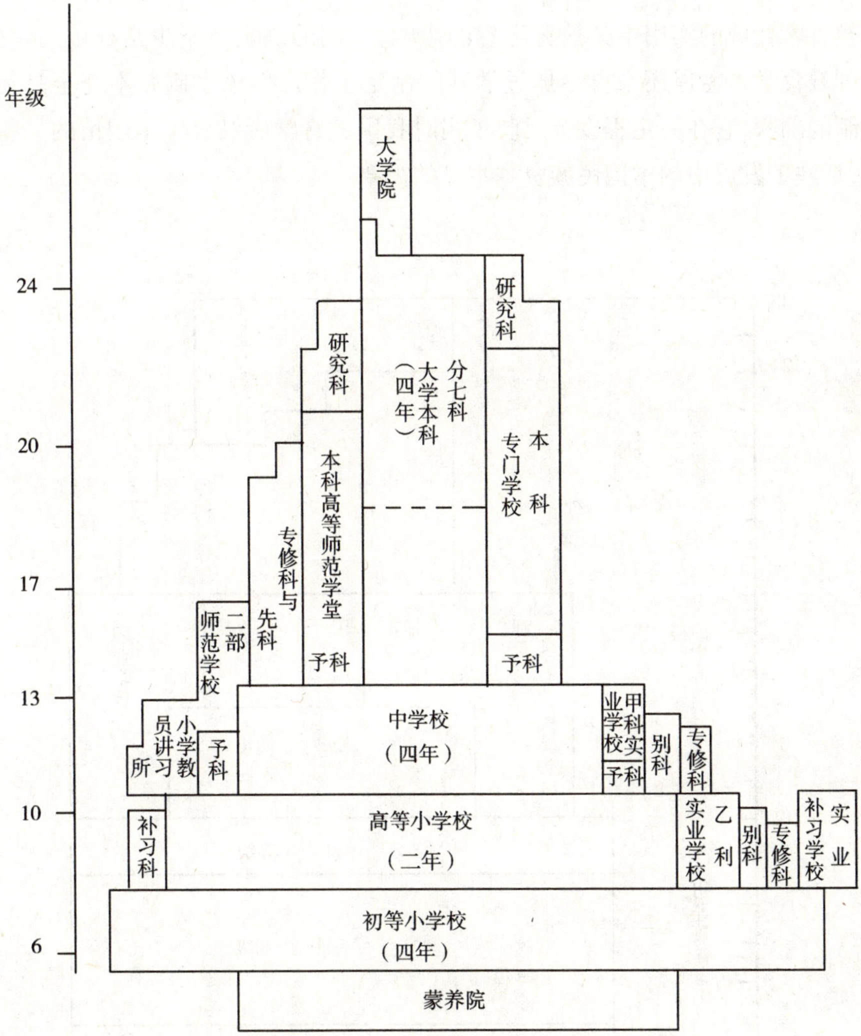


**图5－2　壬子－癸丑学制系统**

## （三）壬戌学制

壬戌学制是以美国学制为蓝本制定的，如图5－3所示。它把小学、初级中学、高级中学的修业年限分别规定为6年、3年、3年，所以人们又把该学制称为“六三三”学制。此学制提出的教育目标是：(1)适应社会进化需要；(2)发扬平民教育精神；(3)谋个性之发展；(4)注意国民经济力；(5)注意生活教育；(6)使教育易于普及;(7)多留地方伸缩余地。很显然,壬戌学制在教育目标上深受美国教育家杜威的实用主义教育思想的影响,学制的制定者不少是杜威的学生,美国教育学者孟禄还亲自参加过学制的制定工作。但该学制并不完全是美国学制的翻版,它在一定程度上反映了当时我国教育学者结合中国国情的一些思考,反映了发展中的中国民族资本主义的需要。

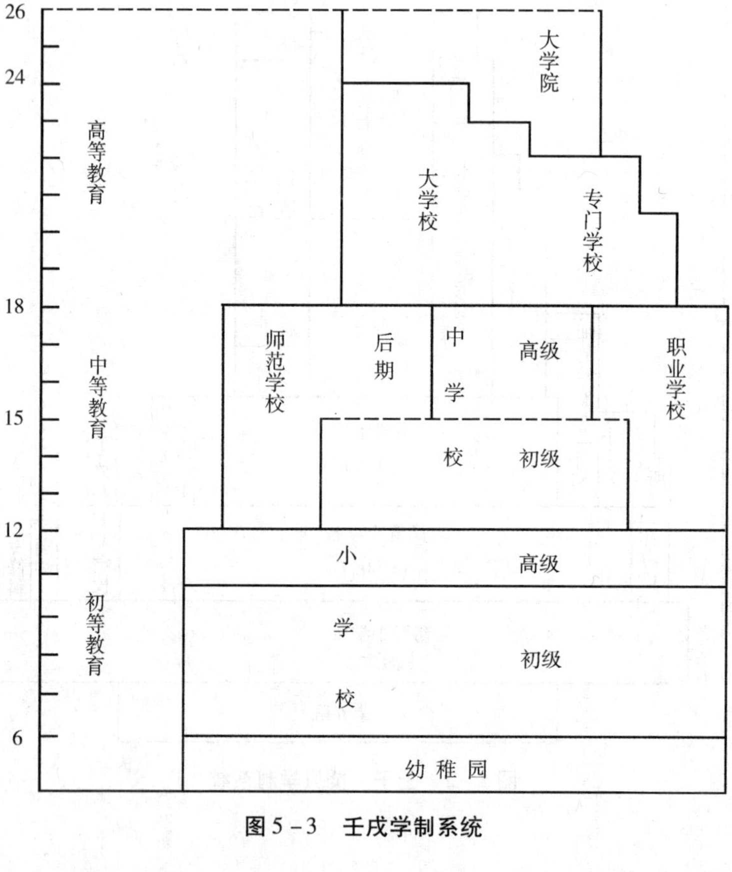


**图5-3　壬戌学制系统**

1927年以后,中国工农红军在中国共产党的领导下,建立起革命根据地,领导中国人民进行反帝、反封建和反对国民党反动统治的斗争。为了适应当时革命战争和阶级斗争的需要,革命根据地的教育任务主要是提高工农劳动群众的文化水平和政治觉悟,为革命战争培养干部。为此,建立起了各种类型的学校和文化教育机构。为适应当时战争形势的经常变化,这些学校的入学条件、学习年限和各级学校的衔接都不要求整齐划一,学制呈现出了多样性和灵活性。①

## 二、新中国成立后的学校教育制度

1949 年,中华人民共和国成立,中国人民在中国共产党的领导下进入全面复兴的新时期。

1957 年,毛泽东提出社会主义的教育方针,“使受教育者在德育、智育、体育几方面都得到发展,成为有社会主义觉悟的有文化的劳动者”②。1958—1960 年开展了全国性的教育大革命运动,旨在建立适合中国国情的教育制度。1966 年 6 月—1976 年 10 月中国经历了一场长达十年之久的“文化大革命”,许多学校被撤销,大批知识分子受到迫害。1976 年粉碎了“四人帮”,结束了“文化大革命”,按照邓小平同志的指示于 1977 年底恢复高等学校统一招生考试制度,重新激发起青年学习的热情。1978 年 12 月,中共中央召开十一届三中全会,确立了以经济建设为中心、坚持四项基本原则、坚持改革开放的基本路线,我国从此进入了社会主义建设的新时期,教育事业沿着正确的方向发展。

1985 年,中共中央和国务院召开了全国教育工作会议,同年发布了《中共中央关于教育体制改革的决定》,文件指出:“教育必须为社会主义建设服务,社会主义建设必须依靠教育。”又提出,新时期需要的人才“都应该有理想、有道德、有文化、有纪律,热爱社会主义祖国和社会主义事业,具有为国家富强和人民富裕而艰苦奋斗的献身精神,都应该不断追求新知,具有实事求是、独立思考、勇于创造的科学精神”③。

进入 90 年代,中国教育有了较大的发展,同时走入了法制阶段。1993 年颁布了《中华人民共和国教师法》,1995 年颁布了中国有史以来第一部教育大法《中华人民共和国教育法》,1996 年颁布了《中华人民共和国职业教育法》,1998 年又颁布了《中华人民共和国高等教育法》。1993 年 2 月 13 日,中共中央、国务院颁发了《中国教育改革和发展纲要》,对中国教育面临的形势和任务做了分析;对教育事业发展的目标、战略和指导方针进行了深入阐述;对教育体制改

---

① 王承绪,顾明远. 比较教育[M]. 北京:人民教育出版社,1999.

② 人民教育出版社教育室. 毛泽东周恩来刘少奇邓小平论教育[M]. 北京:人民教育出版社,1994 年,第 36 页.

③ 教育改革重要文献选编[M]. 北京:人民教育出版社,1986 年,第 16 页.

革、全面贯彻教育方针、全面提高教育质量、教师队伍建设和教育经费问题,做了全面论述和政策规定,为90年代乃至21世纪初叶中国教育改革和发展,为实现教育现代化,绘制了蓝图。1999年初,教育部制定了《面向21世纪振兴教育行动计划》,同年6月中共中央召开了全国教育工作会议,做出了“深化教育改革,全面推进素质教育”的决定,为21世纪我国教育的发展指明了方向。

1951年颁布新学制以来,学校制度已经多次变革。现行学制包括实施学前教育、初等教育、普通中等教育、中等职业技术教育、高等教育、师范教育和成人教育。

学前教育的实施机构为托儿所和幼儿园。初等教育的实施机构为小学,儿童6岁或7岁入学,全日制小学学制有5年和6年两种。普通中学分为两个阶段:初级中学和高级中学。初中为义务教育阶段,初中招收小学毕业生入学,学制为三年或四年;高中招收初中毕业生入学,学制为三年,实行会考制。实施中等职业技术教育的机构为中等职业学校、技工学校和中等专业学校。

高等教育由大学、独立设置的学院、高等专科学校和其他高等教育机构实施。高等教育包括学历教育和非学历教育。高等学历教育分专科教育、本科教育和研究生教育。其他高等教育机构实施非学历高等教育。专科招收高中毕业生,基本修业年限为2—3年;本科招收高中毕业生,基本修业年限为4—5年。研究生分攻读硕士学位和博士学位两个阶段。前者招收学士学位获得者或本科毕业生,基本修业年限为2—3年;后者招收硕士学位获得者或同等学力者,基本修业年限为3—4年。在有权授予学位的学校,本科生毕业时能获得学士学位。高等专科学校培养应用科学专门人才,除了使学生具有一定的专业知识外,还要使他们掌握一定的专业技能。硕士学位和博士学位须答辩者在国务院学位委员会批准的有权授予该项学位的学校或科研单位及其学科点,修满相应课程并通过论文答辩后方能获得。

师范教育由中等师范学校、师范专科学校、师范学院和师范大学实施。

实施成人教育的有成人初等学校、成人中等学校和成人高等学校。高等教育自学考试是具有中国特色的成人高等教育,由各省高等学校自学考试委员会委托普通高等学校为主考单位,设立社会需要的各种专业。参加自学考试的人没有年龄限制,可以报考某门专业,每通过一门,高等教育自学考试委员会发给单科合格证书;学满规定学分,发给毕业证书,可享受普通高等学校毕业生的同等学力和待遇。

## 三、改革开放以来的学校教育制度改革的政策

### (一)《中共中央关于教育体制改革的决定》

党的十一届三中全会以来,我国教育事业得到很大的发展。但是,教育不适应新形势的情况依然存在。因此,1985 年我国颁布了《中共中央关于教育体制改革的决定》提出:

1. 教育体制改革的根本目的是提高民族素质,多出人才、出好人才。

2. 把发展基础教育的责任交给地方,有步骤地实行九年制义务教育。

3. 调整中等教育结构,大力发展职业技术教育。

4. 改革高等学校的招生计划和毕业生分配制度,扩大高等学校办学自主权。

5. 加强领导,调动各方面积极因素,保证教育体制改革的顺利进行。

(二)《中国教育改革和发展纲要》

为了指导 20 世纪末 21 世纪初我国教育的改革和发展,使教育更好地为社会主义现代化建设服务,中共中央、国务院于 1993 年 2 月 13 日颁发了《中国教育改革和发展纲要》,明确提出教育发展的目标。具体表现:

1. 确定了 20 世纪末教育发展的总目标:基本普及九年义务教育,基本扫除青壮年文盲;要全面贯彻党的教育方针,全面提高教育质量;要建设好一批重点学校和一批重点学科。(简称“两基”“两全”“两重”)

2. 调整教育结构。

3. 改革办学体制。

4. 改革高校的招生和毕业生就业制度。

5. 改革和完善投资体制。

### (三)《中共中央、国务院关于深化教育改革全面推进素质教育的决定》

1999 年 6 月 13 日,中共中央、国务院颁布了《关于深化教育改革全面推进素质教育的决定》,指出:新中国成立 50 年来特别是改革开放以来,教育事业的改革与发展取得了令人瞩目的巨大成就。但面对新的形势,由于主观和客观等

方面的原因,我们的教育观念、教育体制、教育结构、人才培养模式、教育内容和教学方法相对滞后,影响了青少年的全面发展,不能适应提高国民素质的需要,因此要:

1. 全面推进素质教育,培养适应二十一世纪现代化建设需要的社会主义新人。

2. 深化教育改革,为实施素质教育创造条件。

3. 优化结构,建设全面推进素质教育的高质量的教师队伍。

4. 加强领导,全党、全社会共同努力开创素质教育的新局面。

(四)《2003—2007 年教育振兴行动计划》

为了贯彻党的十六大精神,在顺利实施《面向 21 世纪教育振兴行动计划》的基础上,教育部在 2004 年 2 月 10 日颁布的《2003—2007 年教育振兴行动计划》,旨在构建中国特色社会主义现代化教育体系,为建立全民学习、终身学习的学习型社会奠定基础;培养数以亿计的高素质劳动者、数以千万计的专门人才和一大批拔尖创新人才,把巨大的人口压力转化为丰富的人力资源优势;加强教育同科技与经济、同文化与社会的结合,为现代化建设提供更大的智力支持和知识贡献。具体计划是:

1. 重点推进农村教育发展与改革。

2. 重点推进高水平大学和重点学科建设。

3. 实施“新世纪素质教育工程”。

4. 实施“职业教育与培训创新工程”。

5. 实施“高等学校教学质量与教学改革工程”。

6. 实施“促进毕业生就业工程”。

7. 实施“教育信息化建设工程”。

8. 实施“高素质教师和管理队伍建设工程”。

9. 加强制度创新和依法治教。

10. 大力支持和促进民办教育持续健康协调快速发展。

11. 进一步扩大教育对外开放。

12. 改革和完善教育投入体制。

13. 加强党的建设和思想政治工作。

14. 构建和完善中国特色社会主义现代化教育体系。

(五)《国家中长期教育改革和发展规划纲要(2010—2020年)》

教育是民族振兴、社会进步的基石,是提高国民素质、促进人的全面发展的根本途径。强国必先强教。优先发展教育、提高教育现代化水平,对全面实现小康社会目标、建设富强民主文明和谐的社会主义现代化国家具有决定性意义。

根据党的十七大关于"优先发展教育,建设人力资源强国"的战略部署,为全面提高国民素质,促进教育事业科学发展,加快社会主义现代化进程,我国制定《国家中长期教育改革和发展规划纲要(2010—2020年)》,规定了我国教育的战略目标:到2020年,基本实现教育现代化,基本形成学习型社会,进入人力资源强国行列。具体表现为:

1. 实现更高水平的普及教育。

2. 形成惠及全民的公平教育。

3. 提供更加丰富的优质教育。

4. 构建体系完备的终身教育。

5. 健全充满活力的教育体制。

## 问题

**1. 建立学校教育制度受到哪些因素的制约?**

(1)学校教育制度的建立,首先取决于社会经济和科技发展水平的状况;

(2)学校教育制度的建立又受社会制度的制约,反映一个国家教育方针政策的要求;

(3)学校教育制度的建立,还要依据青少年儿童的年龄特征;

(4)学校教育制度的建立受各国历史条件、文化传统的影响;

(5)学校教育制度的建立受人身心发展规律的制约。制定学校教育制度要考虑到学生的身心发展的阶段性和连续性。教育的内容体系,学科的知识容量,受教育的年限等,都必须遵循人的身心发展规律。

**2. 癸卯学制的主要内容是什么?**

1902 年,我国近代以法令形式公布了壬寅学制,尚未实行,1904 年初又修改为现代学制癸卯学制。这个学制在形式上是照搬日本,同时保留了封建教育(如读经、讲经、科举制度)的残余。癸卯学制的年限比较长,共需约 26 年。该学制没有规定女子学堂的地位,而且还把学校制度与科举制度结合,授予不同级别毕业的学生不同出身和相应的官职。

**3. 如何理解终身教育的基本性质?**

(1)教育乃是一个人终身的事情,而非一个阶段;

(2)人们可以在环境、家庭和社会中获得大量的经验性知识,学校教育的主要作用在于使这种经验性知识系统化和概念化;

(3)终身教育是开放系统,它不仅要求发展非正规的家庭教育、社会教育,而且要求将整个制度化教育都纳入到本体系中;

(4)保障公共教育的教育机会,使人们的整个一生都能获得良好的成长和发展;

(5)重新设计和整合教育系统,以促使每个人能够在最适当的时机和场所,接受最适当的教育;

(6)通过把教育和人们的整个生活紧密地结合,使每个人在任何情况下都可以自由采用适合于本人的自我学习、自我训练和自我培养的手段,进而使每个人将各自的教育变义务为责任。

**4. 20 世纪以后的教育的基本特征是什么?**

(1)加强学前教育并重视与小学教育的衔接;

(2)强化普及义务教育、延长义务教育年限;

(3)普通教育与职业教育朝着相互渗透的方向发展;

(4)高等教育的大众化和类型日益多样化;

(5)学历教育与非学历教育的界限逐渐淡化;

(6)教育制度有利于国际交流。

### 5. 学校教育制度的主要类型是什么?

(1)九年制义务教育制度。各级人民政府采取各种措施保障适龄儿童、少年就学。适龄儿童、少年的父母或者其他监护人以及有关社会组织和个人有义务使适龄儿童、少年接受并完成规定年限的义务教育。

(2)职业教育制度和继续教育制度。各级人民政府、有关行政部门以及企业事业组织应当采取措施,发展并保障公民接受职业学校教育或者各种形式的职业培训。国家鼓励发展多种形式的继续教育,使公民接受适当形式的政治、经济、文化、科学、技术、业务等方面的教育。

(3)国家教育考试制度。国家教育考试由国务院教育行政部门确定种类,并由国家批准的实施教育考试的机构承办。

(4)学业证书制度。经国家批准设立或者认可的学校及其他教育机构按照国家有关规定,颁发学历证书或者其他学业证书。

(5)学位制度。学位授予单位依法对达到一定学术水平或者专业技术水平的人员授予相应的学位,颁发学位证书。

(6)扫除文盲的教育工作。按照国家规定具有接受扫除文盲教育能力的公民,应当接受扫除文盲的教育。

(7)国家实行教育督导制度和学校及其他教育机构教育评估制度。

### 6. 怎样促进普通中等教育与中等职业教育的沟通?

中等教育的学制改革要加强普通教育和职业教育的沟通,使学生在小学毕业时可以自由选择普通中学或是职业中学或是职业中专等。在中等职业学校除了开设专业课程外,同时开设普通课程,使学生中等学校毕业时可以升学也可以就业。这样不仅实现了普通教育和职业教育之间的沟通,而且打破了原来教育与社会之间的封闭,实现义务教育、普通教育、职业教育的动态联系,换句话说,就是学制实现了更大的灵活性。

### 7. 现存的中等教育结构有哪些特点?

我国中等教育结构中,普通高中与职业高中的比例为4:6。这一比例在20世纪80年代中期提出是为了应对当时普通高中恶性膨胀,中专、技校极度萎缩,职校学生只占同层次在校生的千分之几的严峻形势。现在,社会发展了,情况变化了，这一比例已显得不够合理、科学，并由此带来了诸多问题：第一，职高毕业生就业难。第二，职校生源不足，难以为继。第三，大批初中毕业生失学。

# 第六章 德育

## 第一节 德育理论

### 一、德育概念

德育是思想品德教育的简称,是教育者按照一定社会的政治经济要求和受教育者的身心发展规律,有计划、有目的、有组织地对受教育者的思想品德施加系统影响的过程。在外延上,德育有狭义和广义之分。狭义的德育即道德教育,广义的德育包括思想教育、道德教育、政治教育、法制教育、心理教育等等。我国目前采用的是广义的德育概念。

### 二、德育过程

德育过程即对学生进行思想品德教育的过程,是教育者根据一定社会的德育要求和受教育者思想品德形成发展的规律,采用一定的方法,有目的、有计划、有组织地对受教育者的思想品德施加系统影响,启发、引导其能动理解、接受和践行一定社会的思想准则和行为规范,并使其养成相应思想品德的过程。

德育过程与其他教育过程、与人思想品德形成过程既密切联系又有显著差别。德育过程与其他各育过程相辅相成,共同存在于整体教育过程之中,从不同侧面完成各自的使命,发挥各自的功能,共同促进人的全面发展。德育过程与其他各育过程是互相渗透的,每一育过程中都不同程度地包含其他各育因素，德育中含有智育、美育等因素，其他各育中同样含有丰富的德育因素。各育不但具有互含性，同时又具有相互制约性。各育过程的完善为德育提供良好的发展条件，德育成效显著也会促进其他各育健康发展；反之，各育过程有问题也影响德育效果，德育搞不好，各育工作同样受到牵制。然而，德育毕竟不同于其他各育，德育过程和其他各育过程各有不同的特点、任务和作用，他们是无法相互替代的，它们构成全面发展的不同方面，缺一不可。

德育过程不同于人的思想品德形成过程。德育过程是教育工作过程，而思想品德形成过程是受教育者个体的思想品德从低级到高级、从旧质到新质的发展过程；德育过程是教育者和受教育者双边共同活动的过程，而思想品德的形成过程是受教育者个体思想矛盾运动发展的过程。两者之间互相联系、互相影响，是教育与发展的关系。德育过程是人思想品德形成不可缺少的一个重要条件，它是学生思想品德形成过程的外部条件和主导力量。德育过程的组织与实施必须遵循思想品德形成和发展的基本规律，才能收到良好的德育效果。

### （一）德育过程是对学生知、情、意、行的培养提高过程

知、情、意、行是构成人思想品德的四个基本要素，知行统一是衡量学生思想品德形成的标志。学生思想品德的形成和发展是知、情、意、行的矛盾运动和全面、协调、统一发展的过程。

“知”即对“德”的认识，是人们对社会的政治思想准则、行为规范等的理解和运用以及对他人和自己的行为所做的判断与评价，对“德”的认识是人的思想品德形成的基础。“情”即对“德”的情感，是人们在思想品德实践中根据一定的标准评价他人和自己的行为时所产生的内心体验。“意”即对“德”的意志，是指人们在一定的对“德”的认识、情感和信念的基础上，在实现一定的“德”的行为过程中，自觉调节行为、克服困难、坚持不懈的品质，是一种自我控制和自我约束的能力，“意”是思想品德形成过程中的动力条件。“行”即“德”的行为，是人们按照社会对“德”的要求在思想品德实践中的行为，是人对思想品德的认识、情感和意志的集中表现。

在人的思想品德形成过程中，“知”是基础，“行”是关键，“意”和“情”起到重要的调节和催化作用。知、情、意、行互相联系、互为条件，相互制约、相互转化，并构成一个整体。“德育过程即对学生的知、情、意、行施加教育影响，使其全面、协调、统一发展的过程。知、情、意、行各要素在水平、方向上的不同状态，

决定人的思想品德表现出不同水平。”①

### (二)德育过程是组织学生的活动和交往过程

“人的本质并不是单个人所固有的抽象物,实际上,它是一切社会关系的总和。”人的思想品德不是与生俱来的,也不是后天自发产生的,而是在一定的社会关系中形成的。社会关系在人多方面的活动和交往中对人发生作用,学生只有在家庭、学校、社会中,在和人的交往中,才能认识、体会人与人之间的道德关系,并形成道德。活动与交往是人思想品德形成和发展的基础与源泉,同时又是衡量和检验人思想品德的试金石。人们已经形成的思想品德总是要通过人多方面的活动和交往表现出来,并在其中得到检验,活动和交往是培养人思想品德的重要途径。社会的复杂性与多元化决定了学生活动与交往的复杂性,并非任何活动和交往都会对学生的思想品德发展产生积极影响,这要求教育者根据德育任务有目的、有计划地组织学生参加各种积极的活动与交往,同时注意和控制学生参加社会上各种消极的活动和交往。

### (三)德育过程是对学生多方面教育影响的过程

德育不仅仅是德育的任务,也是智育、体育、美育、劳动技术教育的共同任务。智育、体育、美育、劳动技术教育中含有丰富的德育因素,对学生进行思想品德教育就是要充分利用多方面的教育,充分挖掘多方面教育的德育因素,对学生和进行多方面的影响,使思想品德的形成在潜移默化中进行。智育、体育、美育、劳动技术教育等多方面的教育影响,不但有利于学生的全面发展,也使学生在不知不觉中形成了良好的品德,在很大程度上能够避免学生比较反感的道德说教。

德育也不仅仅是学校教育自己的事,也是家庭教育、社会教育的事。学生思想品德的形成是学校、家庭、社会多方面因素综合作用的结果。德育需要学校教育、家庭教育和社会教育共同施加积极的影响。

### (四)德育过程是促使学生思想内部矛盾运动的过程

外界的思想品德要求与受教育者已有的思想品德发展水平之间的矛盾是

---

① 杨兆山.教育学——培养人的科学与艺术[M].长春:东北师范大学出版社,2006年,第273页.

学生思想品德发展的动力。动力对人思想品德形成和发展的推动既是学生思想矛盾斗争的发展过程,也是学生对教育者的“德”的要求内化为个人思想品德的过程。由于社会生活的复杂多变,学生思想上存在着各种各样的矛盾。在内容上,有先进思想和落后思想之间、正确思想和错误思想之间的矛盾;有物质生活需要与精神生活需要的实现条件之间的矛盾;有理想的“我”与现实的“我”之间的矛盾。在认识过程上,有知与不知、多知与少知、全面与片面、现象与本质、形式与内容之间的矛盾。在品德构成要素中,有知、情、意、行之间不平衡、不协调的矛盾。这些矛盾如果正向发展,能促进学生形成良好的思想品德,满足社会需求;如果向负向发展,将使学生形成不良品质,不能满足社会需要。教育者应该善于抓住教育时机,遵循学生思想品德发展的规律,调节外部矛盾,使其形成教育合力,对学生施加系统影响,激发学生的思想矛盾斗争,启发诱导、长善救失,引导矛盾向积极方面转化,推动学生思想品德的发展。

### (五)德育过程是长期的、反复的、不断前进的过程

首先,人接受一种观念、内化一种认识、开始一场思想斗争、实践一种行为不是一朝一夕能实现的,人的思想品德发展是一个由量变到质变的逐步提高过程。其次,德育过程是提出德育任务,完成德育任务,又提出新任务的过程,是人的思想矛盾运动不断产生发展的过程,是人的思想品德经过多次强化、训练,逐步得到提高的过程。再次,德育内容涵盖丰富,总是从如何做人的养成教育开始,到理想教育和世界观、人生观、价值观的教育,即从低层次要求经过螺旋式运动上升到较高层次要求,德育内容的内化只能依靠长期、反复,根据实际情况不断改进才能实现。最后,学生思想品德的形成和发展不是学校教育单一作用的结果,也要受到家庭、社会等各方面影响。这些影响因素有的是积极的,有的是消极的,甚至存在着矛盾性与冲突性。受这些多方面复杂因素的影响,学生良好思想品德的形成、发展必然呈现出一种长期的反复的态势。

## 第二节　幼儿德育

幼儿德育是道德教育的最初阶段。幼儿身体发展的特点决定了他们的道德认知、道德情感、道德行为处在发生发展过程中,对他们实施的品德启蒙是道

德教育的开端,主要是引导幼儿在与周围成人及同伴的交往过程中,学习如何处理相互关系,了解日常生活中的行为准则,逐步培养起良好的行为习惯。

## 一、幼儿德育的内容

幼儿德育内容主要包括发展幼儿的社会性与发展幼儿的个性两个方面。

### (一)萌发爱的情感

爱家乡、爱祖国、爱集体、爱劳动、爱科学的情感是幼儿思想和品德发展的基础与动力。培养爱家乡、爱祖国的情感要由近及远,应从热爱自己的父母、老师、小伙伴,逐渐扩大到爱各行各业的劳动者、解放军等;要从具体的事物入手,如认识家乡或祖国的名胜古迹、自然风景、革命文物及家乡的社会主义建设;了解有关祖国的简单知识等。爱集体包括:培养幼儿喜欢并逐步习惯幼儿园集体生活,与小朋友友好相处,关心他人,服从集体,有初步的集体荣誉感,遵守集体活动的规则等。爱劳动主要包括:体验劳动的快乐,认识与自己生活关系较密切的成人劳动,爱护劳动成果,爱惜物品和公共财物,参加简单的自我服务和为集体服务的劳动及培养相应的劳动技能等。

### (二)形成必要的社会行为规范

社会行为规范是个体在社会化的过程中调节各种社会关系的行为准则,幼儿接受的社会行为规范也应与幼儿在现实生活中可能接触的各种关系相对应。培养幼儿的行为规范应从具体的小事做起,在日常生活中进行,以塑造为主,纠偏为辅,幼儿应形成的行为规范大致可以分为以下几个方面:(1)与自我相关的行为规范;(2)与人际关系相关的行为规范;(3)与环境相关的行为规范;(4)与任务相关的行为规范。

### (三)学习人际交往技能和能力

为了让幼儿能适应集体生活、社会生活,必须发展他们的人际交往技能和能力。在与他人交往的过程中,幼儿会逐渐熟悉、认识周围的人与事,了解自己与别人,学会处理与小朋友、教师、父母和其他人的关系。例如,学习如何提出自己的要求、表达自己的愿望,如何加入别人的活动,如何分享、轮流、合作,如何解决与小朋友的纠纷,如何理解别人、帮助别人,如何遵守社会行为规则,等等。

### (四)发展良好的个性品质

有自信心、主动、独立、诚实、勇敢、意志坚强等都是良好的个性品质。它们推动幼儿积极地与周围环境中的人与物交往,有利于幼儿与周围人建立良好的关系,从而健康快乐地成长。有针对性地帮助幼儿个性健康发展是德育的重要内容。

## 二、幼儿德育的原则

幼儿德育的原则是进行德育工作必须遵循的基本要求和指导思想,它是德育本身基本规律的反映,是幼儿教育实践经验的概括和总结。幼儿德育的主要原则有:

### (一)尊重热爱与严格要求相结合的原则

热爱、尊重和严格要求的原则是教师应该满腔热情地关怀、信任、尊重幼儿,对幼儿提出合理而严格的要求,并帮助幼儿实践这些要求。热爱幼儿是向幼儿进行德育的前提,真正爱幼儿就必须尊重幼儿,尊重幼儿的人格和自尊心,尊重幼儿的个性发展,用欣赏的目光去关注每一个幼儿。贯彻这一原则应注意两点:第一,对幼儿的爱不仅基于感情,也基于一种社会责任,建立在教师对教育、对幼儿发展的深刻理解的基础上。教师要热爱每一个幼儿,要有理智的爱,不可偏爱,也不可溺爱。第二,对幼儿提出的要求应是合理、明确、具体的,要求提出后应严格执行,认真做到。执行时防止对幼儿的放纵及姑息迁就现象的出现,否则就失去了严格要求的意义。

### (二)坚持正面教育的原则

正面教育的原则就是通过树立榜样、说服诱导,积极引导幼儿辨别是非,掌握正确的道德行为准则,使幼儿能以积极因素去克服消极因素,形成良好的品德。贯彻这一原则应该注意以下三点:第一,创造良好的教育环境。坚持说理教育,反对压服和简单粗暴,严禁体罚和变相体罚。第二,树立正面的榜样。通过榜样、示范，以生动具体的形象引导幼儿积极向上。第三，运用鼓励、赞美促使幼儿养成好行为。

### (三)坚持教育要求一致性原则

幼儿品德的形成与发展是个长期的过程，需要循序渐进、持之以恒地培养和塑造。同时，由于幼儿的坚持性、稳定性较差，容易受外界条件的改变而改变，所以，幼儿品德的培养必须重视教育影响的一致性。即幼儿园、家庭和社会各方面应该形成教育的合力，正面影响幼儿行为的形成。一致性表现在幼儿园应与家庭保持教育上的一致和配合，还表现在幼儿园中成人之间对幼儿的具体要求和态度必须取得一致。

### (四)集体教育与个别教育相结合的原则

集体教育是利用集体的荣誉、舆论、行为规则和集体中的榜样，对幼儿进行教育；个别教育是针对每个幼儿的具体情况，分别对他们进行教育。贯彻这一原则应注意以下两点：第一，要建立一个有秩序、团结友爱、活泼向上的集体。通过各种集体活动使幼儿受到教育，使幼儿遵守集体活动的要求，分享集体生活的乐趣，在集体中互相学习、互相帮助。第二，注意幼儿的个性差异，因材施教。集体的每个成员都是个别教育的对象，教师要通过细致的观察、研究，以熟悉、了解每个教育对象的不同特点和情况，有针对性地进行个别培养和教育，保证每个幼儿的个性健康发展。

## 三、幼儿德育的方法

### (一)范例

范例是对幼儿具有重要教育作用的典型事例，是以别人的好思想、好行为来影响幼儿的一种教育方法，范例可以起到榜样的作用。幼儿园常用的范例是故事中拟人化的形象，或者真人真事。幼儿掌握行为准则是从模仿周围人们的行为和听到人们对行为的评价开始的。因为幼儿思维具体和好模仿，又对自己直接目睹的行为易于理解，所以范例对幼儿道德认识和道德行为的影响与支配作用，要比语言指示来得快。范例形象的刺激可以启发幼儿主动地按道德行为准则行事，可以使幼儿经常用范例对照自己，主动地制止自己不符合道德要求的行动和克服自身的缺点。越是年纪小，范例的作用就越大。

幼儿好模仿，但常从兴趣出发，往往带有很大的盲目性，教师必须为幼儿选择和确立积极的范例。这些范例必须能触动幼儿的情感，并能引导他们的行为。在幼儿的品德形成中，第一个具有决定意义的范例，是父母本身的行为。教师的良好道德面貌，也是幼儿模仿的最好范例，具有经常性、直接性的作用。在运用范例方法时，还必须不断地提高幼儿的认识和自觉性，避免盲目模仿的倾向。

### （二）说服

是通过讲解、谈话、讨论等方式向幼儿讲清一些简单的道理，帮助幼儿分清是非，辨别好坏，使幼儿具有正确的道德观念，并能用这些道德观念来指导自己的行动的一种方法。说服是正面引导原则的具体体现。

说服的方式主要有三种。一种是讲解，结合具体事例，以简明生动、形象的语言，向幼儿讲清道理，进而掌握正确的行为标准。如通过讲“萝卜回来了”和“小山羊过桥”的童话故事，使幼儿具体理解了小朋友间要团结友爱、互相帮助的道理，并明白要互相谦让的一些行为准则。第二种是谈话，以对话的形式，针对幼儿品德教育的具体问题，诱导幼儿自己得出结论。如根据幼儿在品德教育中共存的问题，进行情境模拟表演，看过表演后，让幼儿围绕着行为准则的一系列问题进行谈话。第三种是讨论，幼儿通过运用已有的知识经验，在教师的引导下，就一些不了解的问题、有错误看法的问题发表意见，进行讨论，获得正确的认识和看法。

### （三）行为练习

行为练习就是教师通过组织一系列的活动，让幼儿按照正确的行为准则去反复进行实践的方法。练习是形成和巩固幼儿道德行为习惯的一种基本方法，是德育实践性原则的具体体现。

行为练习的方式主要有：(1)实践活动中的练习。例如，在角色游戏中提高幼儿的角色承担能力和亲社会行为水平，把握正确的行为方式；在修补图书的劳动中进行爱护图书和关心集体的行为练习。(2)日常生活的练习。在与同伴、成人交往的自然环境中进行，如每天来园和离园的礼貌行为的练习；委托幼儿做一些具体的事而进行的练习等。(3)通过特意创设情境进行的练习。例如,教师邀请小班小朋友们来大班做客,让大班幼儿练习怎样好好接待客人。

### (四)行为评价

行为评价是对幼儿道德行为表现给予评价的一种方法,它能起到控制幼儿品德发展方向的作用,一般分为表扬和奖励,批评与惩罚。表扬和奖励是对幼儿良好道德行为表现的肯定;批评和惩罚是对幼儿不良道德行为的否定。

运用行为评价法应注意:(1)以表扬、奖励为主。特别是小年龄的幼儿要更多地用表扬和奖励,少用批评和惩罚。(2)必须做到公正合理,实事求是,恰如其分。(3)要端正教育思想,在爱护和尊重幼儿的前提下进行正面引导。(4)以集体舆论的支持为基础,适时适度,不能过分频繁。(5)要明确表扬和批评仅仅是一种教育手段,目的是教育幼儿向好的方向发展,不能把它当作教育者情绪宣泄的一种手段。

### (五)陶冶教育

陶冶教育是自觉地运用环境条件、生活气氛及教育者自身的言行举止等教育因素,对受教育者进行积极影响的方法。幼儿是社会环境中积极的活动者,加之幼儿好模仿,易受外界环境影响的特点,更有必要有意识地创设良好的教育环境,使幼儿的个性和品德受到良好的陶冶和培养。

运用陶冶教育法应该注意:(1)根据教育要求来设置教育环境。教育环境不同于自发的环境,因为它是根据德育任务进行选择和加工的,环境中的教育因素不但形象而且典型,具有相对的系统性和完整性,这是可由教育者控制的环境。(2)使环境中的诸因素为实现幼儿德育任务服务。环境中可进行陶冶教育的因素多种多样,如教育者的一言一行、感情爱好、园容园貌的美化、良好的园风、文艺的熏陶等等,归结起来,这些因素包括物质的和精神的,不管哪种因素都应该成为实现德育任务的一个重要手段。

# 第三节　中小学德育

## 一、德育内容

### (一)爱国主义和国际主义教育

德育内容是为实现德育目的而组织起来用以影响、教育学生的知识体系、思想体系以及规范系统。它是德育目标和德育要求的具体化,是进行德育的依据,是完成德育任务和实现德育目的的重要保证。

#### 1. 爱国主义教育

爱国主义教育主要培养受教育者热爱祖国的观点、情感和维护祖国尊严的意志的教育。爱国主义是千百年巩固起来的人们对祖国的一种最深厚的情感,也是对祖国在历史和现实中所起作用的正确理解,力图使祖国更富强、更强大,为世界和平与人类进步做出更大贡献的一种坚定的志向与行动。爱国主义教育主要包括:祖国发展历史和现实国情教育、增强民族意识和民族情感教育、为实现社会主义现代化而奋斗教育、发扬国际主义维护世界和平教育等。在我国现阶段,爱国主义教育应当同爱社会主义、积极准备为国家建设贡献力量结合起来。

#### 2. 国际主义教育

国际主义教育是使学生坚持和维护同全世界无产阶级、被压迫民族、压迫人民,以及一切爱好和平、主持正义的组织和人的团结,积极支持和援助全世界无产阶级和被压迫人的革命斗争的教育。

爱国主义与国际主义是紧密联系的, 爱国主义不是狭隘的民族主义,爱国主义应当同爱护世界和平、维护全人类福祉相结合。现代社会,整个世界已经变成了一个地球村,中国的发展进步是世界发展进步的一部分,当今世界的许多问题也只有从全球的大局出发才有可能解决。加强各民族之间的理解与合作是世界进步和国家发展的重要条件。因此,要实现爱国主义教育和国际主义教育的统一。

### (二)理想和传统教育

#### 1. 理想教育

理想是人奋斗的目标,是人们对未来的憧憬、向往与追求,是人们奋发向上的源泉,一个人应对自己的人生价值有充分的认识。理想教育是使学生正确认识人生的目的和价值,把个人的理想和社会发展结合起来的教育。理想教育主要包括:人生目的教育、人生价值教育、人生态度教育和社会理想教育等。

#### 2. 传统教育

传统是世代相传的具有特点的风俗、道德、思想、作风、艺术、制度等社会因素。传统教育就是培养学生具有尊老爱幼、艰苦朴素等优良的中华民族传统的教育。传统教育主要包括:中国传统文化教育、家庭传统美德教育、中国革命传统教育。

### (三)集体主义教育

集体主义教育是培养学生热爱集体,使之具有为人民服务、维护集体利益的观念和行为的教育。集体主义要求人们的一切思想、行为合乎广大人民群众的整体利益。集体主义教育主要包括:集体意识教育、以集体主义为导向的人生观教育、集体行为教育等。

### (四)劳动教育

劳动教育是培养学生正确的劳动观念、劳动情感,掌握劳动知识和劳动技能,使学生热爱劳动、爱惜劳动成果、尊重劳动者并养成良好劳动习惯的教育。劳动教育主要包括:正确劳动观教育、劳动情感教育、劳动技术教育、珍惜劳动成果的教育等。

### (五)纪律和法制教育

纪律和法制教育是使学生增强纪律和法制观念,懂得和履行社会主义公民的权利和义务,养成自觉维护和遵守纪律与法律的行为习惯的教育。纪律和法制教育主要包括:法律常识教育、法律意识教育、运用法律自我保护教育、维护法律的教育等。

(六)世界观和人生观教育

世界观是人们对世界的根本看法,包括人对自身在世界整体中的地位和作用的看法,它是人的自然观、社会历史观、伦理观、审美观、科学观等的总和。人生观是人们关于人生目的、人生态度、人生理想等方面的基本观点和态度。

## 二、德育原则

德育原则是教育者进行思想品德教育时必须遵循的基本要求,是处理德育过程中一些基本矛盾和关系的基本准则。我国中小学应遵循的德育原则主要有:

(一)知行统一原则

知行统一原则是指在德育过程中,既要对学生晓之以理,向学生传授系统的政治思想观点和道德规范,提高其思想觉悟和道德认知水平,又要对学生导之以行,引导学生进行实际锻炼,把对“德”的认识付诸行动,使学生表里如一、言行一致。

知行统一、言行一致是衡量人思想品德的重要标志。在德育工作中,如果只注重向学生传授“德”的知识,搞空洞的说教,不要求学生按照“德”的要求付诸行动,就可能使学生养成言行不一、表里相异的恶习;如果忽视对学生进行“德”的知识的传授,在没有向学生讲清道理的情况下要求学生行动,只会使学生盲目行动,甚至产生厌恶情绪,即便发生“德”的行为也不能持久。因此,德育的实施既要提高学生对“德”的认识,又要指导学生在实践中践行“德”的准则,做到知行统一、理论联系实际。

贯彻这一原则的基本要求是:第一,要对学生晓之以理。第二,在晓之以理的基础上,导之以行。第三,教师要明辨是非、以身作则、言行一致。

### （二）因材施教原则

因材施教原则是指对学生进行思想品德教育时，要从学生的思想认识和品德实际出发，根据学生的年龄特征和个性差异提出不同的教育要求，采用不同的教育方法，使每个学生的思想品德都得到最好的发展。

学生思想品德的发展变化受其身心发展水平的制约，不同年龄阶段的学生由于身心发展水平上的差异，其思想品德发展状况不同。即使同一年龄阶段的学生，由于个人经历不同和个性上的差异，他们思想品德的发展情况也各具特色。例如有的学生可能对“德”的接受能力强，但“德”的意志薄弱；有的学生有“德”的热情，但无常性。教育者在对学生进行德育时，在掌握学生共性特点、整体思想发展状况的同时，必须抓住学生思想品德发展水平的差异和个性特点，对不同学生施以不同教育。

贯彻这一原则的基本要求是：第一，深入了解学生的个性特点和内心世界。第二，根据学生所处的时代特点和学生的思想实际，开展工作。第三，针对学生的个性差异，进行个别教育。

### （三）发扬积极因素克服消极因素原则

发扬积极因素克服消极因素的原则是指在德育过程中要一分为二地看待学生，调动学生自我教育的积极性，因势利导，发扬和依靠学生自身的积极因素去克服消极因素，实现学生思想品德内部矛盾发展的积极转化。

学生的思想矛盾是学生自身的积极因素与消极因素的对立，二者之间的强弱变化导致人的思想品德向不同方向发展。当积极因素得到增强并成为矛盾主导方面时，人的思想品德就会向健康方向发展；当消极因素取代积极因素成为矛盾的主要方面时，人的思想品德就会向不良方向发展。教育者要善于利用学生思想品德的积极因素，克服消极因素，长善救失，提高学生的自我教育能力，促进学生思想品德健康发展。

贯彻这一原则的基本要求是：第一，“一分为二”看待学生，客观公正全面了解学生。第二，因势利导，化消极因素为积极因素。第三，引导学生自觉扬长避短，形成自我教育能力。

### (四)严格要求与尊重信任相结合原则

严格要求与尊重信任相结合原则是指在德育过程中,教育者既要充分尊重、信任学生,又要向学生提出合理要求,以社会主义思想准则和品德规范严格要求他们,通过二者的结合促进学生良好品质的形成和发展。

严格要求与尊重信任是辩证统一的,是制约德育效果的两个相辅相成的必要条件。没有尊重信任的严格要求容易造成学生情感上的障碍、行为上的逆反;缺少严格要求的尊重信任容易造成学生放任自流、自以为是。尊重信任是对学生严格要求的基础和前提,严格要求是对学生尊重信任的真诚体现。马卡连柯说:"我的基本原则永远是尽量多地要求一个人,也要尽可能地尊重一个人。"

贯彻这一原则的基本要求是:第一,要在尊重信任学生的基础上提出严格要求。第二,要在严格要求的过程中体现对学生的尊重信任。第三,教师爱要适度,严要有理。

### (五)正面教育疏通引导原则

正面教育疏通引导原则是指在德育中既要坚持以正确理论、事实和榜样来教育学生,同时又要及时疏通学生的思想障碍,调动学生的主动性,使其在思想上不断进步。

青少年的思想品德具有极大的可塑性与两极发展的可能性,他们既可能接受正面教育形成良好品质,也容易接受不良影响,养成种种恶习。对他们的思想品德问题不能用强制、压服的方法去解决,压服的结果只能是压而不服。德育的实践表明,只有在疏通学生思想障碍,解决学生思想问题的前提下再施以正面教育,方能获得好的效果。

贯彻这一原则的基本要求是:第一,疏通学生的思想障碍。第二,要对学生讲清道理,摆明事实,通过深入细致的思想工作,启发学生自觉履行思想品德行为规范。第三,以表扬奖励为主,坚持正面教育。

### (六)集体教育与个别教育相结合原则

集体教育与个别教育相结合原则是指在德育过程中注意培养学生集体,通过学生集体的活动、舆论、优良风气和传统教育个人;同时,重视个别教育,以个人的进步促进集体发展，把集体教育与个别教育结合起来。

“不管用什么样的劝说，也做不到一个正确组织起来的自豪的集体所能做到的一切。”我们要培育一个健全的集体，通过集体的力量影响个人，以集体主义精神感染人、以集体舆论引导人、以集体行为塑造人。集体是由个人组成的，个人对集体中每个成员都存在有形、无形的影响，个别教育工作同样必不可少，需要集体教育与个别教育相结合。

贯彻这一原则的基本要求是：第一，培养和建设良好的班集体。第二，善于发挥集体教育的作用。第三，抓好个别教育，通过个别教育巩固和发展集体。

### （七）教育影响的一致性和连贯性原则

教育影响的一致性和连贯性原则是指在德育过程中各方面的教育影响要相互配合、协调一致；教育内容和教育要求要循序渐进、前后连贯。

学生思想品德的形成是学校、家庭、社会多方面因素综合作用的结果，如果各方面影响不一致甚至相互矛盾，很容易造成学生思想上的混乱，影响学生思想品德的形成和发展。学生思想品德的形成和发展具有不稳定性，复杂的社会生活经常会动摇和消解学生已经形成的思想品德。教育只有协调各方面的影响，使之形成促进学生品德发展的合力，才能取得显著效果。

贯彻这一原则的基本要求是：第一，规范和协调学校各方面的教育力量。第二，学校应争取家庭、社会配合，统一协调对学生的教育影响。第三，坚持教育影响的连贯性。

## 三、德育方法

德育方法是指教育者在完成德育任务时所采用的各种方式和手段。我国中小学常用的德育方法有：

### （一）说服教育法

说服教育法是指通过摆事实、讲道理，以真情实话来启发、引导学生，提高学生认识，使之形成正确思想观点的方法。具体包括：讲解、讲演、报告、座谈、讨论、谈心、对话、调查、参观、访问等。说理法在整个德育方法体系中是应用最广泛的一种方法，它通过对科学理论体系的讲解和雄辩有力的事实材料说明，使学生系统掌握各种思想品德的要求和准则等。此方法运用得当将消除学生思想认识上的疑惑,促进学生思想认识的提高和升华;运用不当,说教倾向严重,将使学生难以接受,甚至会适得其反。

运用此方法应注意:第一,系统性与针对性相统一。教育内容要保持完整性和计划性,形成一定系统,在具体实施时要针对学生的思想实际和个性特点,有的放矢,使知识理论的系统性与思想品德教育的针对性有机结合。第二,真实性与艺术性相统一。说理不是空洞的说教,而是把理论生动化、形象化、情景化、趣味化,即艺术性地呈现到学生面前,变成学生可感、可知、可信的事实,并把事实再上升到普遍意义。第三,坚持民主性。说理应该具有民主性,不能以大道理压人,不能采取强迫手段使学生接受现成结论,而应该以平等、公平的态度与学生交流,使学生敢于、乐于发表自己的意见,并给学生留有理解、思考的时间和余地。

### (二)榜样示范法

榜样示范法是展示优秀人物的事迹和思想,以其优良品质和高尚行为来影响人思想品德的一种方法。榜样在人们生活中具有无穷的力量,青少年可塑性大,模仿性强,榜样教育比较适合青少年的年龄特点,教育者应该为其树立良好的榜样,借助榜样的力量激励学生不断进步。学生可学习的榜样主要有:革命领袖、英雄模范人物、古今中外杰出人物、普通劳动者的模范行为、学生身边的好人好事等。要引导青少年正确选择榜样,克服盲目追星的现象。

运用此方法应注意:第一,注意榜样的广泛性和全面性。杰出人物和普通劳动者都是学生学习的榜样,学生应该学习各方面具有代表性的榜样,例如,学习、思想道德、遵纪守法、生活自强等等方面。第二,注意使学生理解、学习榜样的内在品质和精神实质。应注意在展示榜样的过程中激发学生学习榜样的内在动机,帮助学生通过榜样学习体验精神上的快乐和满足,以榜样的内在品质感染学生。第三,教育者要做好自身示范。要想培养学生的良好品德,教师首先应该成为榜样,以个人的优良品质去影响学生。

### (三)实践锻炼法

实践锻炼法是按照德育要求有目的地组织、引导学生参加各种实践活动以培养其良好思想品德的一种方法。通过实践锻炼,实现学生思想品德由知到行的转化,巩固与稳定学生形成的良好思想品德行为。实践锻炼法的方式主要有:校内外各种学习活动、文体活动、生产劳动、交往活动、学习模范活动、节日庆祝仪式活动、班队会活动等。

运用此方法应注意:第一,组织实践活动要有明确目的、周密计划、严密组织和科学管理。第二,引导学生积极进行自我锻炼,注意激发学生参与实践的需要,不断提高学生对参加实践锻炼意义的认识;给予学生热情的帮助和指导,增强学生参与实践的信心和能力。第三,注意严格要求、认真检查和及时总结,并鼓励学生持之以恒参与实践。

### (四)自我修养法

自我修养法是指教师通过引导、指导学生自觉学习、自我反思和自我活动等自我教育来培养其思想品德的一种方法。学生良好品德的形成是内外因共同作用的结果,既需要教育者外部的教育和影响,更需要学生的主观努力与积极的自我教育。外因要通过内因起作用,自我教育是学生思想进步的内部动力。教师应善于引导学生进行自我教育,使自我教育的愿望成为每名学生的精神需要。自我修养法包括:学习、自我批评、座右铭、自我实践体验与锻炼、慎独、立志等。

运用此方法应注意:第一,激发学生自我教育的内在需要。教育者应使学生理解思想品德形成和发展的重要意义,认识到教育者提出的教育要求的合理性和必要性,体验到自我修养的乐趣,使学生在确信自己能够教育自己的基础上,产生自我修养的内在需要。第二,指导学生确立修养目标、方向、计划,积极进行自我评价,不断提高学生的自我教育能力。第三,指导学生积极在社会实践中进行自我修养。学生需要在社会实践中锻炼成长,指导学生自我修养不能脱离社会、远离实践,要在实践中不断提高学生自我修养能力。

### (五)陶冶教育法

陶冶教育法是利用或创设有教育意义的环境或情境,潜移默化地培养人思想品德的一种方法。它能使受教育者在特定环境或情景中,在与教师朋友式地合作与交往中,通过自主活动,不知不觉地受到教育。陶冶教育法的主要方式有:环境陶冶、情感陶冶、人格陶冶、艺术陶冶、科学知识陶冶、各种活动和交往情景陶冶等。

运用此方法应注意:第一,精心选择设计各种环境和情景。因为社会的各种自发环境经常带有一定的矛盾性,所以要选择、设计良好的、不脱离学生精神世界的环境和情境,以影响学生的思想品德行为。第二,陶冶手段必须符合科学性和思想性的要求。第三,教育者应自觉、经常地运用自身情感、人格及行为感召和影响学生。

(六)品德评价法

品德评价法是通过对学生的思想品德给予一定的评价,促进学生发扬优点、克服缺点的一种教育方法。它能使学生从肯定和否定的评价中看到自身的优点与缺点,明确今后努力的方向,能增强学生的荣辱感和是非观念,激发学生的上进心。品德评价法的主要方式有:表扬奖励、批评处罚、评比、操行评语等。

运用此方法应注意:第一,注意体现评价的教育性。明确评价的目的是引发学生产生深度的思考和强烈的内心体验,并使学生从中受到教育,明确今后努力的方向。第二,评价要坚持正确的标准,做到评价方法和手段的科学化。第三,评价要符合实际,及时而公正。第四,评价要体现民主性,注意听取学生意见,把教师和学生的评价相结合。

## 四、德育途径

德育途径是指教育者有目的、有计划、有组织地完成德育内容和任务,实现德育目标,师生共同活动的渠道。影响学生思想品德因素的广泛性和多样性,决定了德育途径的多样化。德育途径多种多样,它们相互联系、相互补充、相互促进。对完成德育任务来说,每一途径都是不可缺少的。学校应全面利用各种德育途径,使它们密切配合、科学补充,以最大限度发挥德育途径的整体功能。

(一)教学

教学是学校有目的、有计划、有系统地对学生进行教育的基本途径。通过这一途径,学生可以掌握马列主义毛泽东思想的基本理论和社会主义道德规范以及系统的科学文化知识,为学生提高思想认识,形成正确的世界观、人生观和价值观奠定知识基础。教学活动本身具有丰富的教育性,在教学环境中学生自身的思想品德会受到潜移默化的深刻影响。教学组织严密,有明确的目的、内容、计划等，将教师和学生共同纳入可控计划之中，有助于系统全面培养学生各种良好的品德和风尚。教学在学校中所占的比重最大，时间最多，具有影响学生思想品德发展时间和地位上的优势。教学是德育的重要途径，但它不是万能的，需要其他途径与之相补充、配合。

德育是全面发展教育的重要组成部分，教学活动是开展德育、智育、体育、美育、劳动技术教育的主要途径。从理论上讲，德育与教学是目标与途径的关系，二者并没有冲突。但是，在实际操作中，德育工作与教学工作常常发生矛盾。许多学校在正常教学活动之外，另起炉灶，构建一个完整的德育体系，德育部门与教学部门不相统属，各行其是，从而常常出现德育活动干扰教学活动，教学活动脱离德育目标的现象。德育工作与教学工作“两张皮”，相互掣肘，造成了教学中的学科本位与智育本位，影响了教育的整体效果。因此，明确教学的德育主渠道，让德育回归课堂，是十分必要的。

### （二）团队活动

学校的共青团、少先队活动是通过青少年自己组织、开展活动来进行德育的重要途径。共青团和少先队都以马克思主义的基本思想、社会主义的道德规范和共产主义的理想教育自己的成员，青少年通过加入团队，参加团队活动能增强集体意识、上进心、荣誉感，能在活动中自觉提高思想，培养良好品德。

### （三）劳动

教育与生产劳动相结合是造就全面发展的人的主要手段，也是培养学生思想品德的重要途径。劳动可以激发学生热爱劳动的热情与愿望，培养学生对劳动、科学和技术的兴趣，使学生珍惜劳动成果和热爱劳动人民；劳动磨炼有助于养成学生勤劳、朴实、艰苦、顽强的良好品质。

### （四）课外活动

课外活动不完全受教学计划的限制，具有一定的灵活性。学生可根据兴趣、爱好自愿参加自己组织的丰富多彩的活动，这既符合学生的特点和需要，又能调动他们的参与热情，有助于培养学生勤奋学习、团结友爱、积极向上等优良品质。

（五）班主任工作

班主任是班级的组织者和领导者，通过班主任工作，学校能更加有力地管理基层组织班级和教育每一名学生。班主任工作的优劣直接影响学生思想品德的发展，班主任的能动工作能对其他途径起到调节和增效的作用。

## 问题

**1. 简述德育概念及开展德育工作需要注意的问题。**

德育是思想品德教育的简称，是教育者按照一定社会的政治经济要求和受教育者的身心发展规律，有计划、有目的、有组织地对受教育者的思想品德施加系统影响的过程。在外延上，德育有狭义和广义之分。狭义的德育即道德教育，广义的德育包括思想教育、道德教育、政治教育、法制教育、心理教育等等。我国目前采用的是广义的德育概念。

开展德育需要注意：在大德育概念统摄下的思想教育、道德教育、政治教育、法制教育、心理教育等，其具体的教育过程、内容、方法、手段都是不同的，个体的世界观、人生观、价值观的发展也是不同步的，世界观正确的政治上未必进步，政治上进步的道德未必高尚。德育必须正视个体思想道德方面的复杂性与矛盾性，不能以一种教育取代其他的教育。在当前的德育实践中，政治教育所占的比例过大，这不仅影响了政治教育本身的效果，对德育的其他方面也有不利影响。

同时，德育还要遵循青少年的心理发展规律，考虑到其年龄特征与接受能力。我国的学校德育，时间不可谓不长，范围不可谓不广，力度不可谓不大，效果却差强人意。一个重要的原因就是忽视了学生的心理发展规律，犯了“陵节而施”的大忌。一个比较尴尬的现状是：我们在教育小学生要学马列主义，要爱党、爱社会主义的同时，却在教育高校大学生们不能随地吐痰，要爱自己的父母。因此，在不同的年龄段，德育内容要有所侧重，对低年级、低学龄的学生，德育内容以道德教育为重。随着年龄的增加，逐渐渗透并加强心理健康教育、法制教育、思想政治教育等内容。

2. 简述德育过程及其内涵。

德育过程即对学生进行思想品德教育的过程,是教育者根据一定社会的德育要求和受教育者思想品德形成发展的规律,采用一定的方法,有目的、有计划、有组织地对受教育者的思想品德施加系统影响,启发、引导其能动理解、接受和践行一定社会的思想准则和行为规范,并使其养成相应思想品德的过程。

(1)德育过程是对学生知、情、意、行的培养提高过程;

(2)德育过程是组织学生的活动和交往过程;

(3)德育过程是对学生多方面教育影响的过程;

(4)德育过程是促使学生思想内部矛盾运动的过程;

(5)德育过程是长期的、反复的、不断前进的过程。

3. 如何理解德育是培养学生知、情、意、行的过程?

德育过程是培养学生品德的过程,学生的品德是由品德的知、情、意、行四个因素构成的,因而德育过程是培养学生知、情、意、行的过程。

知,即道德认识,是指人们对一定社会道德关系及理论、规范的理解和看法,包括人们通过认识形成的各种道德观。道德认识是道德品质形成和发展的基础与前提,因为一定的品德总是以一定的道德认识为必要条件,没有一定的道德认识,基本的是非善恶辨别不清,则不可能形成真正的品德。

情,即道德情感,是伴随着认识而产生的,是人的道德需要是否得到实现所产生的情感体验。道德情感是品德心理结构的动力机制,积极的道德情感促进品德的形成,而消极的道德情感则阻碍品德的形成。

意,即道德意志,是指人们为了达到某种道德目的而产生的自觉能动性。道德意志表现为意志活动,是一种巨大的精神力量,能排除各种干扰和障碍,使决定采取的道德行为顽强地坚持下去。

行,即道德行为,是指人们在一定道德认识或道德情感支配下采取的行动。它是道德认识和道德情感的集中体现,是个体面对一定的道德情境时,充分调动自己的道德认知并产生强烈的道德情感,经过内心冲突及外部情况的影响而表现出来的具体行为,它是衡量一个人道德品质的客观指标。

品德结构中的知、情、意、行四个因素,各有自己的特点与作用,相互联系、相互促进,推动品德的发展。因而,必须注意发挥知、情、意、行的整体功能。

### 4. 如何理解德育过程是组织学生的活动和交往过程?

“人的本质并不是单个人所固有的抽象物,实际上,它是一切社会关系的总和。”人的思想品德不是与生俱来的,也不是后天自发产生的,而是在一定的社会关系中形成的。社会关系在人多方面的活动和交往中对人发生作用,学生只有在家庭、学校、社会中,在和人的交往中,才能认识、体会人与人之间的道德关系,并形成道德。活动与交往是人思想品德形成和发展的基础与源泉,同时又是衡量和检验人思想品德的试金石。人们已经形成的思想品德总是要通过人多方面的活动和交往表现出来,并在其中得到检验,活动和交往是培养人思想品德的重要途径。社会的复杂性与多元化决定了学生活动与交往的复杂性,并非任何活动和交往都会对学生的思想品德发展产生积极影响,这要求教育者根据德育任务有目的、有计划地组织学生参加各种积极的活动与交往,同时注意和控制学生参加社会上各种消极的活动和交往。

### 5. 如何理解德育过程是对学生多方面教育影响的过程?

德育不仅仅是德育的任务,也是智育、体育、美育、劳动技术教育的共同任务。智育、体育、美育、劳动技术教育中含有丰富的德育因素,对学生进行思想品德教育就是要充分利用多方面的教育,充分挖掘多方面教育的德育因素,对学生和进行多方面的影响,使思想品德的形成在潜移默化中进行。智育、体育、美育、劳动技术教育等多方面的教育影响,不但有利于学生的全面发展,也使学生在不知不觉中形成了良好的品德,在很大程度上能够避免学生比较反感的道德说教。

德育也不仅仅是学校教育自己的事,也是家庭教育、社会教育的事。学生思想品德的形成是学校、家庭、社会多方面因素综合作用的结果。德育需要学校教育、家庭教育和社会教育共同施加积极的影响。

### 6. 如何理解德育过程是促使学生思想内部矛盾运动的过程?

外界的思想品德要求与受教育者已有的思想品德发展水平之间的矛盾是学生思想品德发展的动力。动力对人思想品德形成和发展的推动既是学生思想矛盾斗争的发展过程,也是学生对教育者的“德”的要求内化为个人思想品德的过程。由于社会生活的复杂多变,学生思想上存在着各种各样的矛盾。在内容上,有先进思想和落后思想之间、正确思想和错误思想之间的矛盾;有物质生活需要与精神生活需要的实现条件之间的矛盾;有理想的“我”与现实的“我”之间的矛盾。在认识过程上,有知与不知、多知与少知、全面与片面、现象与本质、形式与内容之间的矛盾。在品德构成要素中,有知、情、意、行之间不平衡、不协调的矛盾。这些矛盾如果正向发展,能促进学生形成良好的思想品德,满足社会需求;如果向负向发展,将使学生形成不良品质,不能满足社会需要。教育者应该善于抓住教育时机,遵循学生思想品德发展的规律,调节外部矛盾,使其形成教育合力,对学生施加系统影响,激发学生的思想矛盾斗争,启发诱导、长善救失,引导矛盾向积极方面转化,推动学生思想品德的发展。

**7. 幼儿德育的内容包括哪些方面?**

(1)萌发爱的情感。爱家乡、爱祖国、爱集体、爱劳动、爱科学的情感是幼儿思想和品德发展的基础与动力。

(2)形成必要的社会行为规范。包括:与自我相关的行为规范;与人际关系相关的行为规范;与环境相关的行为规范;与任务相关的行为规范。

(3)学习人际交往技能和能力。与他人交往的过程中,幼儿会逐渐熟悉、认识周围的人与事,了解自己与别人,学会处理与小朋友、教师、父母和其他人的关系。

(4)发展良好的个性品质。有自信、独立、诚实、勇敢、意志坚强等良好的个性品质有利于幼儿与周围人建立良好的关系,从而健康快乐地成长。

**8. 幼儿德育的原则有哪些?**

(1)尊重热爱与严格要求相结合的原则。贯彻这一原则应注意两点:第一,对幼儿的爱不仅基于感情,也基于一种社会责任,建立在教师对教育、对幼儿发展的深刻理解的基础上。第二,对幼儿提出的要求应是合理、明确、具体的,要求提出后应严格执行,认真做到。

(2)坚持正面教育的原则。贯彻这一原则应该注意以下三点:第一,创造良好的教育环境。坚持说理教育,反对压服和简单粗暴,严禁体罚和变相体罚。第二,树立正面的榜样。通过榜样、示范,以生动具体的形象引导幼儿积极向上。第三,运用鼓励、赞美促使幼儿养成好行为。

(3)坚持教育要求一致性原则。一方面幼儿园应与家庭保持教育上的一致和配合,另一方面幼儿园中成人之间对幼儿的具体要求和态度必须取得一致。

(4)集体教育与个别教育相结合的原则。贯彻这一原则应注意以下两点:第一,要建立一个有秩序、团结友爱、活泼向上的集体。第二,注意幼儿的个性差异,因材施教。

**9. 怎样对学前儿童进行德育?**

(1)范例。是对幼儿具有重要教育作用的典型事例,是以别人的好思想、好行为来影响幼儿的一种教育方法。

(2)说服。是通过讲解、谈话、讨论等方式向幼儿讲清一些简单的道理,帮助幼儿分清是非,辨别好坏,使幼儿具有正确的道德观念,并能用这些道德观念来指导自己的行动的一种方法。

(3)行为练习。是教师通过组织一系列的活动,让幼儿按照正确的行为准则去反复进行实践的方法。

(4)行为评价。是对幼儿道德行为表现给予评价的一种方法,它能起到控制幼儿品德发展方向的作用。一般分为表扬和奖励,批评与惩罚。

(5)陶冶教育。是自觉地运用环境条件、生活气氛及教育者自身的言行举止等教育因素,对受教育者进行积极影响的方法。

**10. 运用行为评价法进行幼儿德育应注意哪些问题?**

(1)以表扬、奖励为主。特别是小年龄的幼儿要更多地用表扬和奖励,少用批评和惩罚。

(2)必须做到公正合理,实事求是,恰如其分。

(3)要端正教育思想,在爱护和尊重幼儿的前提下进行正面引导。

(4)以集体舆论的支持为基础,适时适度,不能过分频繁。

(5)要明确表扬和批评仅仅只是一种教育手段,目的是教育幼儿向好的方向发展,不能把它当作教育者情绪宣泄的一种手段。

**11. 简述我国中小学德育的主要内容。**

德育内容是为实现德育目的而组织起来用以影响、教育学生的知识体系、思想体系以及规范系统。它是德育目标和德育要求的具体化,是进行德育的依据,是完成德育任务和实现德育目的的重要保证。我国中小学德育内容主要包括：

(1)爱国主义和国际主义教育

(2)理想和传统教育

(3)集体主义教育

(4)劳动教育

(5)纪律和法制教育

(6)世界观和人生观教育

## 12. 如何理解并运用知行统一原则？

知行统一原则是指在德育过程中，既要对学生晓之以理，向学生传授系统的政治思想观点和道德规范，提高其思想觉悟和道德认知水平，又要对学生导之以行，引导学生进行实际锻炼，把对“德”的认识付诸行动，使学生表里如一、言行一致。

知行统一、言行一致是衡量人思想品德的重要标志。在德育工作中，如果只注重向学生传授“德”的知识，搞空洞的说教，不要求学生按照“德”的要求付诸行动，就可能使学生养成言行不一、表里相异的恶习；如果忽视对学生进行“德”的知识的传授，在没有向学生讲清道理的情况下要求学生行动，只会使学生盲目行动，甚至产生厌恶情绪，即便发生“德”的行为也不能持久。因此，德育的实施既要提高学生对“德”的认识，又要指导学生在实践中践行“德”的准则，做到知行统一、理论联系实际。

贯彻这一原则的基本要求：

(1)要对学生晓之以理；

(2)在晓之以理的基础上，导之以行；

(3)教师要明辨是非、以身作则、言行一致。

## 13. 如何理解并运用发扬积极因素克服消极因素的原则？

发扬积极因素克服消极因素的原则是指在德育过程中要一分为二地看待学生，调动学生自我教育的积极性，因势利导，发扬和依靠学生自身的积极因素去克服消极因素，实现学生思想品德内部矛盾发展的积极转化。

学生的思想矛盾是学生自身的积极因素与消极因素的对立，二者之间的强弱变化导致人的思想品德向不同方向发展。当积极因素得到增强并成为矛盾主导方面时,人的思想品德就会向健康方向发展;当消极因素取代积极因素成为矛盾的主要方面时,人的思想品德就会向不良方向发展。教育者要善于利用学生思想品德的积极因素,克服消极因素,长善救失,提高学生的自我教育能力,促进学生思想品德健康发展。

贯彻这一原则的基本要求:

(1)“一分为二”看待学生,客观公正全面了解学生;

(2)因势利导,化消极因素为积极因素;

(3)引导学生自觉扬长避短,形成自我教育能力。

### 14. 如何理解与运用严格要求与尊重信任相结合原则?

严格要求与尊重信任相结合原则是指在德育过程中,教育者既要充分尊重、信任学生,又要向学生提出合理要求,以社会主义思想准则和品德规范严格要求他们,通过二者的结合促进学生良好品质的形成和发展。

严格要求与尊重信任是辩证统一的,是制约德育效果的两个相辅相成的必要条件。没有尊重信任的严格要求容易造成学生情感上的障碍、行为上的逆反;缺少严格要求的尊重信任容易造成学生放任自流、自以为是。尊重信任是对学生严格要求的基础和前提,严格要求是对学生尊重信任的真诚体现。马卡连柯说:“我的基本原则永远是尽量多地要求一个人,也要尽可能地尊重一个人。”

贯彻这一原则的基本要求:

(1)要在尊重信任学生的基础上提出严格要求;

(2)要在严格要求的过程中体现对学生的尊重信任;

(3)教师爱要适度,严要有理。

### 15. 如何理解教育影响的一致性和连贯性原则?

教育影响的一致性和连贯性原则是指在德育过程中各方面的教育影响要相互配合、协调一致;教育内容和教育要求要循序渐进、前后连贯。

贯彻这一原则的基本要求:

(1)规范和协调学校各方面的教育力量;

(2)学校应争取家庭、社会配合,统一协调对学生的教育影响;

(3)坚持教育影响的连贯性。

### 16. 运用说服教育法需要注意的问题有哪些？

说服教育法是指通过摆事实、讲道理，以真情实话来启发、引导学生，提高学生认识，使之形成正确思想观点的方法。具体包括：讲解、讲演、报告、座谈、讨论、谈心、对话、调查、参观、访问等。

运用此方法应注意：

(1)系统性与针对性相统一。教育内容要保持完整性和计划性，形成一定系统，在具体实施时要针对学生的思想实际和个性特点，有的放矢，使知识理论的系统性与思想品德教育的针对性有机结合。

(2)真实性与艺术性相统一。说理不是空洞的说教，而是把理论生动化、形象化、情景化、趣味化，即艺术性地呈现到学生面前，变成学生可感、可知、可信的事实，并把事实再上升到普遍意义。

(3)坚持民主性。说理应该具有民主性，不能以大道理压人，不能采取强迫手段使学生接受现成结论，而应该以平等、公平的态度与学生交流，使学生敢于、乐于发表自己的意见，并给学生留有理解、思考的时间和余地。

### 17. 运用榜样示范法需要注意的问题有哪些？

榜样示范法是展示优秀人物的事迹和思想，以其优良品质和高尚行为来影响人思想品德的一种方法。

运用此方法应注意：第一，注意榜样的广泛性和全面性。杰出人物和普通劳动者都是学生学习的榜样，学生应该学习各方面具有代表性的榜样，例如，学习、思想道德、遵纪守法、生活自强等等方面。第二，注意使学生理解、学习榜样的内在品质和精神实质。应注意在展示榜样的过程中激发学生学习榜样的内在动机，帮助学生通过榜样学习体验精神上的快乐和满足，以榜样的内在品质感染学生。第三，教育者要做好自身示范。要想培养学生的良好品德，教师首先应该成为榜样，以个人的优良品质去影响学生。

### 18. 运用品德评价法需要注意的问题有哪些？

品德评价法是通过对学生的思想品德给予一定的评价，促进学生发扬优点、克服缺点的一种教育方法。它能使学生从肯定和否定的评价中看到自身的优点与缺点，明确今后努力的方向，能增强学生的荣辱感和是非观念，激发学生的上进心。品德评价法的主要方式有:表扬奖励、批评处罚、评比、操行评语等。

运用此方法应注意:

(1)注意体现评价的教育性。明确评价的目的是引发学生产生深度的思考和强烈的内心体验,并使学生从中受到教育,明确今后努力的方向。

(2)评价要坚持正确的标准,做到评价方法和手段的科学化。

(3)评价要符合实际,及时而公正。

(4)评价要体现民主性,注意听取学生意见,把教师和学生的评价相结合。

### 19. 中小学开展德育工作的途径有哪些?

德育途径是指教育者有目的、有计划、有组织地完成德育内容和任务,实现德育目标,师生共同活动的渠道。中小学德育途径主要包括:

(1)教学;

(2)团队活动;

(3)劳动;

(3)课外活动;

(5)班主任工作。

### 20. 简述教学是德育的主要途径。

教学是学校有目的、有计划、有系统地对学生进行教育的基本途径。通过这一途径,学生可以掌握马列主义毛泽东思想的基本理论和社会主义道德规范以及系统的科学文化知识,为学生提高思想认识,形成正确的世界观、人生观和价值观奠定知识基础。教学活动本身具有丰富的教育性,在教学环境中学生自身的思想品德会受到潜移默化的深刻影响。教学组织严密,有明确的目的、内容、计划等,将教师和学生共同纳入可控计划之中,有助于系统全面培养学生各种良好的品德和风尚。教学在学校中所占的比重最大,时间最多,具有影响学生思想品德发展时间和地位上的优势。教学是德育的重要途径,但它不是万能的,需要其他途径与之相补充、配合。

德育是全面发展教育的重要组成部分,教学活动是开展德育、智育、体育、美育、劳动技术教育的主要途径。从理论上讲,德育与教学是目标与途径的关系,二者并没有冲突。但是,在实际操作中,德育工作与教学工作常常发生矛盾。许多学校在正常教学活动之外,另起炉灶,构建一个完整的德育体系,德育部门与教学部门不相统属,各行其是,从而常常出现德育活动干扰教学活动,教学活动脱离德育目标的现象。德育工作与教学工作“两张皮”,相互掣肘,造成了教学中的学科本位与智育本位,影响了教育的整体效果。因此,明确教学的德育主渠道,让德育回归课堂,是十分必要的。

# 第七章 教　学

## 第一节　教学概述

### 一、教学的定义

“教学”是教育学的基本概念。教学，就是在国家目的的规范下，由教师的教与学生的学共同组成的一种活动。这种活动的核心，是学生通过教师有目的、有计划的积极引导和培养，主动掌握系统的文化科学知识和技能，发展能力，增强体质，陶冶品德、美感，从而促进他们自身全面发展的过程。[①]

教学是由多种要素构成的有机整体，一般包括构成要素与影响要素两个方面（见表 7－1）。构成要素是指教学过程必须具备的，缺一就不能称其为教学过程的因素；影响要素则是指对教学过程产生直接影响，保障教学过程充分展开的重要条件。具体而言，教学的构成要素包括教师、学生与教学内容三个方面，影响要素则主要包括教学目的、教学方法及教学环境三个方面。各个要素间不断产生复杂的运动，使教学成为一个动态、统一的过程。

① 教师资格认定考试编写组. 教育学[M]. 北京：北京师范大学出版社，2008.

表7-1　教学过程的构成要素

| 教师 | 学生 | 教学内容 | 教学目的、教学方法与教学环境 |
|---|---|---|---|
| 教师在教学中,不单要传授人类已有的知识,而且要引导学生参与对知识的发现、发展、综合和组织。在传递知识的过程中,教师还应当对传播技术有所了解,并恰当、适时地使用,争取取得最好的教学效果。教师在教学过程中,应保护学生的求知欲望、好奇心和创新意识,允许学生对其提出质疑 | 学生主要是指接受教育的青年学生,也包括一些“成人学生”。教学过程不断促进学生知识的积累与更新,为学生增长才干和发展智慧提供强大推动力。如果学校的教学过程不能促进学生产生明显变化或变化很小,那么,这样的教学就不能算是一种很有效的教学 | 教学内容是教师的教和学生的学的基本依据,是学校教学过程得以展开的主要载体。教学内容直观展示为教学计划和教学大纲的编写。教学计划是根据学生培养方案制订的总体计划,包括学生的“专业培养目标和基本规格”“课程设置”“主要教学活动”“教学时间分配”“教学周历的编制”等一系列内容 | 教学目的是学校教学工作的核心,是教育活动的出发点、依据和归宿。教学方法、教学环境及教学手段则是教学过程中的中介因素,是教师、学生与教学内容三个要素相互作用的“中介” |

## 二、教学理论

### (一)传统主义教学理论

传统主义教学理论的代表人物是赫尔巴特。他认为,教师在教学中处于权威的地位,学生必须对教师保持服从。教材知识是最有价值的知识,教材知识的逻辑性、系统性应该得到维护,教学过程就是向学生传授教材知识的过程。学科教学应该在学校课程体系中保持核心地位,学科课程的设置应该以儿童多方面的兴趣为基础。传统教学论的优点在于:适应了现代社会科学技术发展的要求,有利于知识的普及、教育的普及,有利于学生认识能力的提高。不足之处在于:过于强调教师在教学中的权威地位,忽视了学生学习的积极性、主动性和创造性,使教学过程变成“教授”过程;过于注重学科知识的价值,忽略了学生的直接经验。

### (二)行为主义教学理论

行为主义教学理论以行为主义心理学为基础。行为主义认为学习的实质是刺激同反应之间建立的一种联结,即桑代克提出的“尝试—错误”模式。该模式是说,学习的过程是不断尝试错误,直至成功的过程。人的行为不仅受到环境的制约,也受到强化作用的影响。因此,教学就是要给学生提供特定的刺激,以引起学生产生所需要的反应,形成恰当的行为。行为主义主张教学目标行为化,主要用可观察、可测量的行为动词陈述教学目标。

### (三)最优化教学理论

“教学最优化”理论的提出者是巴班斯基,核心观点是根据培养目标和教学任务,考虑学生、教师和教学条件的实际,按照教学规律和教学原则要求,制定或选择一个最好的工作方案,然后灵活机动地实施这个方案,以期用不超过规定限度的时间和精力,取得对该具体条件来说最大可能的结果。这个结果反映在学生身上就是全班每个同学都获得适时的最合理的教养、教育和发展。效果标准和时间与精力的耗费标准是最优化的两个基本标准。最优化不等于理想化,不是某种特殊的方法,也不是静态的概念。该理论的优点在于:体现了全面发展的思想;探索了教学最优化的道路;提出了一些新的教学原则。不足在于:最优化不是万能的,很多论述过于烦琐,不够清晰。

### (四)认知主义教学理论

认知主义教学理论建立在格式塔学习理论和认知发展理论的基础上,以布鲁纳为主要代表人物。格式塔心理学家认为,顿悟是人对事物之间关系的基本认识和感受,学习是在理解和成熟的水平上分化和改组自己的心理环境,从而不断地获得和改造顿悟,形成认知结构的过程。认知结构的改变是通过分析、概括和重新组织来实现的,他们重视智力和学习的关系。因此,教学要帮助每个学生获得最好的理智发展,这有赖于教师和学生之间有形和无形的接触。

### (五)进步主义教学理论

进步主义教学理论的代表人物有杜威和克伯屈,前者提出了“问题教学法”,后者提出了“设计教学法”。进步主义教学理论根据从经验中学习的原则,针对传统主义教学理论中“教法”与“教材”的矛盾问题,提出要使“教法与教材统一,目的与活动联系,并通过活动的结果加以检验”的教学观。教材是人们对自然界和人类生活中的种种事实和原理做系统地归类而组成的用于教授给学生的现成的材料;教学方法则是通过对教材的加工和安排,使之最有效地在学生心中产生印象并转化为学生的知识。而二者统一于经验之中。

### (六)要素主义教学理论

要素主义教学理论的代表人物是巴格莱,他在《教育过程》中充分利用了当时权威学者提供的科学数据,从心理学和生理学的方面,论述了获得较好教学效果必不可少的基本原理。在要素主义者看来,学习的目的在于使学生掌握使他终身受益的知识、技能,而不能只以是否具有目前的价值为标准。为此,有些知识,即使眼前没有直接的实际效用,也必须要求学生加以掌握,并贮存在大脑中,以备日后之用。所以,在教学中,对要求学生掌握知识的内容和范围加以指定是完全必要的,并且不排除记忆的作用。这种记忆不是死记硬背,而是强调在对观念深刻理解的基础上进行有目的的记忆,即所谓的心智训练。

### (七)永恒主义教学理论

永恒主义教学理论的代表人物是赫钦斯,该理论强调读书和辩论。永恒主义者认为,“名著”中的伟大传统和智慧可以提供给人们关于人性、人的价值、人的命运的永恒真理。名著作为教材具有以下优越性:第一,名著是实现教育目的的最好途径;第二,名著的定向都是概念的、理论的,因此,比一般教科书更能促进学生的智力发展;第三,读书本身就是一种很好的理智的训练。[①] 同时,苏格拉底式的辩论可以实现“对话”,围绕问题展开批评、讨论、质疑、争辩,其中没有任何强迫和灌输。

---

① 陆有铨.躁动的百年——20世纪的教育历程[M].济南:山东教育出版社,1997.

## 三、教学程序

### (一)备课

备课是教学全过程的基础。它是指教师在课堂教学之前进行的设计准备工作,即教师根据课程标准的要求和本门课程的特点,结合学生的具体情况,对教材内容进行教法上的加工和处理,选择合适的教学方式方法,规划教学活动。[①]

#### 1. 备教材

备教材主要指钻研教学大纲、掌握教科书和阅读教学参考书三个方面。教学大纲是指导性文件,帮助教师明确教学的目的,从总体上了解教材体系和基本内容结构以及本学科在能力培养、思想教育和教学方法上的基本研究。教科书是教师教授课程的主要依据,教师应通读全书,掌握基本思想、基本概念,甚至清晰地掌握每句话、每个词。根据教材内容设计确定教学的重点、难点和课堂教学的关键,是自己的思想能够与教科书融为一体。阅读参考材料的意义在于拓宽教师视野,形成开放的教学思路,这就要求除了专供的教学参考资料外,教师还要注意教学大纲中推荐的和自己平时积累的参考资料,以备使用。

#### 2. 备学生

在正式上课前,教师一定要对所教授班级的学生有一定程度的了解。"备学生",即围绕学生对学科的认知规律和特点,学生的知识基础、经验、能力及其思想和生活的实际来开展。对于学生而言,原有的认识、知识储备都对他们进一步的学习,完善认识结构具有重要影响。同时,学生的体验也不容忽视。教师应分析学生的社会背景和资源,哪些是教学的有利条件、哪些是不利条件,并适当利用其中的部分条件来协助教育教学工作的开展。不同年龄段的学生有不同的身心特点,教师应选择不同的教育教学方法。总之,备课既要联系教材内容,又要联系学生发展的实际,真正做到因材施教,提高学生素质,促进学生

① 孙芳. 教师职业能力与应聘技巧[M]. 北京:现代教育出版社,2014.

的全面发展。[1]

3. 备课程

备课程是指在明确课程类型的基础上，根据不同课程的不同要求进行教学目标的设计、确定课堂教学的重点和难点，并在此基础上，精选习题，巩固知识学习。备课时，教学目标的设计要明确，针对性强，如果过于概括、空泛、就无法体现课程的目的与特点；注意教学目标的“度”，不能过高或是过低，过高会导致无法完成，而过抵则会导致无法完成教材中规定的任务工作。明确重点和难点是备课的突破口。教学重点要根据知识内容在教材中的整体地位而定，每门课程的章、节和每一堂课的重点都有所不同，但彼此之间又有联系。备课要抓住重点，突出重点，才能使教学的层次清晰，取得良好的教学效果。教学难点是指学生学习中可能遇到困难的地方。这种困难一般是由于学生认识能力与知识要求之间存在较大的矛盾造成的，教师在备课过程中要注意“对症下药”。教学重点对于所有学生而言是一致的，但难点却因人而异，备课过程中明确重点和难点可以帮助教师掌握教学关键，保证教学的质量和秩序。教师可以根据课程需要分析和选用习题，适当选用一些参考书中的习题以及自编一部分适合自己所任课班级学生特点的习题，使他们的练习更有针对性，达到提升教学效果的目的。

4. 编写教案

教案是教学计划方案的简称，是备课成果的直接体现。教案通常分为“学期教学进度计划”、“课题计划”和“课时计划”三种。学期教学进度计划一般在学期或学年开始前制订出来。其内容涵盖：学生情况的简要分析，一学期（或学年）教学的总体要求，教科书的章节或课题的教学时数及起止日期，各课程需要运用的基本教学方法、手段等。在定好“学期教学进度计划”后，教师还要针对教学大纲上的一章、一个较大的专题或是教科书中的一课进行整体设计，制订出“课题计划”，其内容包括单元课题名称、教学目的、课时分配、课的类型、教学方法即教学手段运用等。对于教师而言，最具有指导意义的是“课时计划”，这是以课时为单位设计的教学方案，一个完整的课时计划通常包括授课班级、学

① 孙芳. 教师职业能力与应聘技巧[M]. 北京：现代教育出版社，2014.

科名称、授课时间、题目、教学目的、课的类型、教学方法、教具、教学进程、备注等方面。

（二）上课

1. 导入

导入是课堂教学的起始环节，就如同表演的“开场白”。导入首先要具有针对性。上课伊始，教师应用最少的话语、最短的时间，迅速缩短师生间的距离和学生与教材间的距离，将学生的注意力集中到课程上来。其次，导入要能够带动学生积极思维。教师要结合教学重点和难点设置教学情境，在引发学生悬念心态的同时，带给学生期待的信息。充满趣味性的开讲能够有效激发学生的学习情绪，调剂课堂教学的气氛和节奏，使师生间在一种愉悦的交流中形成学习的默契。

2. 提问

教师进行课堂提问的意图在于通过设问引导学生对所学知识进行有方向的思考。教师在设计问题时，一方面要注意诱发学生的问题意识和解决问题的愿望，然后要帮助学生通过类比、联想受到启发而得出结论；另一方面要揭示知识联系中的矛盾，以此为“导火索”，引发学生持续而深入的思索，进行答案的探寻，最终认识事物的本质。教师的提问设计也要遵循这样的规律，使问题呈现出层次性——先易后难、由浅入深，注意符合学生的年龄和思维发展水平。如果教师的提问太难，学生经过反复思考后仍无法给出答案，那么会失去学习的信心；而如果问题太简单，又会使学生失去发现的乐趣。

3. 举例

举例是课堂上常见的教学手段之一。教师要根据教学内容和学生的特点选择具有科学性和说服力的案例，使教学案例、教学内容和教学对象之间保持高度的内在一致性。这就要求教师在选择案例时既注重对教学内容的支持性和解释力，也要注重其代表性和普遍意义。教师恰到好处地举例，能够将复杂的问题简单化，艰深的问题浅显化，抽象的问题具体化，减轻学生的学习负担，以取得良好的教学效果。举例包括选例、用例和讲例。在课堂的教学过程中，教师要善于把握案例的使用时机,使其切中教学的重点和难点。

4. 板书

板书是教师在黑板或 PPT 上,以简练的文字、符号和图形等方式,向学生呈现教学内容的教学方式和环节。板书设计要从教材出发,高度概括地展现教学内容的全貌和要素间的逻辑性,突出重点和难点,生成网络化的知识布局,以达成教学目标。板书不仅要加深学生的认知和理解,还要帮助学生形成知识的迁移,使学生的学习思路与教师的教学思路和谐共振。

5. 现代教育技术使用

现代教育技术运用在课堂教学中,其主要产品是多媒体课件,它借助声、电、光、影的互相配合使课堂极具表现力,原本抽象的、复杂的事物变得清晰可见。学生不仅可以以多种形式直观地感受知识的存在,还可以突破时间和空间的限制,调动多种感官参与感悟,有效激发学习兴趣。多媒体课件不是教材内容的简单翻版,也不是仅针对学生的个别化学习而设计,它是根据教师所确立的教育目标和所选择的教学方法而制作的交互式表达形式。多媒体课件的制作要求教师要做好教学计划,以便突出教学内容的侧重点;要通过图画和文字结合,声音和图像结合等方式,增强学生的直观性;还要利用关键词、索引等突出教学中心,使界面内容呈现清晰明了。除在课堂教学的应用外,教育技术还可以应用在教学管理中,其主要产品是教学管理系统。作为网络平台,教学管理系统可以为教师备课提供更多便利,信息传输也更为及时。

6. 收结与作业

课堂教学的最终环节称为收尾。精准、完整、简练的结束语,可以巩固和提升教学效果,起到画龙点睛的作用。一般的收结方式是布置作业,这一环节应注意:第一,作业内容要符合教学大纲和教科书的要求,所布置的作业要有启发性、典型性,有助于学生加深理解和巩固所学知识,并形成技能技巧。第二,作业量要适当,难易程度要适中,不要超过本学科上课和自习比例所规定的时间,培养学生的自学能力和学习习惯。第三,作业目的性要明确,要求要具体,对作业的质量和完成作业的时间要有明确的规定。第四,作业指导要讲求方法和策略。第五,要及时检查和批改作业,以便及时了解学生知识掌握和技能发展的情况,作为改进教学的依据。

### (三)课外辅导

课外辅导是教师在课堂教学规定时间之外对学生的辅导。课外辅导一是做好学生的思想教育工作,帮助学生明确学习目的,使他们能够独立计划学习和进行自我监督;二是做好对学习困难学生的帮助工作,包括解答疑难,指导学习方法。此外,还可为有学科兴趣的学生提供课外研究的帮助,指导学生实践性和社会服务性活动等。课外辅导是上课的必要补充,其形式一般有个别辅导、小组辅导和集体辅导三种。提高课外辅导的效果,主要从学生实际需要出发,有的放矢地进行;同时,要区别对待,因材施教;还要正确处理好课堂教学与课外辅导的关系。

### (四)学业成绩评价

学业成绩评价,俗称考试,以测验的形式定量地评定学生个人能力的结果,具有预测、监察和反馈功能,一般分为口试、笔试和操作考试三种,笔试又有开卷、闭卷之分。口试是由考生用口头表达的方式回答试题,能较为深入地了解学生的学习质量、思维的敏捷性和口头表达能力等;但不能面向全体考生同时进行,耗时多而效率低,题量有限,覆盖面窄,影响考试的信效度;对某些表达能力稍差的学生容易产生较大的心理压力而影响其实际水平的发挥。笔试也称纸笔测试,是对全体考生出同样的试题,要求在规定时间内做出书面解答。笔试在规定时间内获取学生学习情况的相关资料,花时少而效率高;相对来说题量较大,覆盖面广,考试的信效度较高,保留笔试的试卷可以帮助教师就命题本身进行科学的研究和分析等。笔试试题依据评分标准是否客观,分为客观题和主观题两类。客观题常见的题型有是非题、匹配题、选择题等,其中选择题又有多选一、多选多、组合式三种。主观题可以由考生自由组织答案,但较难进行客观评分,须借助评分者主观判断进行,常见的题型有自由应答型试题和部分限制型试题。学校考试一般会把两种题型结合起来使用。笔试命题要注意:依据教学大纲要求;试题覆盖面要广,不能只集中在少数章节;题型的选择要根据学科的性质和教学内容的实际,既检查学生对知识技能的掌握情况,又能测定学生智能发展的水平;试题文字要简短准确,题意清晰;试题要彼此独立、互不牵涉,不存在答案重复、交叉或线索暗示的情况;试题要注重基本原理的理解和应用，避免零碎知识的简单再现。

## 第二节　幼儿园教学

在幼儿园，教学被称为教学活动，是教师根据教育目的、教育纲要，有计划、有目的地指导幼儿的学习活动。它主要指集体的正规教学活动以及教师对个别幼儿的专门指导，与幼儿的日常生活、游戏、区域活动和自发活动等多种多样的学习活动有机结合、相互联系，促进幼儿身心和谐发展。

### 一、教学内容

幼儿园教学活动内容是实现教学活动目标的手段，对于教师和儿童而言，主要解决的分别是“教什么”和“学什么”的问题。《幼儿园教育指导纲要（试行）》明确指出：幼儿园的教育内容是全面的、启蒙性的，可以相对划分为健康、社会、科学、语言、艺术等五个领域，也可做其他不同的划分。各领域的内容相互渗透，从不同的角度促进幼儿情感、态度、能力、知识、技能等方面的发展。

幼儿园教学活动的内容根据各学科性质分为健康、社会、科学、语言、艺术五大领域，各领域的具体内容如下：

健康领域中的身体保健部分包括生活习惯、饮食与营养、人体认识与保护、保护自身安全四个方面；身体锻炼部分包括身体基本活动技能、身体素质和基本体操三个方面。

社会领域包括社会环境、人际关系、社会行为规范和社会文化四个方面。

科学领域包括数学与科学两部分。数学部分包括分类、排序与对应、10 以内的数学及其加减、几何图形、量、空间和时间；科学部分包括自然现象、物质世界及其关系，常用的科技产品及其对人类的影响和人类的奥秘及其保护等。

语言领域包括谈话、讲述、听说游戏、文学作品和早期阅读五个方面。

艺术领域包括音乐和美术两个部分。音乐部分包括唱歌、韵律活动、打击乐器演奏和欣赏四个方面；美术部分包括绘画、手工和欣赏三个方面。

## 二、教学原则

教学原则对确定教学方案、教育目标,选择和使用教材,确定教学方法和运用各种教学组织形式都具有指导作用。正确地贯彻各项原则,是提高教学活动质量,促进儿童发展的保证。

### (一)活动性原则

活动性原则就是要让儿童在主动和真实的活动中,通过感知、操作、体验、交流来进行学习。儿童是在活动中学习,获取经验并发展的。活动是儿童认知发展的关键,这是由学前儿童认知发展水平决定的。为此,幼儿园教师要作为儿童学习与发展的指导者和帮助者,尽力创设适宜的环境和条件,让儿童在具体的活动中感知、探索、操作、练习,与人交往,从事身体运动,思考解决问题,进行表达和表现,从中不断获得新的经验,从而实现发展。

### (二)发展性原则

发展性原则就是通过教学使儿童在原有的发展水平上,得到身心和谐的充分发展和持续发展。遵循发展性原则,教师从制定教学方案起,选择教学内容、方法、手段,都应以使儿童得到“发展”为核心思想,尽力做到既适合儿童的现有水平,又有一定的挑战性,即所谓“跳一跳够得到的水平”;既符合儿童的需要,又有利于长远的发展;既贴近儿童的生活,又能激发儿童的好奇和兴趣;以利于拓展儿童的经验和视野,为儿童终生的发展奠定良好基础。

### (三)科学性和教育性原则

科学性和教育性原则是指向儿童传授的知识、技能应该是正确的、可靠的,是符合客观规律的。教学内容的安排、教学组织形式的选择和教学方法的运用应符合儿童年龄特点和认识事物的规律,是切实可行的。贯彻科学性和教育性原则有赖于教师正确的教育观、儿童观和专业知识水平,为此,必须不断提高教师的素质,以保证这一原则的正确贯彻。

### （四）连续性和渗透性原则

教师在教学活动中为儿童提供不同的材料和情景作为儿童活动的对象，通过两者在活动中的相互作用，使儿童获得有关经验。儿童在各种活动中获得的经验具有独特性、联系性和相互依存性，有助于其形成个性的经验和知识体系。为此，在各种教学活动中，考虑儿童经验的连续性，保持各种教学活动自身的连续性是很重要的。我们现在主张综合的教学活动，这可以保证儿童各种经验之间的横向联系。在各种活动中注意相互联系、相互渗透，将有助于儿童获得广泛的、丰富的经验，并巩固、运用和扩展已获得的知识内容。

### （五）集体教学活动与个别教学活动相结合的原则

集体教学活动是我国学前教育的传统之一，它面向全班或一部分儿童开展，以保证所有的儿童都有接受教育的机会，使他们都能达到教育目标一致的要求。但依据一般儿童发展水平来开展的集体活动并不能顾及每个儿童的发展状况和兴趣、爱好。因此，在学前教育活动中，既要保证一定的集体活动时间，又要为儿童提供充分的个别活动的机会。教师要根据教学任务和内容的要求进行选择，把集体和个别教学结合起来。

### （六）整体性和一致性原则

儿童身心的各个方面是互相制约，相互促进，统一于整体之中的。任何单方面的孤立的发展是不存在的，而人为地侧重于某一方面培养训练有可能破坏儿童的整体和谐发展。为了使儿童个体得到整体、协调的发展，幼儿园教学活动必须贯彻整体性和一致性原则。第一，保证学前教育目标的整体性。第二，保证教育目标与内容、原则、方法、实施过程的整体性和一致性。第三，保证集体教学活动设计和实施的整体性与一致性。

### （七）直接指导与间接影响相结合的原则

教师的指导有直接指导和间接影响两种。直接指导是由教师根据学前教育活动的目标，直接向儿童提出进行活动的要求，发出指示，传递某些知识、技能，教以一定的行为方法，提出须遵守的某些行为规则，诸如动作、行为规则的示范讲解，概念、范例的解释等。间接影响是教师为儿童提供环境、物质材料，唤起儿童的好奇心，引起儿童的兴趣，激发儿童的内在动机和参与活动的愿望；通过参与活动，以情感、态度感染儿童，从而使儿童积极愉快地参与活动。教师在活动中要善于处理好两种指导的关系，以保证儿童活动的时间和空间，儿童主动性和创造性的充分发挥，避免过多干预儿童的活动。

### (八)巩固性原则

幼儿期大脑皮质形成的新的暂时神经联系还不稳定和不巩固，为使儿童学习的知识技能得到积累，在教学中必须贯彻巩固性原则。第一，在学习新知识技能时要激发儿童的兴趣，促使他们主动、积极地作用于客体，给予适当的学习内容，使其及时理解，得到及时巩固。第二，要创设条件，给予儿童运用已学知识技能的机会。第三，引导儿童在学习新知识时联系已有经验，复习原有的知识技能，使儿童在较自然的条件下，对已学习的内容加以巩固，尽力避免单调机械的重复。

## 三、幼儿园的教学方法

幼儿园的教学方法，应使儿童有操作活动的机会，能激发儿童的兴趣和好奇，引发学习动机，促使儿童进行充分感知和思维活动。一般有以下几种教学方法。

### (一)操作体验法

操作体验法指的是教师在教学活动中提供与教学内容相关的操作材料，设置一定的情境，引导儿童积极主动地动手操作或亲身体验来进行学习的方法。这里包含两层含义：一是让儿童通过感官和动作对具体事物进行操作摆弄。例如，在数学活动中，教师为儿童提供树叶、小石子、小扣子等材料，让儿童进行计数、计算或推理。二是设置一定的情境，引导儿童在主动的体验活动中来学习。例如，在语言活动中引导儿童对故事或事件进行表演以体验故事的意境。

### (二)演示、示范和范例法

演示是教师通过向儿童展示各种实物或直观教具，表征性的符号、图像等引导儿童按一定顺序观察物体的各种特征，使他们获得对某一事物或现象较完整的感性认识。示范和范例是教师通过自己的或儿童的动作、语言、声音，或经过选择的图画、剪纸和典型事例，为儿童提供模仿的对象。教师在运用演示、示范和范例时，必须伴随语言的讲解，演示、示范要正确、逼真而富有感情。

### （三）游戏法

游戏法就是引导儿童以游戏的形式来开展学习活动。教师在教学中运用游戏法的实质就是游戏化的教学活动，通过游戏让儿童饶有兴趣、积极主动、轻松愉快地进行学习。在教学中经常运用的有智力游戏、听说游戏、音乐游戏和体育游戏。在使用游戏法时，要避免为游戏而游戏，盲目追求兴趣和热闹的场面而偏离活动的目的。

### （四）探索发现法

探索发现法就是在教学活动中引导儿童通过自身主动对事物、现象的探索，从而发现事物的特点、属性和相互关系的方法。教师要为运用探索发现法创造学习环境和物质条件，给儿童充分的活动时间，教儿童一些发现学习的方法，听取儿童在活动过程中的想法和问题，及时给予指导和帮助，鼓励儿童相互间合作和交流，并进行必要的小结和评价，满足儿童探索的愿望。

### （五）讲解谈论法

讲解谈论法就是在教学活动中教师与儿童、儿童与儿童通过讲解、谈话、讨论的方式进行教学活动。为了使对话取得预期的教学效果，必须注意以下几点：(1)讨论必须在儿童已具备的感性经验基础上进行。(2)提出来自或贴近儿童生活的有趣的问题。(3)提问要面向全体儿童，也可由儿童提出问题。(4)要使儿童学会倾听同伴发言，并能用响亮的声音进行对话、讨论。(5)教师要以平等的态度参与讨论，耐心听取儿童的讨论，并做到适当的反馈。

# 第三节　中小学教学

## 一、中小学教学原则

教学原则是根据教学目的、教学规律和学生身心发展特点制定的对教学工作的基本要求。教学原则受教学目的的制约，反映教学过程的规律性联系，是教学实践经验的总结和概括。

### （一）直观性原则

直观性原则是指在教学中要通过学生观察所学事物，或教师语言的形象描述，引导学生形成所学事物、过程的清晰表象。贯彻直观性原则的要求包括：第一，正确选择直观教具和现代化教学手段；第二，直观要与讲解相结合；第三，注重语言的直观性。这一原则有助于提高学生的学习兴趣和积极性，有利于学生对概念性知识的理解，并发展其认知能力。

### （二）启发性原则

启发性原则是指教师应注意调动学生这一学习主体的主动性，引导其独立思考，积极探索，自觉地掌握知识，形成分析和解决问题的能力。贯彻启发性原则的要求包括：第一，教师因势利导，调动学生学习的主动性；第二，教师通过提问引导学生认识的逐步深入，激发他们的思维以获取新知；第三，培养学生通过动手、动脑独立解决问题的能力；第四，允许学生提问、质疑，创造民主和谐的课堂氛围与师生活动关系。

### （三）循序渐进原则

循序渐进原则是指教学要按照学科逻辑系统和学生认识发展顺序进行，使学生系统地掌握基础知识、基本技能，形成严密的逻辑思维能力。循序渐进的“序”涵盖教材内容的逻辑顺序，学生身心发展的顺序，学生认知能力发展的顺序和认识活动本身的顺序四个方面。它要求：第一，按照教材的系统性组织教学;第二,处理好教学的重点和难点;第三,教学安排由浅入深,由易到难,由简到繁。

### (四)因材施教原则

社会多元性和复杂性的发展导致个体之间差异很大,这就需要改变整齐划一的教学局面,即采取因材施教原则。所谓“因材施教”原则是指,教师应从学生个体的差异性出发,结合实际情况,有针对性地对学生进行教学,从而扬长避短,使学生获得最佳发展。该原则要求:一是教师要了解每个学生身心发展的特点、学科的学习情况以及个人的兴趣爱好等;二是采取有效措施,使学生的才能得到充分发展。

### (五)理论联系实际原则

根据教学过程的特点,教师应注意理论联系实际。这一原则是说,教学要以学习基础知识为主导,从理论与实际的联系上去理解知识,注意运用知识分析和解决问题,学懂会用、学以致用的教学目的。这一原则与“知行统一”原则既有相似之处,也有所区别,要求在贯彻过程中首先把抽象的书本知识转化为学生有用的精神财富;其次,处理好知识教学与技能训练的关系,重视教学实践,如练习、实验、参观、实习以及社会实践等;最后,补充必要的本土化教材。

## 二、中小学的教学组织形式

教学组织形式是指为了完成特定的教学任务,教师和学生按一定要求组合起来进行活动的结构。教学组织形式会不断地改进和发展变化。

### (一)个别教学

个别教学是历史上最早出现的教学组织形式,它是一种不限制入学年龄和修业年限,把不同年龄和知识基础的学生组织到一起,教师分别对每一个人进行教学的组织形式。个别教学组织形式由学生个人与适合个别学习的教材内容发生接触,并辅以师生之间的直接联系,现已成为班级授课制的辅助形式,在班级教学的基础上,尊重和重视不同学生的特殊情况和差异需要,通过各种个性化的形式和手段,帮助学生学习、成长和发展。与个别辅导的区别在于,个别辅导仅面向特殊学生,如后进生或优秀生。个别教学的最显著优点在于教师能根据学生的特点因材施教,使教学内容、进度适合于每一个学生的接受能力。但采用个别教学,一个教师能教的学生数量是有限的。

### (二)班级授课制

班级授课制是把一定数量的学生按年龄与知识程度编成固定的班级,根据周课表和作息时间表,安排教师有计划地向全班学生集体教学的形式。同一个班的每个学生的学习内容与进度必须一致。高年级开设的各门课程,通常由具有不同专业知识的教师分别担任。班级授课制有利于经济有效大面积地培养人才,由于它按学生的年龄和知识水平编成有固定人数的教学班,能使大量的学生同时在较短时间内系统地掌握知识技能。同个别教学相比,班级授课制扩大了教学规模,加快了教学进度,提高了教学效率,有利于教师发挥主导作用。班级授课制受到以下几个因素的影响:首先是班级规模;其次是学习目标;最后是教学方式。其不足主要表现在:强调系统的书本知识学习,容易导致理论与实践脱节;强调教学过程的标准、同步、统一,难以完全适用学生的个别差异,不利于因材施教。

### (三)分组教学

分组教学也是一种集体教学的形式,就是指根据教学或学习的需要,把全班学生再分成若干个小组,教师根据各小组的共同特点,分别进行教学或布置他们完成共同的学习任务。分组包括外部分组和内部分组两种。外部分组是指打乱传统的按年龄分班的做法,而按学生的能力或学习成绩编班,主要有学科能力分组和跨学科能力分组两种形式。内部分组是指在传统的按年龄编班的班级内,按学生的能力或学习成绩等分组,也包括按不同学习内容和不同学习目标分组以及按学习目标和学习内容相同而采取不同方法学习的分组两种。分组教学最显著的特点在于它比班级上课更切合学生个人的水平和特点,便于因材施教,有利于人才培养。但是它仍存在一些较严重的问题:一是很难科学地鉴别学生的能力和水平;二是在对待分组教学上,学生、家长和教师的意愿常常与学校的要求矛盾;三是分组后造成的副作用很大,影响学生的学习情绪。

### (四)导生制

导生制又称“贝尔·兰卡斯特制”,是指教师上课时先选择一些年龄较大或比较优秀的学生进行教学,然后由这些学生做“导生”,每个导生负责把自己刚学的内容交给一组学生。导生不但负责教学,而且还负责检查和考试,完全是教师的助手。导生制的关键在于“导生”的选拔,要宁缺毋滥;在这一组织形式正式实施前,要对选定的导生进行必要的培训。由于导生制实施的要求较高,因此,通常更适用于高校教学。

### (五)道尔顿制

道尔顿制是指教师不再向学生系统讲授教材,而只为学生分别指定自学参考书、布置作业,由学生自学和独立作业,有疑难时才请教教师。学生完成一定阶段的学习任务后,向教师汇报学习情况、接受辅导和考查。这一教学组织形式有利于调动学生学习的主动性,培养其学习能力和创造力,但不利于系统地掌握知识,且对教学设施和条件的要求较高。

### (六)复式教学

复式教学是一种特殊的小组教学组织形式,它把不同年级的学生安排在一个教学班中,由一位教师在同一节课中分别对不同年级的学生进行不同内容和任务的教学,教师的教学与学生的自学或做作业交替进行,动静结合是复式教学的重要特点。

### (七)开放教学

#### 1.传统的开放式教学

传统的开放式教学是指运用电子教学媒体传递教学信息,以实现教学优化的组织形式。电子教学媒体包括硬件和软件两个部分,硬件是指各种教学机器,如幻灯机、投影仪、录影机、电影机、电视机、电子计算机等;软件是指已经录制的、载有教学信息的幻灯片、投影片、录音带、电影片、录像带、计算机软件等。这种开放式教学将原本教学过程中的教师要素分为两种,即普通教师和屏幕(电子)教师。

2. 互联网 + 时代的微教学

(1)慕课

“慕课”一词是 MOOC(massive open online courses)的音译外来词,即大规模开放在线课程。这一概念最早由加拿大学者 Dave Cormier 和 Bryan Alexander 于 2008 年提出,此后,建立了慕课的三大网络平台 Coursera、Udacity 和 edX,开发了近百门的慕课课程。2013 年,我国的清华大学、北京大学、复旦大学等校开始启动慕课的建设。慕课的建设需要大量的资金投入和社会的协助。首先要选取专业教学中具有代表性的核心课程来进行慕课的建设,制作团队主要包括教师团队、助教团队、学生志愿者团队、项目经理、课件制作人、摄影团队、技术支持团队和后勤团队。课程的制作过程有点类似于拍电影和拍电视剧,先要有剧本,然后再进行拍摄。首先是课程章节的安排、知识点的划分和表现形式的确定,然后是分章节教学视频、图片、动画的制作,其中教学视频的制作最为关键,它是课程内容的主要载体,最后要进行配音、配字幕和剪辑。再然后,要利用慕课的投放平台把所制作的课程挂在网上,然后及时了解学生的使用情况和运行中出现的问题,组织专家和学生对课程进行研讨,听取意见和建议,不断更新课程资源,改进不足,使课程更加完善,更加优化。至此,一门慕课建设完毕。

(2)翻转课堂

翻转课堂,就是在信息化环境中,课程教师提供以教学视频为主要形式的学习资源,学生在上课前完成对教学视频等学习资源的观看和学习,师生在课堂上一起完成作业答疑、协作探究和互动交流等活动的一种新型的教学模式。概括来说,翻转课堂就是通过“课前观看视频学习知识、课上知识内化”的方式实现了对传统课堂教学的革新。翻转课堂的实施过程包括课前自学、课中内化、课后升华三个阶段。

①课前自学阶段:学生根据学习任务单提出的要求及方法,通过教师提供的视频学习包(编辑加工后的网上视频,或教师自己录制的教学视频),自主学习核心知识点,发现并思考学习中遇到的问题。

②课中内化阶段:在课堂中学生或教师提出问题,通过师生、生生的质疑、对话、探究,使学生达到对问题的深层次的认识和理解,从而使知识内化,建构属于自己的知识体系,是翻转课堂的核心。

③课后升华阶段:将内化的知识运用于实践,在实践中验证知识,拓展

能力。

学生和教师在翻转课堂的各阶段有着不同的角色。课前自学阶段,学生是信息的接收者,问题的发现者;教师是学习任务的分配者,微课程学习资源的设计者、制作者。课中内化阶段,学生是知识的主动建构者,是"问题"专家;教师是课堂教学的组织者、引导者、解惑者,是学科专家。课后升华阶段,学生是主动的应用实践者,是创新者,是自省评价者;教师则是帮助者、评价者。

(3)微课

"微课"是指按照课程标准和教学实践要求,以视频为主要载体,记录教师在课堂内外教育教学过程中围绕某个知识点(重点、难点或疑点)或教学环节而开展的精彩教与学活动的全过程。"微课"的核心组成内容是课堂教学视频,同时还包含与该教学主题有关的教学设计、素材课件、教学反思、练习测试即学院反馈、教师点评等辅助性教学资源。它们以一定的组织关系和呈现方式共同"营造"了一个半结构化、主题式的资源单元应用"小环境"。微课只讲一两个知识点,没有复杂的课程体系,也没有众多的教学目标与教学对象,看似没有系统性和全面性,许多人称之为"碎片化"。但是微课的设计针对特定的目标人群、传递特定的知识内容,自身仍然需要系统性,一组微课所表达的知识仍然需要全面性。微课类型可分为课前复习类、新课程导入类、知识理解类、练习巩固类、小结拓展类。其他的教育教学相关微课类型还有:说课类、班会课类、实践课类以及活动类等。

## 三、中小学常见的教学法

教学方法有广义和狭义之分。广义的教学方法是指为达到教学目的和完成教学任务所采用的各种手段或活动途径;狭义的教学方法则是指在教学过程中,特别是课堂教学中,教育者如何对学生施加影响、传授知识、培养能力、发展智慧、提高品质素养的具体方法和手段。

### 1. 演示法

是指教师通过展示实物、直观教具,进行示范实验或采取现代化试听手段等,指导学生获得知识或巩固知识的方法。演示的材料和方式是多种多样的,主要可以分为声像和动作两个大类。声像演示可以通过试听媒体帮助学生获得感性认识;动作演示是通过观察教师的示范使学生获得感性认识。该方法注重学生各种感官的合理组合与巧妙运用,遵循了教学的直观性,有利于学生感知和理解知识。演示法运用的要求包括:第一,用以演示的教具要具有典型性,能够突显所学材料的主要特征。第二,要使学生明确演示的目的,即可以直接地知道看什么、怎么看以及需要投入思考什么问题。第三,不能停留于通过演示使学生获得感性认识的层面上,要引导学生在感知的过程中进行综合分析。

2. 讲授法

讲授法是指通过教师的口头语言表述、讲解等形式系统地向学生传授知识的方法。讲授法最大的特点在于教学效率相对较高,能够在较短的时间内,借助各种教学手段,给学生系统连贯地传授知识。从形式上讲,讲授法包括讲述、讲解、讲读、讲演、讲评五种。讲授法适用的要求包括:第一,教学内容方面,适用于与事实有关的知识,特别是学科的基本理论知识和最新的前沿成果。对于抽象程度高,学科内容复杂的课程,讲授法也同样适用。第二,教学环境方面,适用于规模较大的班级。讲授法可以通过口头语言向学生系统连贯地传授知识,实现最短时间内传授最大量的知识信息,有利于提高课堂教学的效率。第三,教学对象更适用于低年级学生。运用讲授法应注意:第一,教师应事先做好准备,理清讲课的思路;第二,教师应提前做好教学设计,包括教学内容、板书、多媒体课件等方面的设计;第三,教师要充分了解学生,特别是学生的知识背景和兴趣,以便于选择最佳的案例和方式来进行教学;第四,教师的教学语言应富于变化,言简意赅,通俗易懂,生动形象,从而吸引学生的注意力,保持学生的学习兴趣。

3. 问答法

问答法也称谈话法或"共同解决型教学法",以古希腊的苏格拉底和我国的孔子的教学为代表。该方法是教师按一定的教学要求向学生提出问题,要求学生回答,并通过问答的形式来引导学生获取或巩固知识的方法。谈话法分为启发谈话和复习谈话两种,启发谈话是通过向学生提出未思考过的问题来引导他们深入思考和探索新知;复习谈话则是根据学生已学过的知识提出一系列的问题,以此帮助学生巩固和深化,形成知识系统。采用问答法要注意:第一,在上课前,教师要根据教学内容和学生已有经验知识准备好谈话的问题,并做好提问的顺序安排，以及设计好如何从一个问题过渡到另一个问题。第二，问题要明确、富有挑战性和启发性，以引起学生的思维兴趣。第三，教师要善于启发引导，问题难度也要因人而异，特别是要引导利用他们已有的知识经验对新问题进行分析和思考。

4. 讨论法

讨论式教学法也称为问题性教学，包括以教师为中心的讨论方式和以学生为中心的讨论方式，它强调围绕某一主题，学生间或教师和学生间进行争论、磋商，各抒己见，从而提高认识或弄清问题。运用该教学法应注意：第一，做好讨论的准备，包括提出具有争议的问题，学生针对问题，查阅资料，进行必要的准备和独立的思考，只有这样，才能实现通过讨论使个体的独立探索与集体的智慧相互交融。第二，掌握参与讨论的人数，要尽可能保证每个人都有发言的机会，同时，又要保证知识和见解具有相异性。第三，教师在讨论中要及时做好协调工作。一方面，要积极创设有利于形成相互帮助、取长补短、相互信任、达成共识的情境氛围，保证每一个参与讨论的学生都参与到讨论的过程中来；另一方面，要积极对学生的提问或回答做出反馈性评价，防止学生对与主题无关的问题进行讨论。

5. 案例法

案例教学法要求教师在授课过程中，注意收集和制作相关的案例，把有关素材完整地提供给学生，而后运用基本原理进行启发、引导，要求学生在查阅资料和独立思考的基础上进行讨论与分析，然后由教师进行点评，或进行补充性、提高性的讲解，以学生提交的案例分析报告作为考核方式，通过自我评价、同学互评、教师打分相结合的方法决定考核成绩。这种方式有利于保持专业课程的鲜活性，提高学生学习的兴趣和积极性，实现教与学的真正意义上的互动，帮助学生掌握将理论运用于实践的方法和途径，形成主动收集相关信息、分析问题、解决问题的能力。运用案例教学法时，要特别注意所选择的案例主题与教学主题保持一致，以及案例的典型性和针对性。

6. 自主学习法

对于高年级的学生来说，他们更适合采用自学、讨论等教学方法，因此，自主式学习法也是我国现行教学方法中非常常用的一种。讲授法能在较短时间内实现传递较多知识和较大信息量的目的；自主式学习法则更有利于促进学生自主学习习惯的养成和自主学习能力的发展。运用自主式学习法应注意：教师要合理安排教学内容。课程中许多内容无法在课堂教学中实现完全消化，这时，教师应安排相关内容或任务，让学生在课后进行自主学习，实现对知识的真正理解，从而形成合理的知识结构。教师要对学生的自主学习给予必要的指导。教师也并非都是全才，他们往往也只精于1—2门专业课程，学生要想形成综合、系统、完整的知识结构，必须要在课后积极从事自主学习，教师可以给学生指定一些参考资料让其进行自主学习，对自主学习的方法也要给予一定的指导。

#### 7. 练习法

练习法是学生在教师指导下运用知识完成一定的操作，并形成技能、技巧的方法。练习的类型很多，按照形式，可以分为口头练习、书面练习、动作（技能）练习三种。按照性质，可以分为训练性练习（或模仿性练习）和创造性练习两种。采用练习法的基本要求包括：第一，使学生明确练习的目的与要求，掌握练习的原理和方法，防止练习中可能产生的盲目性，提高练习的自觉性。第二，精选练习材料，适当分配次数和实践，练习的方式要多样化。第三，要求要严格，无论是口头练习还是书面练习或操作练习，都应精益求精，树立高标准，以使学生达到高水平。

#### 8. 实验法

实验法是学生在教师的指导下，利用一定的仪器设备，通过条件控制引起实验对象的某些变化，从观察这些变化中获得知识的方法。实验法不仅锻炼学生的动脑能力，更锻炼了学生的动手能力，有利于培养科学的、严谨的学习态度。使用这一教学法的要求包括：一要明确目的，精选内容，制订详细的实验计划，提出具体的操作步骤；二要重视教师对学生的示范指导作用，示范既可以在实验之前，也可以在实验之后，而指导则要贯穿整个实验的过程；三是要求学生独立操作，及时检查结果，并要求学生按照规定写出实验报告。①

① 教师资格认定考试编写组. 教育学[M]. 北京：北京师范大学出版社，2008.

教无定法，贵在得法。任何一种教学方法都有使用的范围和时机，需要根据课堂的情境与条件进行选择，并优化组合。教师应考虑教学活动的特点与规律，选择最简捷、高效的教学方法。在选择教学方法时，教师首先要依据具体的教学目的和任务，不同的目的和任务就要选择不同的教学方法。其次，要考虑学生的知识基础和身心发展特征。不同学段的学生由于身心发展的程度和知识水平不同，而需要选择不同的教学方法。此外，学科特点、学校的条件以及教师队伍的情况也会影响到教学方法的选择和使用。总之，教师要结合自身的优势，选择有效可行的教学方法。

## 问题

1. 简述教学的艺术性。

教学过程要把教学技能与师生间的感情交流“以一种特殊的方式结合起来，使创造的成品富有一种美”，令人“快乐、喜悦、迷醉”①在教学中，教师要把课堂当作一个师生合作表演的舞台，教师是导演，有时还兼主演，以他的全身心的角色扮演来带动学生分别进入各自的角色。课堂教学的气氛非常重要，热烈的、愉快的、轻松的教学气氛来自教学的艺术。教师与学生间一旦达到了心领神会的境地，教师甚至无须滔滔不绝地系统陈述知识，用眼神、表情、姿势就能传递一系列深埋于知识中的只可意会而不可言传的内容。②

2. 教师教学行为的内涵

教学行为不是简单的教学形式、手段、方法和技能的组合，而是一个包括教和学两个动因在内的结构复杂的、内容丰富的目的性行为，是由行为主体（教师和学生）以及与行为主体相联系的起着直接与间接作用的因素所构成的、在动静交替转换过程中反映出来的一种行为。教学行为的内涵包括两个层次：其一，就是直接显示结果的行为，如教学语言、教学组织、板演示范、实验操作、表情姿势等。从现象上看，这种行为有很大成分的无意性（多是有意后行为）和不

---

① 柯伦. 教学的美学[J]. 周南照译. 教育研究，1985(3).

② 叶澜，丁证霖. 新编教育学教程[M]. 上海：华东师范大学出版社，1991.

自主性。这种显性行为可以在教学评价中直接认知和把握。其二,是情感、意志、道德、价值观、潜在能力和个性等多种因素综合而成的一种态势,在行为上表现出较强的意识性、稳定性和自主性。

**3. 评述"教学有法,但无定法,贵在得法"的观点。**

教学的方法有很多,但要因材施教。因为学生是人,作为个体,都有其特殊性。老师要想教好学生,一定要有扎实的基本功,同时也要注意方法,好的方法和得体的方法可以让学生更好地接受老师传授的知识,如孔子也提出了因材施教的主张。教学方法因人而异,没有一个适合所有人的方法,但要适合个人,这就是贵在得法。教师备课时要从教学实际出发,根据教材特点、学生实际、本校条件等,结合不同的教学目标、内容、对象和条件,因校制宜、因时制宜,灵活、恰当地借鉴和选用国内外的教学方法,突出重点、攻破难点,并善于探讨、实践,教学其实就是教学有法,但无定法,贵在得法的过程。

**4. 有效教学的基础包括哪些方面?**

有效教学的基础包括四个方面:

(1)合理组合教材,这是其他教学设计的基础。一些教师教学效果不理想往往是对教材分析不深入造成的,该归到一起的没有归到一起,该突出的没有突出,结构散乱,令人费解。

(2)科学确定教学程序,程序不合理,学生不易掌握所学内容。只有把先后顺序,以及各层次间的过渡与衔接设计好,使每一个程序的进展,都是科学知识与学生接受规律的合理结合,才能引人入胜。

(3)恰当安排教学时间,使教学节奏严密而紧凑,从学生所得多、时间省和容量大这三个因素上,提高教学效果。

(4)教学法的组织与安排必须考虑将教材特征、学生特点等要素结合其中,构成一定的教学模型,提高教学质量,以圆满地完成各项教学任务。

**5. 课堂练习设计的基本原则有哪些?**

(1)目的性。课堂练习既要巩固学生所学基础知识,熟练技能技巧,又要发展其思维,培养解决问题的能力。

(2)启发性。练习要能够使学生受到启示,自己得出结论,加深对知识的理解。

(3)序列性。练习要按照知识规律由易到难、由浅入深、由简到繁,呈现坡度,使学生经过模仿、熟练和创新三个阶段循序渐进地掌握知识和技能。

(4)多样性。练习的形式应不拘一格,恰当运用口头练习、板演练习、书面练习和操作练习等形式,也灵活使用填空题、判断题、选择题、改错题、作图题、自编题和智力题等题型。

(5)周期性。练习应按学生记忆特点、规律和遗忘周期,有机地再现学过的知识,逐渐达到知识和技能的熟练要求。

**6. 简述教学过程中的认识规律。**

在教学过程中,学生对客观世界的认识,主要是在教师引导下,以接受间接经验来实现的,是一种特殊的认识过程。把他人的认识转化为自己的认识,把人类认识转化为个体认识,这是学生认识的本质。可见,学生在教学过程中的认识主要不是探求新的真理,而是学习和继承人类已有的认识成果,掌握间接经验。学生在教学过程中的认识,主要表现为"感知教材—理解教材—巩固知识—运用知识"这四个相互联系的阶段。其中,理解教材,形成概念,是学生认识过程的中心环节,再通过巩固和运用的训练,达到掌握知识的目的。强调学生在教学过程中主要接受间接经验,吸取他人的认识成果,绝不是不需要直接经验。学生要把书本知识转化为自己的知识,还必须有一定的感性认识做基础。因此,在教学中,要处理好间接经验和直接经验的关系。

**7. "微课""慕课""翻转课堂"等教学方式属于哪种教学模式?**

"微课""慕课""翻转课堂"等教学方式属于"资源型教学"模式。该模式最早由美国的萨其曼提出,他认为,基于现代社会的海量信息资源,教学中应着重教给学生探索科学未知领域的方法,使之通过独立学习与主动参与充满挑战的教学情景,通过任务驱动、充分利用信息资源来解决问题,为未来的工作和生活做好准备。所谓资源型教学,就是指学生根据学习任务,在丰富的学习环境和学习资源中,在教师激发与引导下的正式或非正式的实践活动。它将检索和探求所获得的信息融汇起来,支持活动的展开,形成自己的观点与认知方式,提高自己的信息素养,发展创造性思维能力,学会如何学习。资源型教学模式重在培养学生运用信息和媒体手段来解决实际问题的独立学习技能。

**8. 为什么把教学生学会学习作为教学的主要任务?**

教学生学会学习之所以是教学的主要任务,这是因为:

(1)现代教学理论认为,教学不仅是向学生传授知识,更重要的是要教给学生方法,让他们发挥创造性,主动积极地去学习。

(2)在现代社会,知识更新的周期大大缩短。18 世纪时,知识量失效一半的周期为十代人,平均每代人失效 10%;到 20 世纪末,获得的知识六年失效一半,应用科学和尖端科学甚至缩短为三年。学生必须会学习,才能不断更新知识。

(3)现代社会是知识密集的信息社会,出现了知识经济。社会越向前发展越需要知识,文化水平也要求越高。每个人都必须努力和善于学习、才能适应社会发展的需要。

**9. 简述小班化教学的优势与不足。**

小班化教学因其人数少,教师与学生可以充分互动,真正做到“因材施教”,满足学生个别差异的需要,促进每一个学生个性的发展,同时,又能使学生在互动中发展社会性素质,即指向于他人或群体的群性倾向,如合作、交往、利他等素质。其不足之处在于,小班化教学这些最大优势并不是必然能显现的,仅仅班级人数少是远远不够的。要想使小班化教学发挥其应有的最大功效,必须将其视为“系统工程”,在系统的指导下,精心设计教学过程的诸因素,使诸因素在结构性联系中产生最大的整体效应。

**10. 简述教师体态语言的表现形式。**

教师体态语言的表现形式分为五种:

(1)空间语言。教师和学生空间距离的变化往往具有特定的表达含义。一般有经验的教师上课时并不老是停留在教室的某一个地方,而是时常走到教室的行间去,以控制整个课堂。

(2)姿势语言。课堂上教师的不同姿势会向学生发出不同的信号,但无论是站着还是走动,是讲述还是板书,教师都应当表现出精神饱满、认真负责的状态。

(3)手势语言。手势的作用突出,可以引起学生的充分注意,但如果使用不当，过多、过乱会导致学生注意力分散，影响教学效果。

(4)目光语言。信赖的、鼓励的、赞扬的、批评的、否定的，这些目光的信号会使学生心领神会，从而提升教学效果。因此，教师应常常以热情的目光扫视教室的每一个同学，使他们都感到被认同和重视。

(5)表情语言。教师根据课堂教学的要求和课堂情况的变化，所流露的不同的表情，也会产生一定的表达作用。

**11. 简述“启发式”和“灌输式”两种教学思想的不同。**

“启发式”和“灌输式”两种教学思想中的对立观点反映在五个方面：

(1)理论基础不同。启发式从学生中心论角度出发；灌输式则从教师中心论角度出发。

(2)教学目的不同。启发式教学的目的不仅在于向学生传授知识，更注意发展学生智力；灌输式教学则以向学生传递知识为主要目的。

(3)学生观不同。启发式教学将学生看作动态发展的人，是学习的主体，应调动其积极性和主动性；灌输式教学将学生看作是静态的被动客体。

(4)信息传递方式不同。启发式教学重视学生的课堂参与和反馈，将教学看作是双向或多向交流的过程；灌输式教学只是教师向学生单方面传递知识信息的过程。

(5)师生心理相融度不同。启发式能激发共鸣，容易实现师生间的沟通；而灌输式由于对学生限制较多，而难以实现师生互动。

**12. 评价教师课堂教学的标准有哪些？**

评价教师的课堂教学通常有七点标准：

(1)教学目的明确。教师首先要明确以什么为中心组织教学才能更好地实现教学目的。

(2)内容正确。这是对教师教学最基本的要求，教师组织的教学内容必须能够反映出知识的科学性和思想性。

(3)结构合理。课堂教学应是一个结构紧密、节奏紧凑的系统性过程。

(4)教学方法恰当。要不仅符合教学任务要求，还要与学生年龄特征等特殊要求相吻合。

(5)语言艺术。教师的教学语言应具有生动性、准确性和形象性的特点，语调抑扬顿挫，表达清晰流畅。

(6)板书有序。字迹要规范、大方，重点突出，脉络清晰，过程完整，能很好地帮助学生理解和记忆知识。

(7)教学态度自然从容。在教学时，教师应充满信心，在知识和精神面貌上实现对学生双重的引导作用。

**13.教育改革的趋势之一是在注重学生掌握基础知识和基本技能的同时，注重能力和态度的培养，该趋势反映了教学过程的哪两条规律？请结合实际对其中的一条规律加以阐述。**

当前教学改革的趋势符合"掌握知识和发展智力相统一""传授知识与思想品德教育相统一"的规律。第一条规律是指，教学过程是向学生传授科学知识的过程，又是发展学生智力的过程，掌握知识和发展智力之间有内在必然的联系。知识是发展智力的条件和基础，智力又是掌握知识的前提和结果，知识不能等同于智力，知识的多少并不能标志智力的高低。知识转化为智力是有条件的。智力要在活动中才能发展，教学中必须有明确的发展智力的目标，并有计划、有目的地去实现。第二条规律是指，教学永远具有教育性，这是一条客观规律。教学过程应将传授知识与思想品德教育二者有机统一起来。学生掌握文化科学知识和思想品德(包括情感、态度、价值观等)的提高是相互作用的。学生掌握文化科学知识的过程，是一个能动的认识过程，他们的思想品德状况(包括情感、态度、价值观等)对学习起着决定作用。学生思想品德的形成和提高又有赖于他们对文化科学知识的掌握。

**14.简述教师教学风格形成的几个阶段。**

教师从开始教学的无风格到逐渐成熟，形成自己独特的风格，一般总有一个发展的过程，其间的发展又可划分为若干阶段。

(1)模仿阶段。对于新教师来说，模仿是必要的，但不能消极停在这一水平上，而应在模仿、借鉴他人经验的同时，结合自己的实践经验和教训，充实自己在课堂上的"自立"因素。

(2)探索阶段。随着教学工作经验的积累，教师开始有意识地研究课堂教学艺术的形式与效果。例如开始钻研教学语言和表达艺术、教学板书版画艺术、示范性艺术等。在这一阶段，教师思维的敏捷性、灵活性增强，教学个性特征开始外露。

(3)创造性阶段。这一阶段,教师在课堂教学实践中不断地创新与开拓,开始综合运用教学方法、探索和研究课堂教学的最优化方法及追求课堂教学的最优化教学效果,力求使每一个学生得到最好的发展,使教学艺术发挥明显的效应。

(4)独特风格阶段。至此,教师在教与学的规律指导下,能和谐恰当地把课堂教学艺术风格融入教学实践之中,教学效果与质量不断提高,教学风格在各个环节都具有独特而稳定的表现,呈现出浓厚的个性色彩和个人魅力。教师的教学从“无风格”到形成“有风格”,一般总是遵循由低级到高级的顺序发展。

**15. 简述教师教学行为的特征。**

教师教学行为的特征表现为:

(1)目的性。教学行为目的服从于教学目的,并与教学效益密切相关,教学行为目的越明确,导向作用越大,教学效益越高。

(2)社会性。教学具有社会实践的属性,应按照社会实践的原则、规律进行。

(3)规范性。教学行为是按照一定的教学要求而设计的,其规范性,一方面要求体现在动作、姿势等行为特征上;另一方面则要求行为主体应有正确的教学价值观和教学道德。

(4)一致性。一是指行为主体在行为过程中的动作要求、章法步骤协调一致;二是指构成教学行为的各要素按照一定的逻辑,围绕教学目的这个核心,整体一致地朝着既定的方向运行。

(5)创造性。首先,根据教育目的、教育功能的变化,变换教学行为;其次,现代教学内涵也日益丰富和复杂,只有富于创造的教学行为才能适应这种教学要求。

(6)角色性。教学行为也是角色行为,每一位教学任务的承担者都必须具备与之相匹配的素质和条件。

(7)自觉性。教学动机可以直接驱使和维持教学主体进行积极有效的教学实践活动,从而使教学行为成为主体的自觉性行为。

(8)有效性。一方面把教学行为各环节和步骤设计得科学规范;一方面在相同的条件下,整体提高教学行为的功能水平,创造更大的教学效益。前者是行为基础,后者是行为结果,两者相互作用。

16. 简述教学的教育性规律。

在教学过程中,学生掌握文化科学知识和提高思想品德是相辅相成的两个方面,也就是传授知识与思想品德教育相统一的规律。教育性是一种客观存在,没有教育性的教学是不存在的。教材内容本身具有思想性、美感因素和较高的科学价值,是学生主要掌握的东西。因此,教学的教育性主要体现在教材的知识内容上。同时,学生掌握文化科学知识的过程是一个能动的认识过程,他们的思想品德状况对学习的积极性起着决定的作用。在教学过程中,教师要充分调动学生学习的主动性,激发动机,培养科学热情,提高他们的思想品德水平,从而促进对知识的掌握,保证教学质量。另一方面,学生思想品德的提高又有赖于他们对文化科学知识的学习,因为科学的世界观和先进的思想都是以一定的文化科学知识作为基础的。不仅如此,学习本身是艰苦的劳动,可以锻炼和培养学生优良的道德品质。在这个过程中我们要注意,掌握了知识并不等于提高了思想,教师必须善于把知识传授和思想教育有机地结合起来,遵循教学的教育性规律,达到教书育人的目的。

17. 教师运用讲授法应注意的问题有哪些?

(1)保证讲授内容的科学性和思想性。教师所传授的事实、概念、原理、观点是正确的,不能出现科学性的错误。既要便于学生获得可靠知识,又要使学生在思想上有所提高。

(2)讲授要做到条理清楚、重点分明。教师在讲授过程中要安排好所讲内容的逻辑顺序,教的思路清楚,才能让学生接受知识的思路也清楚;教师还应把握讲授的重点和目标,少说无关紧要的题外话。

(3)注意启发。教师在讲授过程中,要特别注意引起学生听讲的兴趣和启发学生积极思考,使他们的认识活动积极开展,自觉地领悟知识。许多优秀教师在课堂教学中设置问题情境(悬念)引入课题讲授,讲授过程中又不断提出问题引导思考,并配合以层层深入的讲解。虽然是以教师讲为主,但这种讲授是以问题引起学生的动机,以问题引导学生思考。

(4)讲究语言艺术。教师的语言水平直接决定着讲授法的效果,必须注重不断提高自己的语言修养。一般地说,教师授课的语言要求是:清晰,让学生听得清楚；简练，不啰唆，避免不必要的口头语；准确，明白易懂；生动有趣、有感染力；速度适中、音量合适、声调注意抑扬顿挫；使用普通话。

(5)注意与其他教学方法配合使用。人的注意时间有限，在整节课中完全采用讲授法很难取得良好效果，教师应当善于将讲授法与其他教学方法和手段交叉替换使用，避免学生因长时间听讲出现疲劳和注意力分散现象。

**18. 谈谈你对当前学校进行的课堂教学改革的建议或意见。**

(1)教学应面向全体学生，关注每一个学生的充分发展，让每一位学生每时每刻都能成为教学活动的积极参与者而不是旁观者。教师在教学过程中要关注每一个学生的学习状态，要善于发现学生的“闪光点”，师生成为一个互相学习、和谐发展的生命共同体。

(2)教师应要求学生课前预习，带着问题进课堂，让学生动脑、动口、动手；教学中组织学生分组讨论、交流，加强情感体验，同时也从同伴那里获取信息，使自身在智力、能力水平的“最近发展区”内获得发展。

(3)教学过程要让学生有自主学习的时间与空间，以便促进学生的知识建构，使其在活动中获取知识并得到个人素质的全面发展。

(4)教学语言应科学、准确、清晰、恰当，语调抑扬顿挫、富于美感，以帮助调动学生的思维，撞击出智慧的火花。

(5)课堂教学中要创设民主、平等、和谐愉悦的氛围。对学生一视同仁、因势利导，更要关注心理上、经济上、学习上的弱势群体。

(6)教学中要努力促进师生有效互动，使教学节奏达到张弛相间、变而有度、活而有序的境界。不管是接受性学习还是探究性学习，要引导学生掌握学习的节奏，才能不断激发思考和行动。

(7)教学过程要关注学生的创新意识、创新思维、创新能力，鼓励学生质疑问难，提倡求异思维。

(8)课堂教学中要展示知识形成的过程，学科思想发展的脉络，同时注意与学生的生活世界、社会发展的现实相沟通。

(9)作业的布置要能够实现引导学生对自己适时进行监控和评价的目的。

(10)教师在课堂教学中要注意自身对教学设计、教学行为、教学效果的反思与创造。

**19. 简述教师课堂问题的技巧。**

(1)先向全体学生发问,等全体学生思考一遍之后,再指定学生回答。其优点有三:第一,可以使全班学生注意教师的问题,倘若先指定学生,然后发问,那么,只有被指定的学生会思考问题,其余的学生就不肯思考了;第二,这种先发问后指名回答的方法,可以使全班学生都在心中试拟一个答案,因为每个学生都以为可能会被提问到,因而不得不预先准备;第三,可以使全班学生将心中拟好的答案与被提问的学生的答案相比较,并加以评论。

(2)发问不宜依照一定的次序,因为依照学生的座次或者点名册上的名次发问,虽然可以使机会平均分配于全体学生,但也会导致其他学生不注意的问题。但同时也要注意,教师要将提问的机会平均分配于全班学生,不要只向少数聪明的学生发问。

(3)教师提问时态度要自然,要表示相信学生能够回答,如果教师提问的态度含有考问或严肃的表情,会影响学生的思考,因而不能畅所欲言。

(4)教师提问时要清楚明确,只说一遍,不要重复问题,以免养成学生不注意教师提问的习惯。若某个学生没有听到教师所问的问题,教师就另行指定一个学生回答;不过学生若不明了问题的含义,而要求教师解释,教师可以用更明白的词句,把问题再说一遍。

(5)教师提问后要留充分思考的时间,让全班学生思考一番,然后再指名回答,而不应当于发问之后,就匆匆指定学生回答。提问后,若某一学生回答不出来,不必等他回答,可以另行指定学生回答,而让他在旁静听。

**20. 请阐述作业批改的主要方法。**

(1)重点面批法。在时间允许的情况下,对一部分学生,特别是尖子生和差生的作业,采取当面批改、现场解说的做法,不以界定答案的正误为终极目标。实践显示,这样做对于促进学生的最优发展是相当有效的。

(2)互改与自改法。互改是指让同学交换各自的作业进行认真批改;自改则是让学生来扮演教师的角色,以批判者的眼光来严格地审查和评估自己作业的正误与优劣。前者要求教师注意学生的优差搭配问题,后者要求强化学生的负责精神,而两者都需要重视教师对学生批改方法的指导和传授。

(3)二次计分法。教师对学生的试卷、练习及作业先打一个基本成绩,并配以切中要害、恰如其分的评语；然后将作业发还学生，要求他们对照评语，深刻反思自己的作业过程，认真修改已做的有关作业；如果达到要求，便追加成绩，否则便不给加分。这是一种艺术性策略。

(4)分层批语法。将一次性批语改为分步进行的两次性评价：第一步为原则性评价——概括地指出作业中存在的有关缺陷，要求学生以此为线索展开积极的思维活动，界定自己作业中具体问题的所在；第二步为具体性批语——在学生思有所得但不充分、不准确或百思不得其解后，给他们以具体细致的问题指点和方法咨询。

(5)集体评改法。这种方式适合于使全班学生都感到难度较大、容易发生错误或易于混淆的作业。通过集体开放讨论，形成"群体效应"的智力激荡效果。学生讨论时，教师应采取"旁观者"的态度，总结时要指出学生思维上的缺陷和漏洞，注意提供多种解题思路以启发学生。

(6)小组批改法。作业批改小组通常以4人为宜，教师提出批改要求；由组长主持，先以某一人的作业做"示范作业"，大家逐题研究，集体批改。小组批改是一个相互传播信息的动态过程，学生在这一过程中既有彼此之间的横向交流，又有与教师之间的纵向交流。

**21. 简述教师体态语言的作用及其使用规范。**

在课堂教学过程中，体态语言有如下几个方面作用：

(1)能替代有声语言。在客观情境的制约下，教师有时需要用无声语言代替有声语言向学生传递信息，如在不影响其他学生的前提下，提醒、制止甚至是批评学生。

(2)辅助有声语言，增强表达效果。如教师讲述感情浓厚的观点、事件或课文时，通过语气、语调、语速的变化，伴之以适当的面部表情，或辅之以相应的手势动作，能加强教学效果。

(3)扩大教师教学信息的传递量和学生对有用信息的接收量。教学效果与学生对有用信息的接收量成正比，教师恰当的体态语言作用于学生的视觉系统，可以增加对学生的感官刺激。

(4)真实地反映教师的气质和人格，强化教师的角色意识，增强教师对自身的约束力。

教学中使用体态语言可以提高教学效果，但须注意如下规范：第一，和谐。

即体态语言应与口头语言相和谐，每一种体态必须与口头语言所述的情、景、形相统一、相协调，只有这样才能使其辅助作用充分发挥出来。第二，适度。体态语言的运用要坚持能用则用的原则，以免过多过滥，成为一种无用功或画蛇添足。第三，生动。教师的体态语言应生动、形象，从备课到上课的各个环节都要有所考虑、有所选择，确实有好的效果。因此，教师必须加强课堂上自身行为动作的修养，努力掌握体态语言的表达艺术。

**22.“理答”是指教师在课堂提问过程中，对学生的回答加以评价反馈。请简述教师理答的基本原则。**

教师理答的原则包括：

(1)要从尊重学生出发。主动发展是素质教育的要义，以教师为主导，以学生为主体是教学过程的基本规律之一。因此，在教学中教师必须尊重学生，承认学生的个性差异和发展潜力，对提问的评价要有针对性，让学生主动地学习，主动地发展。

(2)要以鼓励为主。积极的鼓励比消极的刺激来得好。鼓励的作用是巨大的，它可以鞭策先进，激励后进，肯定正确，否定错误，起到积极的促进作用。教师把注意力集中在发现和赞美学生的闪光点上，可以让学生体会到成功的喜悦，唤起他们学习的激情来，使他们产生一种向上的力量，主动去追求真知。

(3)要体现多样化。教师正确、恰当的评价，能激励学生积极思维，但长期使用一种方法，就会失去其作用。所以教师对学生的评价应多样化，恰如其分，不断推陈出新，给人一种耳目一新的感觉，学生感到新奇，乐于接受，学生在这样的气氛中心里没有任何负担，提高了课堂教学的效率。

**23.举例说明在教学中如何处理“预设与生成”的关系？**

(1)辩证地理解“预设与生成”的关系，既要改变过去那种只有“预设”，完全封闭，一切尽在“教师掌控之中”的现象，又要避免不适当地、漫无边际地“生成”，影响课堂教学质量，减损国家要求及教育“引导”“塑造”的责任。

(2)教师在备课及进行教学设计时，要“详略得当”。所谓“详”，一是在教学目标和内容的设计上，尽可能地将“三维目标”和有关内容加以整合，而不能仅有“知识点”；二是尽量考虑周到，预先设想可能出现的情况及多样化的对策。所谓“略”，是指教案不要太详尽，宁可“粗一点”，给现实的、活生生的教学留下一定的时空，最终在教学中完成，在教学后完善，绝不能像过去那样把教学的每一环节，教师的每一句话及学生的可能回答都写出来，使得原本富有生命力的教学成了完全预定的、僵死的“走教案”“演教案剧”。

(3)在课堂中，及时抓住并灵活处理具有“生成价值”的问题，让教学充满灵动、智慧与活力；但是，这种“生成”必须与预设的学习目标、学习主题有某种内在联系（这种联系不一定局限于本节课或本单元的目标和内容），或是拓展，或是深化，这样才能既保证课堂教学的“开放”与“灵活”，促进学生自主和富于个性化、创造性地学习，又达到国家的基本教育目标。

**24. 结合教学实际，说说怎样运用感知规律，突出直观对象的特点？**

要想在直观过程中获得有关的知识，首先必须注意和观察直观对象。而要想有效地观察直观对象，必须运用感知规律，突出直观对象的特点。

(1)强度律。指作为知识的物质载体的直观对象（实物、模型或语言）必须达到一定强度，才能为学习者清晰地感知。因此，在直观过程中，教师应突出那些低强度但重要的要素，使它们充分地展示在学生面前。

(2)差异律。指对象和背景的差异越大，对象从背景中区分开来越容易。在物质载体层次，应通过合理的板书设计、教材编排等方面恰当地加大对象和背景的差异；在知识本身层次，应合理地安排新旧知识，使旧知识成为学习新知识的支撑点。

(3)活动律。指活动的对象较之静止的对象容易感知。为此，应注意在活动中进行直观，在变化中呈现对象，要善于利用现代科学技术作为知识的物质载体，使知识以活动的形象展现在学生面前。

(4)组合律。指空间上接近、时间上延续、形状上相同、颜色上一致的事物，易于构成一个整体为人们所清晰地感知。因此，教材编排应分段分节，教师讲课有间隔和停顿。

**25. 实践型说课和理论型说课的主要内容有哪些？**

实践型说课主要应该有以下几个方面的内容：

(1)说教材——主要是说说教材简析、教学目标、重点难点、课时安排、教具准备等，这些可以简单地说，目的是让听的人了解你要说的课的内容。

(2)说教法——就是说说你根据教材和学生的实际，准备采用哪种教学方法，这应该是总体上的思路。

(3)说过程——这是说课的重点。就是说说你准备怎样安排教学的过程，为什么要这样安排。一般来说，应该把自己教学中的几个重点环节说清楚，如课题教学、常规训练、重点训练、课堂练习、作业安排、板书设计等。理论型说课与实践型说课有一定的区别，实践型说课侧重说教学的过程和依据，而理论型说课则侧重说自己的观点。

一般来说，理论型说课应该包含以下几个方面的内容：

(1)说观点——理论型说课是针对某一理论观点的说课，所以我们首先要把自己的观点说清楚，赞成什么，反对什么，要立场鲜明。

(2)说实例——理论观点是要用实际的事例来证实的。说课中要引用恰当的、生动的例子来说明自己的观点，这是说课的重点。

(3)说作用——说课不是纯粹的理论交流，它注重的是理论与实践的结合。因此，我们要在说课时结合自己的教学实践，把该理论在教学中的作用说清楚。

**26. 谈谈“说课”的技巧。**

(1)把握教材。“教材的地位和作用”说得恰当与否，直接反映说课者对教材的理解程度，并影响到教学目标的制定。对教材理解越深刻，说课内容将越充实、全面。

(2)确定教学目标。这是教学设计的出发点和归宿，它对教学活动具有很好的导向和监控作用。

(3)厘清重难点。教学重点、难点是教学设计的一个关键，教师必须搞清什么知识是重点，分析学习难点是如何形成的。

(4)了解学情。学习不仅受学生原有知识基础和技能水平的制约，还受学生认知风格、能力状况和学习兴趣等的影响。一个好的说课方案，应尽可能从学生的“已知”、“未知”、“能知”、“想知”和“怎么知”五个方面综合分析，这是因材施教的基础。

(5)教学流程。教学流程表现为教学活动推进的时间序列，一般分为导入新课、新课研习、课堂小结、巩固训练等。阐述教学流程时，必须在如何突出重点和如何突破难点上多做文章。

(6)教学反思。教学反思包括两个方面：教师对教学中的缺点和错误进行反省与批判；对教学中的优点和长处的肯定与坚持。所以，说课时说教学反思，应是剖析自己在教材分析、学生分析特别是教学设计等方面有哪些可取之处以及存在的不足之处。

**27. 幼儿园教学原则有哪些?**

(1)活动性原则。

(2)发展性原则。

(3)科学性和教育性原则。

(4)连续性和渗透性原则。

(5)集体教学活动与个别教学活动相结合的原则。

(6)整体性和一致性原则。

(7)直接指导与间接影响相结合的原则。

(8)巩固性原则。

**28. 如何在教学活动中贯彻"巩固性原则"?**

(1)在学习新知识技能时要激发儿童的兴趣,促使他们主动、积极地作用于客体,给予适当的学习内容,使其及时理解,得到及时巩固。

(2)要创设条件,给予儿童运用已学知识技能的机会。

(3)引导儿童在学习新知识时联系已有经验,复习原有的知识技能,使儿童在较自然的条件下,对已学习的内容加以巩固,尽力避免单调机械的重复。

**29. 幼儿园的教学方法有哪些?**

(1)操作体验法。是教师在教学活动中提供与教学内容相关的操作材料,设置一定的情境,引导儿童积极主动地动手操作或亲身体验来进行学习的方法。

(2)演示、示范和范例法。要伴随语言的讲解,演示、示范要正确、逼真而富有感情。

(3)游戏法。引导儿童以游戏的形式来开展学习活动。

(4)探索发现法。是在教学活动中引导儿童通过自身主动对事物、现象的探索,从而发现事物的特点、属性和相互关系的方法。

(5)讲解谈论法。是在教学活动中教师与儿童、儿童与儿童通过讲解、谈话、讨论的方式进行教学活动。

**30. 在幼儿园教学过程中，运用讲解谈论法应注意哪些问题？**

(1)讨论必须在儿童已具备的感性经验基础上进行。

(2)提出来自或贴近儿童生活的有趣的问题。

(3)提问要面向全体儿童，也可由儿童提出问题。

(4)要使儿童学会倾听同伴发言，并能用响亮的声音进行对话、讨论。

(5)教师要以平等的态度参与讨论，耐心听取儿童的讨论，并做到适当的反馈。

# 第八章 课 程

## 第一节 课程原理

### 一、课程的含义

狭义的课程即课业及其进程，是指学校开设的教学科目的总和以及它们之间的开设顺序和时间比例关系；广义的课程即学校中有组织的教育内容，是指为了实现教育目标而规定的教学科目及其目的、内容、范围、分量和进程的总和。广义的课程不仅指知识技能方面的内容，亦指思想品德、行为习惯、身体素质等；既包括课内活动，也包括课外活动。[①] 就课程内涵而言，课程首要的是目标，即希望通过课程使学生发生的预期变化。其次是内容，即为实现教育目标、达成学生预期变化而组织起来的教学与学习的内容和经验。再次是方式，为传递课程内容所进行的组织和设计，主要指教学计划、进程、顺序、阶段、组织形式和方法等，在更高层面上还指学习计划、学习方式、学习过程、学习方法，不仅是教学原则、方式和操作，而且是一种将教师、学生、学科结合在一起的情境与活动，是一种生气勃勃的活动流。最后是评价，即对是否实现课程目标、达成学生预期变化所进行的价值判断及其判断方式。这是由课程的特点决定的，即课程是有目的的，不是自然产生的；课程是一个有组织的体系，而非杂乱无章的系统；课程既包括学科体系，也包括其他有目的的教育教学活动。

---

① 韩延明.新编教育学[M].北京:人民教育出版社,2006.

## 二、课程体系

课程体系也有狭义和广义之分,狭义的课程体系特指课程结构,“是所设全部课程互相之间的分工和配合,是教学计划的核心”[①]。广义的课程体系是在一定的教育价值理念指导下,将课程的各个构成要素加以排列组合,使各个课程要素在动态过程中统一指向课程体系目标(或专业目标)实现的系统。[②]

### (一)课程体系的构成要素

课程体系是一个由目标、内容和过程三要素构成的系统。目标要素包括课程体系的总目标、课程体系结构目标、课程目标等;内容要素又称结构要素,主要是指课程内容之间的联系和组织形式等;过程要素是指从动态来看的课程体系构成要素,它具体指课程体系实施。课程体系实施包括课程要素呈现、课程体系实施场以及作为实施反馈的课程体系评价。课程要素呈现是指课程体系所需要的技术、方法、手段、途径等。课程体系实施场是指与课程体系的组成元素发生相互作用而不属于系统的事物。实施场涉及课程体系与外部环境之间的关系等,对课程体系功能的发挥有着非常重要的影响。“评价”作为课程体系反馈在运行中起多方面的作用。评价通过个体性的最佳指导,对课程体系活动样式及其结构产生重要影响。

### (二)课程体系的特点

课程体系是由不同学科、各门课程之间相互搭配、融合并整合在一起来达到教育目的的结果,其特点如下:第一,整体性。课程体系包括课程目标、人才规格的确定、课程内容的选择与组织、课程的实施与课程评价等一系列基本环节,这些环节的有机整合与和谐统一才能构成一个完整的课程体系。第二,稳定性。课程体系一旦形成,必须具有一定的历史继承性和相对稳定性,不能将其全盘否定或是朝令夕改,否则人才培养质量就无法保证。第三,多样性。多

---

① 赫冀成,张喜梅.课程体系与人才培养比较[M].沈阳:东北大学出版社,1994年,第19页.

② 王建惠.我国高校课程价值取向与课程体系构建研究[D].兰州大学,2010.

元的价值观决定了现代社会的发展需要不同类型的人才,而个体在接受教育时也表现出了相当的自主性,因此也决定了课程体系多样性的特点,否则就不能满足社会与个人的多样化需求。第四,开放性。课程体系是培养人才的载体和手段,课程体系改革也逐渐从一种较纯粹的学术活动变成一种较开放的社会活动。社会的发展变化要求课程体系结构不断地与社会、科技、文化等各方面交流信息,不断充实、变换和更新自己的内部要素。

### (三)课程体系优化的基本原则

课程体系优化是一个系统工程,涉及课程内容的组织与结构的整体优化。课程体系的优化必须以科学的教育思想观念与正确的人才培养理念为指导,以满足学生自由、全面、可持续发展为目标。

#### 1. 人文教育与科学教育相融合

人文教育的实质是人性教育,核心是涵养人文精神。人文教育有利于促进学生形成健全人格,找到正确的生活方式。科学教育是传授自然科学技术知识,开发人的智力的教育。人文精神与科学精神的统一与和谐是处理学校、学生与社会三者辩证关系的关键。正如杨叔子所说,一个国家或民族没有现代科学、技术,一打就垮;没有优秀的民族传统,没有崇高的人文精神,必定会不打自垮。[①] 人文教育与科学教育的基本内容是现代教育实现人的全面发展目标不可或缺的两股基本力量,学校应将人文精神和科学精神统一地融入课程体系之中,设计科学的人才培养方案,使我们所培养的学生拥有宽厚的知识、广阔的视野、海纳百川的胸襟,成为一个有强壮体魄、健康人格和高度社会责任感的优秀公民。

#### 2. 通识教育与专业教育相结合

通识教育的核心精神在于培养学生适当的文化素养、科学知识、宏观视野、生命智慧、分析思辨能力、表达沟通能力以及终身学习成长的能力。专业教育则围绕学生某方面的能力培养进行深度教育。哈佛大学提出要使每个哈佛大

---

① 钟英,熊文. 改革课程结构体系 探索创新人才培养[J]. 辽宁教育研究,2003(10).

学的毕业生都受到广泛的教育，并且在特殊的学术专业或领域受到训练。[①] 知识经济的发展对人的全面发展提出了越来越高的要求，教育如果仅仅给学生一定的职业知识和技能训练是远远不够的，应致力于人的通识教育，以适应未来社会的各种需要。因此，专业教育与通识教育相结合，形成“你中有我，我中有你”的格局，方是教育适应未来社会、适应未来社会中人的发展的选择；通识教育与专业教育相结合理应是课程体系优化的基本原则。

#### 3. 个性培养与社会责任感培养相契合

教育是一个引导人自我完善、自我实现、自由创造的过程。教育中课程构建的最终目标在于促进学生的全面发展，并使其个人价值在实现中与社会价值达到高度统一，实现个人与社会的和谐发展。因此，无论哪种课程，都必须注重体现学生个性与社会责任感的相互影响、相互促进，这是因为，社会责任感以个性的发展为基础，个性发展是社会责任感养成的目的和归宿，个性与社会责任感的良性互动是实现人的全面、和谐、自由发展的强大支点和有效途径。

## 三、课程理论流派

### （一）学科中心主义课程论

学科中心主义课程论的代表人物是布鲁纳（B. S. Bruner）和施瓦布（J. J. Schwab）。该理论的主要观点包括：知识是课程的核心；学校课程应以学科分类为基础；学校教学以分科教学为核心，以学科基本结构（组织结构、实质结构、句法结构）的掌握为目标；学科专家在课程开发中起重要作用。学科中心主义看到了学科知识的发展价值，看到了现代社会知识剧增所带来的社会知识增长的无限性与个体知识增长的有限性之间的矛盾，试图通过学科结构的掌握来解决这一问题，有其积极意义。不足之处在于其重知识轻经验、重学科逻辑轻心理逻辑、重学术性轻实用性，且具有浓厚的精英主义色彩。

---

① 罗尧成，李利平. 发达国家大学课程结构改革：背景、动向及启示[J]. 现代教育科学，2005(1).

### (二)学生中心主义课程论

学生中心主义课程论的代表人物是杜威和罗杰斯(C. Rogers)等人,其基本观点是:学生是课程的核心;学校课程应以学生的兴趣或生活为基础;学校教学应以活动和问题反思为核心;学生在课程开发中起重要作用。学生中心主义看到了学科中心主义的不足,看到了学生在学习中的作用,对于现代课程的改造起到了重要的理论指导作用。不足之处在于其重经验轻知识、重心理逻辑轻学科逻辑、重实用性轻学术性,具有浓厚的实用主义和自然主义色彩。

### (三)社会改造主义课程论

社会改造主义课程论的代表人物有布拉梅尔德(Brameld)和弗莱雷(P. Freire)等。该理论的基本观点包括:社会(改造)是课程的核心;学校课程应以建造新的社会秩序为方向;应该把学生看作社会的一员;课程知识应该有助于学生的社会反思;课程的价值既不能根据学科知识本身的逻辑来判断,也不能根据学生的兴趣、需要来判断,而应该有助于学生的社会反思,唤醒学生的社会意识、社会责任和社会使命;社会问题而非知识问题才是课程的核心问题;吸收不同社会群体参与到课程开发中来。该理论树立了一种新的课程观念,开辟了课程研究的新方向,但同时也取消了课程问题的独特性。

### (四)科学主义课程论

科学主义课程论主张课程要教给学生科学的结构、科学的基本观念、科学的关键概念和科学研究的方法。该理论促进了课程的变化,促使内容更为学问化。所谓学问,是指包括研究在内的一个知识领域,是学习的方法和认知的方法,是在已有的知识领域实现发现和概括的方法。科学主义课程观的创始人和拥护者认为,学问知识是课程内容的唯一源泉,不属于学问的基本构造的知识不能选作课程内容,因此,学习者的本能、要求、兴趣等心理特点,以及社会问题和生活经验等等,均不能作为课程内容取舍的依据。哥伦比亚大学名誉教授菲尼克斯(Phenix)曾说:“我的主题,说得简洁些,一切课程内容均应当从学问中引申出来。或者换言之,唯有学问中所包含的知识才是课程的适当内容。”①

① 钟启泉.现代课程论[M].上海:上海教育出版社,1989年,第115页.

### （五）存在主义课程论

存在主义课程论主张，人是完整的具有自我生存与发展能力的“存在”，是精神、存在和理性的总和。教育的目的不在于发展人的某一方面或培养某一种技能，而是要使人作为完整的存在，在各方面都得到发展。另一存在主义者布贝尔把教育目的具体概括为促进人格即品格的完善。他说：“名副其实的教育，本质上就是品格教育。因为真正的教育者并不仅仅考虑学生的个别的功能……”[①]存在主义课程观认为，课程的中心任务不是传授知识，智力是必要的，但不是核心，课程的全部重点必须从事物世界转移到人格世界。[②] 课程建设必须符合人的需要，课程系统中主要的学科应是人文科学、哲学、历史、文学、艺术等，因为这些学科最能直接地触及人性。存在主义课程观反对具有强烈职业目的的专业教育，认为职业知识的传授妨碍个人自我发展，专业教育降低人的重要性，即使不得不进行专业教育，也应该尽可能使专业教育人性化。

### （六）结构主义课程论

结构主义课程论以瑞士心理学家皮亚杰和美国教育家布鲁纳为代表。从结构主义心理学出发，结构主义课程论提出了一系列主张。首先，结构主义课程论者认为，使学生掌握学科的基本机构是教育过程的核心。任何学科都有一个基本结构，即内在的规律性。其次，设计课程和编写教材应当重视一门学科的基本概念或原理的连续性，应当考虑到学生的心理倾向、结构、序列和强化等诸问题。最后，在课程实施方面，结构主义课程论者发现学习是使学生掌握学科结构的良好方法。发现法使人作为一个主体主动参与获得知识的全过程，它本身包含着对已知观念的改组，使正在学习的新知识同已获得的知识模式结合起来，并重新加以构造，这就能够起到提高智慧潜力的作用。

---

① 华东师范大学教育系，杭州大学教育系. 现代西方资产阶级教育思想流派论著选[M]. 北京：人民教育出版社，1980 年，第 299 页.

② [美]白恩斯，白劳纳. 当代资产阶级教育哲学[M]. 翟菊农译. 北京：人民教育出版社，1964.

# 第二节 幼儿园课程

幼儿园课程与其他各级各类教育课程最明显的差别表现在对教育对象的考虑方面，以幼儿为对象的幼儿园课程的决策，要求教育者更多地关注个体儿童的发展水平。幼儿园课程也包含着课程目标、内容、方法和评价等要素，以及隐藏在它们背后的教育理念。

## 一、幼儿园课程目标

### （一）幼儿园课程目标按维度纵向划分

这种划分方式把课程目标分为5个层次。高层次的概括性目标必须转化为第一层次的具体目标才可能实施。教育实践中，课程目标直接决定着教育活动内容的选择与组织实施，从上到下分为：

1. 幼儿园课程总目标，即《幼儿园工作规程》中阐述的幼儿园教育目标，《幼儿园教育指导纲要（试行）》是从幼儿学习的五大领域提出的目标。

2. 年龄阶段目标，即幼儿园小、中、大三个阶段的目标。

3. 学期目标，即各年龄段目标在第一、第二学期的分步实施。

4. 月或周计划，即短时间内所期望达到的结果。

5. 某一教育活动目标，是一个具体教学活动所期望达到的结果，是课程总目标的最小单位。

### （二）幼儿园课程目标按实施角度划分

#### 1. 从教师角度的表述

从教师角度表述课程目标时，比较明确地指明了教师应该做的工作与应该努力达到的教育效果，对于教师明确自己在课程教学中的角色与作用有很大的帮助。经常采用“鼓励”“引导”“帮助”“使”“激发”“培养”等字眼，例如：鼓励幼儿提出问题，对事物进行比较；帮助幼儿获得形状、颜色、大小、分类等概念；

使幼儿体验到在幼儿园生活的乐趣等。

2. 从幼儿角度的表述

从幼儿角度出发表述课程目标时,须明确幼儿通过学习后应该达到的发展程度。经常采用"感受""喜欢""理解""能""知道""尝试"等字眼,例如:能初步感受并喜欢环境、生活和艺术中的美;喜欢参加艺术活动,并能大胆地表现自己的情感和体验;注意倾听对方讲话,能理解日常生活用语。

从教师角度出发表述课程目标容易使教师过多地关注自己的"教",考虑"教什么""怎么教",而忽略幼儿的"学",因此多数人主张从幼儿角度表述课程目标,关注幼儿的学习方式,关注幼儿学习的效果,促使教师更多地"以学定教",避免单纯地"以教定学"。

### (三)幼儿园课程目标按性质划分

1. 行为目标

行为目标所列出的是一系列可以观察或测量的幼儿学习行为变化的结果。在幼儿园课程编制中采用行为目标,至少需要做到两点:第一,目标要具体明确,是可观察的;第二,要明确写出达到目标的条件。

2. 生成性目标

生成性目标是以过程为中心,以儿童的表现为基础展开,强调儿童、教师与教育情景交互作用过程中所产生的目标。较少带有预设的痕迹,能比较充分地发挥儿童的主体性。

3. 表现性目标

表现性目标是指每一个儿童在具体教育情境的各种相互作用中所产生的个性化表现。强调的是个性化,指向每一个儿童在教育情境的种种"际遇"中所产生的个性化表现及反应的多元性。

## 二、幼儿园课程内容

幼儿园课程内容是指依照幼儿园课程目标选定的、通过一定的形式表现和组织的基本知识、基本态度、基本行为。[1] 基于幼儿的经验，引导幼儿的发展，在选择幼儿园课程内容时必须遵循如下具体原则。

### （一）目的性原则

课程内容是实现课程目标的手段，内容必须紧紧围绕目标来选择。一方面兼顾体、智、德、美诸方面的内容，另一方面也要考虑每一方面的基本知识、基本态度、基本行为上的内容，要全面、整体地考虑内容，不可偏废。但需要注意的是，全面的前提下，要有优先。所谓“优先”，是指课程设计者对某些内容和活动做价值比较，决定是否纳入课程及其比重和先后顺序。[2] 比如安全教育的内容，城乡差异就很大。

### （二）适宜性原则

对“适宜”的理解有两个方面：一是适应需要，二是促进发展。概括来说，就是既适合幼儿的现有水平，又有一定的挑战性。就课程内容而言，我们认为“最近发展区”的内容是适宜的，不能囿于幼儿已有的水平，在原有经验上打转，要在基于幼儿的水平、着眼于其发展的前提下来确定课程内容。

### （三）生活化原则

幼儿园课程内容要贴近幼儿的生活世界，从幼儿生活的自然和社会环境中去选择课程内容。幼儿感性直观的思维决定了最有效的学习内容是可感知的、具体形象的内容，幼儿园课程内容与现实生活的距离越近，就越能激发幼儿的学习兴趣，幼儿的学习就越有效。但生活化的课程内容不等同于生活本身，要注意课程内容基于生活而又高于生活的原则要求。

### （四）兴趣性原则

在选择内容的时候，要从儿童感兴趣的事物中寻找富含教育价值的内容。儿童的兴趣往往与教育的目标不相一致，这就要求教师：首先，要掌握教育目标，做到心中有目标；其次，要注意观察幼儿，做到眼中有幼儿；最后，要注意分

---

① 虞永平. 学前课程价值论. 南京：江苏教育出版社，2002.

② 冯晓霞. 幼儿园课程. 北京：北京师范大学出版社，2000.

析幼儿的“表现”,并与教育目标巧妙联系,着眼于幼儿的发展。

(五)基础性原则

判断所选内容是否具有“基础性”,可以看它是否与幼儿现在的生活、学习直接相关,是否必须现在学,以后再学就失去最佳时机;是否是文化或人类知识中最基本成分,而且是今后学习所必需的基础;是否具有最大的应用性和迁移性等。另外,基础性原则还必须涵盖课程内容的文化性。

(六)逻辑性原则

幼儿所学习的课程内容,存在着相互的联系和规律,要从逻辑上关照不同年龄幼儿的课程内容。该原则希望教师在课程内容选择时,能够心中有“教学大纲”,眼中有“儿童大纲”,帮助幼儿在原有水平上获得提高。

## 三、幼儿园课程实施

幼儿园课程是通过幼儿园一日生活中的教育活动来实施的。就教育机构里开展的活动来说,其活动类型多种多样,包括幼儿园日常活动、游戏活动、教学活动、区域活动,以及专门开展的其他类型活动,如节日活动、劳动、亲子活动、外出活动、家长开放日等。

(一)日常活动

日常活动是指满足幼儿基本生活需要的活动,主要包括进餐、睡眠和盥洗等活动。幼儿园日常活动是培养良好的生活卫生习惯,进行健康教育,养成健康、文明的生活方式与习惯的重要途径。

(二)游戏活动

游戏是幼儿的基本活动,它能有效地促进幼儿的认知、社会性、情感和身体等各方面的发展。幼儿教师通过保证幼儿充足的自由活动时间和创设丰富多样且变化繁复的室内室外活动区域,赋予幼儿选择的权利,在丰富多样的游戏中促进幼儿全面发展,保证课程目标的落实。

### (三)教学活动

教学是一种有目的、有计划的由教师对幼儿施加影响的活动,能够有效地保障课程目标的落实。由于各幼儿园课程的类型不同,因此,幼儿园的教学活动也丰富多样。有的以领域活动为主,如健康活动、艺术活动、科学活动;有的是以学科名称命名的活动,如音乐活动、美术活动、数学活动、体育活动等。

### (四)区域活动

区域活动又被称为“区域游戏”或者“活动区”,是指利用活动室、睡眠室、走廊及室外场地来设置各种区角,依据教育目标、幼儿的兴趣和发展需要及主题活动发展进程,在各区角投放一定的材料,让幼儿根据自己的兴趣和意愿选择活动内容和活动方式的小组化、个体化教育活动的一种形式。它是集体教育活动的延伸和补充,是实施个别教育,促进幼儿个性和谐发展的有效途径。活动区的设置具有可操作性、灵活性、个性化等特点,有利于幼儿进行个别活动和自由探索,有利于个体的主体性发展。

# 第三节 中小学课程

## 一、课程目标与分类

### (一)课程目标

课程目标是指导整个课程编制过程的最为关键的准则,是指特定阶段的学校课程所要达到的预期效果。它有五方面的规定性:①时限性,即课程目标要同特定的教育阶段相联系,不是对所有教育阶段预期成果的笼统规定;②具体性,即课程目标要详细描述学生身心发展的预期成果,明确学生所要达到的发展水平;③预测性,即课程目标所描述的结果是预期性的,不是实际的结果,是学生发展状态的理想性规划;④操作性,即课程目标是明确的,可以付诸实现,不失一般性的规划,与教育目的不同;⑤指导性,即课程目标是具体的教育培养规格的实施,它要有较强的实用价值和指导作用。

(二)课程分类

以课程任务为依据,分为基础型课程、拓展型课程、研究型课程;从课程制定和管理层次为依据,分为国家课程、地方课程、学校课程;从课程选修的角度,分为必修课程和选修课程;根据课程组织形式,分为学科课程和活动课程,或是显性课程和隐性课程,分科课程和综合课程;从课程功能的角度,分为工具型课程、知识型课程、技能型课程、实践型课程;从教育阶段的角度,分为幼儿园课程、小学课程、初中课程、高中课程、高校课程;从课程设计核心的角度,分为学科中心课程、学生中心课程、社会中心课程。在教学过程中,最常见的是按教学目的划分,课程可以分为①:

1. 综合课

综合课是各个年级普遍采用的一种课程类型。这种课程能实现多种教学目的,既能够复习旧知识,也能够学习新知识,其最大的优势在于,基本上能够包括教学的所有环节,如组织教学、复习提问、检查作业、引入新课、巩固新知识、课堂练习以及布置家庭作业等。

2. 新授课

新授课是指以传授新知识、学习新方法为主的课程模式。当教材某一部分的知识点内容较多、理论性较强,需要系统性教授时,可以采取这种课程类型。该课程的基本结构包括复习、讲授、交流、巩固和布置作业五个环节。

3. 练习课

练习课的目的在于巩固和加深已学到的知识。教师指导学生对所学知识进行反复练习,培养其“学以致用”地解决问题的技能技巧。练习课的基本结构包括知识复习、练习、小结和布置作业四个基本步骤。

---

① 张占亮. 师范生教育教学技能训练教程[M]. 北京:高等教育出版社,2012.

#### 4. 复习课

复习课可以分为阶段复习、学期末复习和新学期开始的复习三种，用于系统化巩固所学知识。阶段复习针对某一章或教学单元进行总结性教学，其过程是列出复习提纲、讲述重点、综合举例、总结和布置作业。学期末复习是一段时间内的连续性课程，其结构是先进行教材内容的复习，掌握基本知识；然后着重进行知识的综合运用训练，培养学生分析内容和解决问题的能力。新学期开始的复习的目的在于帮助学生在已有基础上为进一步学习做好准备，也有利于教师了解学生的整体知识掌握情况，有针对性地进行指导和新知识教学。

#### 5. 讲评课

讲评课的任务是对某一阶段的作业情况进行总结，或者对某次考试的结果进行分析。这种课程的一般结构包括：首先，对作业完成的数量和质量进行点评；其次，将各类典型的错误以归纳总结的方式展示给学生，并进行纠正；再次，分析产生错误的原因及改正的方法，此外，还要介绍题目最优的思考和解决方法；最后，有针对性地布置作业，进一步巩固和强化。

## 二、课程设计的主要模式

课程设计是一个有目的、有计划、有结构地产生教学计划、教学大纲以及教科书等的系统化活动。课程设计的意义在于：第一，从课程设计活动中可以产生全新的课程方案，从而导致对师生的双边活动具有深远意义的课程改革；第二，课程设计可以对目前的课程进行一些修改或重新组织，其中并不增加新的东西，而只是以更清晰的方式将课程中的各要素联系起来。

### （一）泰勒的目标模式

泰勒在《课程与教学的基本原理》(1949)中提出，课程设计和编制的首要任务是确定所要达到的目标。目标的来源有三，即对学生的研究、对当代社会生活的研究、学科专家对目标的建议。在筛选目标时，剔除那些不重要的和相互矛盾的目标。因此，泰勒原理又称为“目标模式”。该原理的研究范式现在仍然在课程领域中占支配的地位。有助于达到教育目标的学习经验所必备的四个特征是:有助于培养思维技能,有助于获得信息,有助于形成学生的社会态度,有助于培养学生的兴趣。据此,泰勒制定了选择目标的五条原则:

1. 给学生提供的学习经验必须既能使学生有机会实践这个目标所隐含的行为,又能使学生有机会处理该目标所隐含的内容;

2. 学习经验必须使学生在从事实践目标所隐含的那种行为中获得满足感;

3. 学习经验所期望的反应,是在学生力所能及的范围之内的;

4. 有许多特定的经验可以用来达到同样的教育目标;

5. 同样的学习经验往往会产生几种结果。

泰勒提出,课程目标应具有连续性、顺序性和整合性。连续性是"直线式地重申主要的课程要素",有关内容要让学生有机会反复涉及,以便于理解和掌握;顺序性是"强调使每一后续经验建立在先前经验的基础上,同时强调对有关问题进行更广泛、更深入探讨的重要性",即有关内容不能停留在一种水平上简单重复,在各种练习中,难度、深度要不断增加;整合性是指课程经验之间的横向联系。此外,它还第一个将评价引入课程编制过程,以找出课程实际教育效果与教育目标之间的差距,并提供了评价的基本程序:一是界说教育目标,二是确认评价情境,三是编制评价工具,四是利用评价效果。

### (二)施瓦布的实践模式

施瓦布曾领导了美国20世纪50—60年代的"新课程运动"。他在对泰勒的目标模式深刻反思后提出,课程由教师、学生、教材、环境四要素组成,并构成一个有机的"生态系统",形成动态平衡的关系。这种实践模式打破了泰勒目标模式的僵化形式,将活跃的元素加入到课程中去,提升了教师和学生的地位,一反教师在课程面前的被动地位,而是成为能选择、创造课程的人。在施瓦布的"实践的课程模式"主张中,教师是课程的主要设计者,在课程编制中起主导作用,并且在实施课程的实践中完全有权根据特定的情境发挥自己的创造性,对课程内容予以合理的取舍、批判。

施瓦布实践课程模式的关键要素包括:

**1. 课程目标**

由技术旨趣到实践旨趣。技术旨趣(technical interests)是通过符合规律的行为而对环境加以控制的人类基本兴趣,它指向于外在目标,强调结果、目的,其核心是把环境作为客体加以控制。而实践旨趣是建立在对意义的“一致性解释”基础上,通过与环境的相互作用而理解环境的基本兴趣,它指向内在事物,强调过程、手段,其核心是理解环境并与之相互作用。

**2. 课程主体**

由学科专家到教师、学生。传统课程,尤其是国家课程的开发,是根据课程目标,由学科专家进行设计、开发。师生被排斥在过程外,只能充当课程的实施者和执行者,无法发挥其主动性和创造性。师生在课程实施过程中作为教育实践的主体,其主体性必然要在课程实践中得以体现。教师是课程的主要设计者,可以在实施课程过程中根据实际情境,对课程内容进行适度增删、调整和加工,发挥自己的创造性,从而更好地适应学生的学习。学生也是课程设计的重要主体:任何学生都有权利对课程进行选择、对于什么学习内容是有价值的以及如何掌握这些内容等向教师提出质疑,并要求解答,从而有效地参与课程的设计与开发。

**3. 课程决策**

课程由个体审议到集体审议。集体审议是由校长、教师、学生、社区代表、课程专家、心理学家和社会学家等人员组成的课程集体,通过对问题情境的反复权衡而达成的一致意见,最终做出行动决策。审议的重点应放在教师、学生、学科内容和环境等课程的四个基本要素的相互作用、相互影响方面。其中,教师是确保课程目的和解决问题过程中的一个基本要素,是课程审议的第一手信息来源。学生在课程审议中占有重要地位,课程审议必须以学生的实际水平、年龄特征以及个体差异为依据。学科内容是课程审议的来源、对象,通过审议,成为最终的课程资源。环境包括课堂、学校、家庭、社区、阶层、族群等,任何课程的审议、决策都必须以对影响学生和学校的环境的理解为基础。

**4. 课程方法论**

由理论思辨到行动研究。在行动研究中,实践者即是研究者,实践过程即是研究过程,实际问题的解决过程与研究过程也是合二为一的。教师通过反思,成为研究者,但其反思要超越传统的理论思辨,是对实践的反思。行动研究强调作为一种研究方式,其目的已经不是为了获得研究结论,而是为了使这种互动影响发生,即实践真正得以发生,实际上是走向以实践自身为目的的研究,从方式、策略上开辟教育研究的新道路。施瓦布实践性课程理论还反对过分依赖"外来的"理论,倡导对具体的实践情境的理解和相互作用,强调课程理论必须经过课程实践的改造,追求课程的实践价值。

### (三)斯腾豪斯的过程模式

斯腾豪斯反对课程开发的目标模式,认为在进行课程编制时应该把目的作为过程标准和程序原则加以阐明,而不是转化为行为学习目标。他主张三个方面内容:一是教育的目的应该把价值和标准界定在教育过程之内,而不是教育过程的外在结果,即强调课程开发的价值取向。二是教师是课程开发的主体,而不是课程开发结果的执行者,即强调教师的主动性。课程开发应以过程为中心,强调教师根据教学的实际进展情况和学生的表现提出相应的目标,主张教师应当加入到研究者行列。这样,除了使课程目标和过程统一起来外,更为重要的是,他将教师专业发展和课程开发合为一体,响亮地提出了"教师即研究者"的口号。三是教育改革的评价方法是实践过程中的反思性探究方法,而不是单纯理想化推理得出的理论评价方法,即强调自我反省、自我评价。他认为整个课程编制过程就是一个问题探究过程,课程编制过程就是由教师确定研究任务,在自己所处的特定情景之中收集和分析资料,进而确定课程内容及其实施问题。课程编制者不再是提供解决办法的人,因为各个学校的情况是各不相同的,学校是课程的中心,所以必须让教师从事课程研究和编制工作,在实践中发展教师对自己教学的理解和研究能力,反思自己教育过程中所包含的教育价值,进而改进教学。不是把教师培养成政策和方案的被动执行者,而是主动的反思者和实践者。

## 三、课程设置原则、实施

### (一)课程设置原则

#### 1. 整体性原则

整体性原则包括两层意思,一是指开设的课程要尽可能全面些,为的是能覆盖本专业人才知识结构或能力要求的主要方面,这种要求,不但是指数量方面的要求,还包括水平方面的要求;二是指开设的课程在修习的课时或学分分配方面要相对合理,主要看它在整个专业课程体系中的地位,以及各门课程之间的关系。课时或学分的多少,大体和人们对培养本专业人才的经验相关。太多,会增加学生负担,不利于学生身心发展,也不利于学生主动和有创造性地学习。反之,不利于充分利用教育资源,影响良好学风的形成。

**2. 渐进性原则**

人的认识有一个由浅入深的过程,教育的过程也是一个认识的过程,虽有其特殊性,如在认识速度上更快,在认识程度上更深等,但循序渐进的特性仍旧存在。课程设置也应顺应这一特征,一是要与中等教育的课程相衔接,既不能与其严重脱节,超越受教育者的认识阶段,盲目提高起点;也不能与中等教育内容重复,以免失去对求学者的吸引力,挫伤其学习积极性。二是这些课程本身之间,也有一个由浅入深,相互关联的问题。这一原则的把握,与教师的学术水平、教学经验以及教学的组织管理有着密切的关系。

**3. 稳定性原则**

一门课程的设置要经过一定周期,一旦成熟后,就要在一段时间内相对稳定地实施,不能变动太过频繁,否则不利于与其他相关课程形成联系,不利于观察教学效果,也不利于教师队伍的建设。随意变动课程会影响学生的整体知识结构,不利于人才的成长。但稳定是一个相对概念,随着科学技术,教学方法和手段,受教育者等内、外部条件的变化,陈旧的内容要适时地做出调整,不能没有灵活性和回旋的余地。

**4. 系统性原则**

课程一般要给予学生系统的,而不是杂乱无章的知识,因此,课程需要经过组织。除对“元问题”的研究和探索这类特别的课程外,学校开设的课程一般都是对已有知识、理论或者方法的传递,只有具有系统性,受教育者才能更快、更好地接受这些内容,保证认识的过程简洁明了,可以迅速地进入专业学科的纵深领域进行学习。

**5. 科学性原则**

这条原则看起来不言自明,事实上却常常遭到忽视。科学性也有两层含义:一是课程中对事实的陈述要讲求真实性,对规律或命题的阐述要有证据,对证明要讲求逻辑性和因果联系,对权威观点的引用不能牵强附会;二是不应将不适合于课堂的内容放入课程之中,影响受教育者的思想观念,导致课程与教育目的背道而驰。

### (二)课程实施结构

课程实施作为一个动态的序列化的实践过程,具有一定的运行结构:

1. 安排课程表,明确各门课程的开设顺序和课时分配;
2. 确定并分析教学任务;
3. 研究学生的学习活动和个性特征,了解学生的学习特点;
4. 选择并确定与学生的学习特点和教学任务相适应的教学模式;
5. 对具体的教学单元和课的类型、结构进行规划;
6. 组织并开展教学活动;
7. 评价教学活动的过程和结果,为下一轮的课程实施提供反馈性信息。

这七个方面循环往复,便构成了课程实施的结构。

## 四、课程评价

课程评价是指检查课程的目标、编订和实施是否实现了教育目的,实现的程度如何,以判定课程设计的效果,并据此做出改进课程的决策。它应当是一个客观的过程,需要运用科学的手段如教育测验,对课程做出量的分析,即量的评价;根据观察的行为表现,做出质的分析、说明和鉴定,即质的评价。

### (一)课程评价模式

#### 1. 目标评价模式

目标评价模式强调要用明确的、具体的行为方式来陈述目标,并以预先规定和界说的教育目标为中心来设计、组织和实施评价,从而确定学生通过课程教学所取得的进步,亦即确定学生达到教育目标的程度,找出实际结果与课程目标之间的差距,并利用这种信息反馈作为修订课程计划或更新课程目标的依据。该模式可以概括为七个步骤:

(1)确定教育计划的目标;

(2)根据行为和内容来界说每一个目标;

(3)确定使用目标的情境;

(4)设计呈现情境的方式;

(5)设计获取记录的方式;

(6)确定评定时使用的计分单位;

(7)设计获取代表性样本的手段。

泰勒在此基础上,结合课程编制的实践,提出了更引人瞩目的"课程原理"。可以概括为确定课程目标,根据目标选择课程内容,根据目标组织课程内容,根据目标评价课程四个阶段。其中,确定目标为最关键的一步,因为其他所有步骤都是围绕目标而展开的。由于这一模式既便于操作又容易见效,所以在很长时间里在课程领域都占主导地位;但由于它只关注预期的目标,忽视了其他方面的因素,因而遭到不少人的批评。

**2. 目的游离评价模式**

目的游离评价模式是由美国学者斯克里文针对目标评价模式的弊病而提出来的。该模式主张把评价重点从"课程计划预期结果"转向"课程计划实际的结果"上来。评价者不应受预期的课程目标的影响,尽管这些目标在编制课程时可能是有用的,但不适宜作为评价的准则。这一模式对目标模式的批判击中要害,但是它也存在问题:如果在评价中把目标搁在一边而去寻找各种实际效果,结果很可能顾此失彼,背离评价的主要目的。此外,目的完全"游离"的评价是不存在的,因为评价者总是会有一定的评价准则,游离了课程编制者的目的,评价者很可能会用自己的目的取而代之。而且,严格地说,目的游离评价不是一个完善的模式,因为它没有一套完整的评价程序。

**3. CIPP 评价模式**

CIPP 是由背景评价(content evaluation)、输入评价(input evaluation)、过程评价(process evaluation)、成果评价(product evaluation)这几种评价名称的英文首字母缩略而成的。第一,背景评价。根据评价对象的需要对课程目标本身做出判断,即要确定课程计划实施机构的背景;明确评价对象及其需要;明确满足需要的机会;诊断需要的基本问题;判断目标是否已反映了这些需要。第二,输入评价。这一阶段主要是为了帮助决策者选择达到目标的最佳手段,对各种可供选择的课程计划进行评价。第三,过程评价。这一步骤主要是通过描述实际过程来确定或预测课程计划本身或实施过程中存在的问题,从而为决策者提供如何修正课程计划的有效信息。第四,成果评价。这一步骤要测量、解释和评判课程计划的成绩。它要收集与整理有关的各种描述与判断,把它们与目标以及背景、输入和过程方面的信息联系起来,并对它们的价值和优点做出解释。该评价模式考虑到影响课程计划的种种因素,可以弥补其他评价模式的不足,相对来说比较全面,但由于操作过程比较复杂,难以被一般人掌握。

### (二)课程评价过程

绝大多数课程评价模式在评价过程中都涉及一些需要解决的基本问题和一些需要把握的基本步骤。课程评价过程包含三个基本问题:第一,评价概念是否合适——可以从概念的清晰性、适切性、变通性、可行性四个方面加以考虑。第二,搜集和加工信息是否合适——应从可靠性、客观性、代表性、概括性四个方面进行考察。第三,报告评价结果的信息是否合适——应考察报告的方法和报告的实践安排等是否能满足需求,以及评价结果的传播效果。尽管评价模式有所不同,但各种模式基本都遵循五个步骤(见图 8-1)。

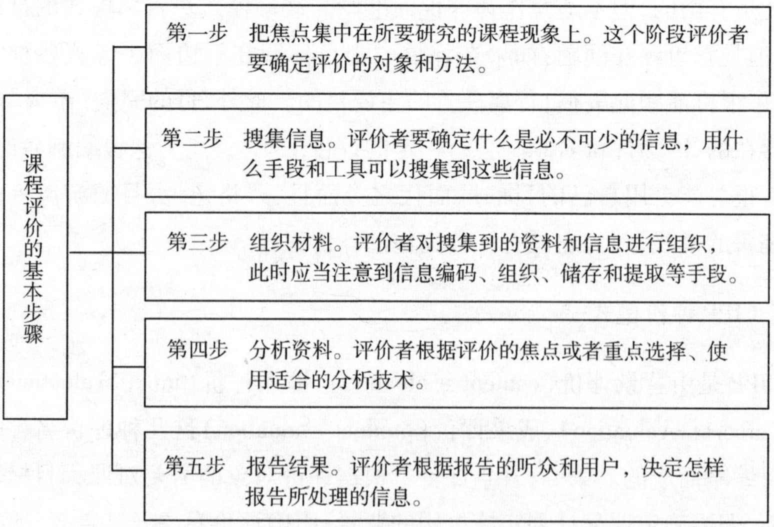


**图 8-1　课程评价的基本步骤**

## 五、我国基础教育课程改革

### (一)新课改的基本理念与重点

#### 1. 基本理念

我国1998年制定《面向21世纪教育振兴行动计划》后,揭开了新一轮基础教育课程改革的序幕。新一轮基础教育课程改革是在全面推进素质教育的大背景下进行的,其秉承的基本理念如下:

(1)倡导全面、和谐发展的教育;

(2)重建新的课程结构,从以前的学科本位转向具有均衡性、综合性的课程结构;

(3)体现课程内容的现代化;

(4)倡导建构学习;

(5)形成正确的课程评价观念;

(6)促进课程决策的民主化与提高执行过程的适应度。

#### 2. 改革重点

在基本理念的指导下,基础教育改革的重点在于:

(1)明确区分义务教育与非义务教育,建立合理的课程结构,更新课程内容;

(2)突出学生的发展,科学制定课程标准;

(3)加强新时期学生思想品德教育的针对性和实效性;

(4)以创新精神和实践能力的培养为重点,建立新的教学方式,促进学习方式的变革;

(5)建立促进学生发展、教师提高的评价体系;

(6)制定国家、地方、学校三级课程管理政策,提高课程的适应性,满足不同地方、学校和学生的需要。

## (二)新课改的三维目标与内容结构

### 1. 新课改的三维目标与特点

新课改的三维目标:知识与技能、过程与方法、情感态度与价值观是国家对基础教育教育质量指标所做的基本规定,是新课程标准为描述学生学习行为变化及其结果所提出的三个功能性基本要求,简称三维目标,这是各种形态课程教学都必须把握的。把三个维度的基本要求作为新课程教学的完整性结构目标,是本次基础教育课程改革的一个创新性标志。

新课改目标的特点包括:

(1)倡导学生的全面、和谐发展;

(2)关注每个学生的成长;

(3)着眼于学生的终身可持续发展。

### 2. 新课改的内容结构

(1)整体设置九年一贯的义务教育课程。小学阶段以综合课程为主,初中阶段设置分科与综合相结合的课程。学校应努力创造条件开设选修课程,积极倡导综合课程的选择。

(2)高中以分科课程为主。为使学生在普遍达到基本要求的前提下实现个性的发展,课程标准应有不同水平的要求。在开设必修课程的同时,设置丰富多彩的选修课程,开设技术类课程。高中应积极试行学分制管理。

(3)从小学至高中设置综合实践活动并作为必修课程。综合实践活动课程的内容主要包括:信息技术教育、研究性学习、社区服务与社会实践以及劳动与技术教育,强调学生通过实践增强探究和创新意识,学习科学研究的方法以发展综合运用知识的能力,增进学校与社会的联系,培养学生的社会责任感。

(4)农村中学课程为当地经济社会发展服务。在达到国家课程基本要求的同时,根据现代农业发展和农村产业结构的调整因地制宜地设置符合当地需要的课程,深化"农科教相结合"和"三教统筹"等项改革,试行"绿色证书"教育及其他证书培训获得"双证"的做法。城市普通中学也要逐步开设职业技术课程。

## 问题

**1. 根据新一轮基础课程改革归纳课程发展的总体趋势。**

总体趋势是课程的现代化,具体表现为:

(1)重视课程内容的理论化、综合化。各门学科由分化到综合,一些传统的概念和范畴正在由综合性的概念和范畴所替代。

(2)强调知识的系统化、结构化。基础学科是指必须是系统的,要教给学生学科的基本结构,对所教的知识要加以精选,具有范例性,删除庞杂的、过时的内容,减轻学生负担。

(3)重视智力开发与学习能力培养。课程设置要能够培养学生的探索精神,通过观察、动手等过程掌握科学的学习方法。

(4)重视个别差异。为能够使教师的创造性得以发挥,各国课程设置都具有一定的弹性,以便于根据学生的差异进行个别指导。①

**2. 幼儿园课程目标应如何表述?**

(1)从教师角度的表述。比较明确地指明教师应该做的工作与应该努力达到的教育效果,对于教师明确自己在课程教学中的角色与作用有很大的帮助。

(2)从幼儿角度的表述。需明确幼儿通过学习后应该达到的发展程度。

(3)从教师角度出发表述课程目标容易促使教师过多地关注自己的"教",考虑"教什么""怎么教",而忽略幼儿的"学",因此多数人主张从幼儿角度表述课程目标,关注幼儿的学习方式,关注幼儿学习的效果,促使教师更多地"以学定教",避免单纯地"以教定学"。

**3. 幼儿园课程内容的选择应遵循哪些原则?**

(1)目的性原则

(2)适宜性原则

(3)生活化原则

---

① 王道俊,王汉澜.教育学(新编本)[M].北京:人民教育出版社,1999.

(4)兴趣性原则

(5)基础性原则

(6)逻辑性原则

**4. 幼儿园课程的实施主要包括哪些途径?**

幼儿园课程是通过幼儿园一日生活中的教育活动来实施的,就教育机构里开展的活动来说,其活动类型多种多样,主要包括:

(1)日常活动

(2)游戏活动

(3)教学活动

(4)区域活动

**5. 简述中小学基础型课程的内容。**

(1)基础型课程注重学生基础学力的培养,即培养学生作为一个公民所必需的"三基",即读、写、算为中心的基础教养是主要组成部分。

(2)课程的内容是基础的,以基础知识和基本技能为主,不仅注重知识、技能的传授,也注重思维力、判断力等的发展和学习动机、学习态度的培养。

(3)基础型课程是必修的、共同的课程,无论哪个学生都要学习;要求很严格,必须有严格的考试。

(4)基础性课程的内容是不断发展的,它随学段的不同而有所不同。①

**6. 教师应该如何及时地收集学生对课程的反馈?**

教师首先要善于通过多种渠道及时地获得学生对课程的各种反馈信息,如学生在课堂上、课间与课余实践所反馈的信息;课后作业中的反馈信息;各种测验和考试中的反馈信息以及其他方面的信息。其次,要对所获得的反馈信息及时评价,对课程做出恰当的调节。此外,还要注意培养学生自我反馈调节的能力。

① 教师资格认定考试编写组. 教育学[M]. 北京:北京师范大学出版社,2008.

**7. 根据新课改的指导思想，请简述一堂好课的基本标准。**

在新课改思想的指导下，评价中小学一堂好课的基本标准包括如下六个方面：

(1)教学目的明确。

(2)教学内容正确。

(3)教学方法适当。

(4)教学过程紧凑。

(5)学生主体性充分发挥。

(6)时间分配合理，课堂效率高。

**8. 简述教科书编写的基本要求。**

(1)按照不同学科的特点，体现科学性与思想性。

(2)强调内容的基础性。在加强基础知识和基本技能的同时，注意贴近社会生活，并适当渗透先进的科学思想，为学生今后学习新知识奠定基础。

(3)在保证科学性的前提下，教科书还要考虑到我国社会发展的现实水平和教育现状，必须注意到对大多数学生和学校的适用性。

(4)合理体现各科知识的逻辑顺序和受教育者学习的心理顺序。

(5)兼顾同一年级各门学科内容之间的关系和同一学科各年级教科书之间的衔接。①

**9. 简述国家、地方和学校三个层次的课程。**

(1)国家课程是指由中央教育行政机构编制和审定的课程，其管理权属中央级教育机关，属于一级课程。它编订的宗旨是保证国家确定的普遍教育培养目标和普通教育的世界先进水准，规定学生应掌握的基础知识和基本能力。这类课程计划、教学大纲和教材由国家统一审定，未经批准，地方不得随意变动。

(2)地方课程是指省、自治区、直辖市教育行政机构和教育科研机构编订的课程，属于二级课程。其编订宗旨是补充、丰富国家课程的内容或编订本地区需要的教材。本级课程的管理权在省、自治区、直辖市，县、校不经批准无权

---

① 教师资格认定考试编写组. 教育学[M]. 北京:北京师范大学出版社,2008.

变动。

(3)学校课程是指在具体实施国家课程和地方课程的前提下,通过对本校学生需求进行科学评估,充分利用当地社区和学校的课程资源而开发的多样性的、可供学生选择的课程。其宗旨在于尽可能满足各社区、学校、学生之间客观存在的差异性,因而具有一定的适应性和参与性,通常以选修课和特色课的形式出现。

**10. 简述我国新一轮课程改革的目标。**

(1)终身学习必备的基础知识和技能,努力改变课程内容繁、难、偏、旧的现状:密切教科书与学生生活以及现代社会、科技发展的联系,打破单纯地强调学科自身的系统性、逻辑性的局限,尽可能体现义务教育阶段的学科课程应首先服务于学生发展的功能。

(2)改善学习方式:各学科课程标准结合本学科的特点,加强过程性、体验性目标,引导学生主动参与、亲身实践、独立思考、合作探究,从而实现学生学习方式的变革,改变单一的记忆、接受、模仿的被动学习方式,发展学生搜集和处理信息的能力、获取新知识的能力、分析和解决问题的能力,以及交流与合作的能力。

(3)体现评价促进学生发展的教育功能:各学科课程标准力图结合本学科的特点提出有效的策略和具体的评价手段,引导学校的日常评价活动更多地指向学生的学习过程,从而促进学生的和谐发展。

(4)为课程提供广阔空间:课程标准重视对某一学段学生所应达到的基本标准的刻画,同时对实施过程提出了建设性的意见,而对实现目标的手段与过程,特别是知识的前后顺序,不做硬性规定,从而为教材的多样性和教师教学的创造性提供广阔的空间,为体现并满足学生发展的差异性创造了比较好的环境。①

**11. 简述讲授法的优缺点及教师使用时应注意的问题。**

讲授法的优点在于:可以使学生在比较短的时间内获得大量的、系统的知识,有利于发挥教师的主导作用,使教学活动有目的、有计划地进行。由于讲授

---

① 苏文教育教师培训中心.教师招聘这考试一本通[M].南京:江苏人民出版社,2010.

法简便易行，其他许多方法常需要和它配合使用。因此，无论过去还是当前，讲授法都是既经济又可靠的有效教学方法。讲授法的局限性在于：学生机械被动地学习，没有充分的机会对所学内容及时做出反馈，学习的积极主动性不易充分发挥，而且对教师个人的语言素养依赖较大。

教师运用讲授法应注意：

(1)保证讲授内容的科学性和思想性；

(2)讲授要做到条理清楚、重点分明；

(3)注意启发；

(4)讲究语言艺术；

(5)注意与其他教学方法配合使用。

**12. 简述谈话法的优缺点及教师使用时应注意的问题。**

谈话法的优点在于：学生在教师引导下通过独立思考进行学习，特别有助于激发学生的思维，调动学习的积极性，培养他们独立思考和语言表述的能力。同时，教师可以及时获得学生学习的反馈信息，有利于教师根据学生对教材理解的程度和疑难之处进行有针对性的引导。谈话法的缺点在于：与讲授法相比，完成同样的教学任务，它需要较多的时间，而且传授的知识不系统，不易使全体学生都参加到谈话中来。此外，学生需要有一定的知识准备才能采用这种方法，当学生人数较多时，很难照顾到每一个学生。因此，谈话法经常与讲授法等其他方法配合使用。

教师运用谈话法应注意：

(1)选用时机要恰当，充分发挥其功能；

(2)要尽量吸引全体学生都参加到谈话中来；

(3)做好充分的准备；

(4)要善于启发诱导；

(5)在谈话结束时进行总结。

**13. 结合实际分析如何更好地利用你身边的课程资源？**

课程资源是形成课程的要素来源以及实施课程必要而直接的条件。教师为实现目标而进行的教学行为，所可能运用的所有资源就是课程资源。新课程课堂教学行为是在课程资源的基础上进行的，课程资源的开发利用也就成了教学行为的组成部分。也就是说,只有资源是不够的,必须通过教学行为把资源融入教学之中,教学依赖于资源,开发利用教学资源就是重要的教学行为。在教学活动进行之前就已经存在的课程资源,如校外课程资源的一部分:图书馆、科技馆、博物馆、网络资源和乡土资源等。校内课程资源中的教科书和其他教材,如课程计划、课程标准、教学参考书、教学辅助材料等也是预成性课程资源,它们也是在该课程教学活动之前就形成了(准备好)的。生成性资源指在课程的教学过程中形成课程资源,这是一种与教师的教学活动有直接关系的课程资源,包括教师在教学过程中对课程及教学的新的理解以及学生在教学过程中对课程的创造性理解,特别包括在教学过程中由于教师和学生的交往(互动)而产生的对课程及教学的师生双边影响,即通常所说的"学生也是课程资源"。生成性资源是在教学活动过程中形成的,因而是教师进行教学或教学准备时一种可能运用的资源,资源的多少和质量都依赖于教师的开发即课堂发挥。

### 14. 如何保障发展性课程评价体系的实施?

由于发展性课程评价体系反映的是当前最新的教育理念和学习观,也是对旧有的评价理念的挑战,因此,在其实施过程中,就需要一定的保障体系和支持系统。

(1)教师教育观念的转变;

(2)全社会的认同与支持;

(3)教育管理者的共识。

总之,学生的发展是根本,这也是新的评价体系的立足之本、所有工作的落脚点。因此,任何一项工作的提出与实施都要以学生的发展作为思考的出发点和终结点。同时,需要创设一个宽松的具有支持性的社会氛围,这是确保新课程评价体系顺利实施的最有效保障。

# 第九章 教师

《国家中长期教育改革和发展规划纲要(2010—2020年)》把育人为本作为教育工作的根本要求。人力资源是我国经济社会发展的第一资源,教育是开发人力资源的主要途径。以学生为主体,以教师为主导,充分发挥学生的主动性,把促进学生成长成才作为学校一切工作的出发点和落脚点;关心每个学生,促进每个学生主动地、生动活泼地发展;尊重教育规律和学生身心发展规律,为每个学生提供适合的教育,培养造就数以亿计的高素质劳动者、数以千万计的专门人才和一大批拔尖创新人才。

## 第一节 教师概述

### 一、教师的概念

韩愈《师说》称"古之学者必有师"。教师具有双重意义:广义的教师泛指传授知识、经验的人;狭义的教师指受过专门教育和训练,并在教育(学校)中担任教育、教学工作的人。

早在1679年,来自德国的赫克就在哈列开设了第一所师资院。1810年,德国颁布关于教师资格考试的敕令。1896年,盛宣怀在上海创办南洋公学,内设"师范院"。1966年,联合国教科文组织在《关于教师地位的建议》中指出:"教师工作应被视为一种专门职业,它要求具备经过严格而持续不断的研究才能获得并维持专业知识与专门技能的公共业务;它要求对所辖的学生的教育与福利拥有个人的及共同的责任感。"美国20世纪80年代发表了关于教师专业化的两个重要文件，并由“美国教师专业标准委员会”制定了《美国专业标准大纲》。在国际劳工组织制定的《国际标准职业分类》中，教师被列入“专家、技术人员和有关工作者”一类。

1986年，中国国家统计局、国家标准局发布的《中华人民共和国国家标准职业分类与代码》中，将各级各类教师列入“专业、技术人员”一类。1993年颁布的《中华人民共和国教师法》第一章明确指出教师是履行教育教学职责的专业人员，承担教书育人，培养社会主义事业建设者和接班人，提高民族素质的使命。1995年，我国建立了教师资格认证制度并于2002年全面展开了教师资格的认证工作。

## 二、教师的职业性质

### （一）教师职业是一种专门职业，教师是专业人员

教师职业是一种专门职业，教师是履行教育教学职责的专业人员，根据一定的社会要求，有计划、有组织地对学生施以影响，使之成为合格的社会成员。人们关于教师职业属性及其素质内涵的认识分歧，从根本上影响和制约着教师专业化发展的实践进程。

需要进一步指出的是，关于教师不同于医生等专门职业，它是一种具有“可替代性”的“准专门职业”的观念不仅存在于学者的理论研究之中，或是出现在一些特殊年代和落后地区，而且具体地体现、渗透在国家的一些现行政策法规里，现行的教师资格制度实际上就是在诠释着这种教师职业“半专业”性的理念。现行的教师资格制度虽然明确规定，综合性高等院校毕业的学生获得教师资格需要经过相应的考试考查环节。然而，目前关于教师综合素质的考试或考查，通常是以“教育学”“心理学”两门课程的教学内容为主，难以替代教师初步的职业训练，抑或是师范教育科目的训练，这种考试考查的方法实际上降低了教师行业入职的门槛，弱化了教师职业专业属性的要求，这与我们建立教师教育制度的初衷是不相符合的。

### （二）教师是教育者，教师职业是促进个体社会化的职业

教师是教育者，承担着培养合格的社会成员、延续人类社会发展的重要职

责。社会是一个自然的历史过程,这个过程是通过新老社会成员的更替而实现的。当人的个体离开母体来到人世间,起初其只是一个自然人,只有在社会生活过程中才逐步成为社会人。这种转变不仅指生物性上的成熟,而且亦是在社会性相互作用的过程中,在学习、接受人类经验和消化、吸收人类文化的过程中实现的社会化。一个人从自然人转变为社会人,是社会教化的结果。个人只有通过接受社会教化,才能学会适应社会环境,才能具备成为合格的社会成员的资格和条件,才能完成个体社会化的过程。

教师不仅承担人类社会延续的重任,而且对人类社会进步有着重大作用,代表并推动着社会进步的方向。因而,教师应是社会成员中各方面的先进分子。

## 二、教师资格条件

根据1995年12月12日国务院令第188号,《教师资格条例》明确提出中国公民在各级各类学校和其他教育机构中专门从事教育教学工作,应当依法取得教师资格。

我国教师资格基本分为七类,具体包括:幼儿园教师资格、小学教师资格、初级中学教师资格、高级中学教师资格、中等职业学校教师资格、中等职业学校实习指导教师资格、高等学校教师资格。

一般来说,取得教师资格应当具备相应的学历。不具备教师法规定的教师资格学历的公民,申请获得教师资格,应当通过国家举办的或者认可的教师资格考试。教师资格证书在全国范围内适用。

取得教师资格的公民,可以在本级及其以下等级的各类学校和其他教育机构担任教师;但是,取得中等职业学校实习指导教师资格的公民只能在中等专业学校、技工学校、职业高级中学或者初级职业学校担任实习指导教师。高级中学教师资格与中等职业学校教师资格相互通用。其中,弄虚作假、骗取教师资格的以及品行不良、侮辱学生,影响恶劣的老师将被撤销教师资格并自撤销之日起5年内不得重新申请认定教师资格,其教师资格证书由县级以上人民政府教育行政部门收缴。

非师范院校毕业或者教师资格考试合格的公民申请认定幼儿园、小学或者其他教师资格的,应当进行面试和试讲,考察其教育教学能力;根据实际情况和需要，教育行政部门或者受委托的高等学校可以要求申请人补修教育学、心理学等课程。

## 三、教师的权利与义务

1995年9月1日起施行的《中华人民共和国教育法》对教师及其他教育工作者的权利和义务进行了明确的规定。《中华人民共和国教育法》第三十三条规定教师享有法律规定的权利，履行法律规定的义务，忠诚于人民的教育事业。

### （一）权利

国家保护教师的合法权益，改善教师的工作条件和生活条件，提高教师的社会地位。教师的工资报酬、福利待遇，依照法律、法规的规定办理。

国家实行教师资格、职务、聘任制度，通过考核、奖励、培养和培训，提高教师素质，加强教师队伍建设。

学校及其他教育机构中的管理人员，实行教育职员制度。学校及其他教育机构中的教学辅助人员和其他专业技术人员，实行专业技术职务聘任制度。

### （二）义务

《教师法》规定教师的义务：遵守宪法、法律和职业道德，为人师表；贯彻国家的教育方针，遵守规章制度，执行学校的教学计划，履行教师聘约，完成教育教学工作任务；对学生进行宪法所确定的基本原则的教育和爱国主义、民族团结的教育，法制教育以及思想品德、文化、科学技术教育，组织、带领学生开展有益的社会活动；关心、爱护全体学生，尊重学生人格，促进学生在品德、智力、体质等方面全面发展；制止有害于学生的行为或者其他侵犯学生合法权益的行为，批评和抵制有害于学生健康成长的现象；不断提高思想政治觉悟和教育教学业务水平。

为保障教师完成教育教学任务，各级人民政府、教育行政部门、有关部门、学校和其他教育机构应当履行下列职责：提供符合国家安全标准的教育教学设施和设备；提供必需的图书、资料及其他教育教学用品；对教师在教育教学、科学研究中的创造性工作给以鼓励和帮助；支持教师制止有害于学生的行为或者其他侵犯学生合法权益的行为。

# 第二节　幼儿园教师

## 一、幼儿教师角色

幼儿教师角色是多元性的。《幼儿园教育指导纲要(试行)》中指出:教师应成为幼儿学习活动的支持者、合作者、引导者。

### (一)人类文化的传承者和创造者

传授科学文化知识是教师义不容辞的神圣使命,也是教师的社会价值所在。对于求知的儿童来说,教师就是知识的象征,是一本活的教科书。现代幼儿教师不能只是知识和学问的化身,要从“教书匠”“孩子王”向“教育家”转变,必须有现代教育观念,树立符合时代要求的活动观、儿童观、质量观,并善于把教育理论运用于教育工作实践,不断地思考、探索、创造,在造就一代新人的创造性活动中,体现其职业价值。

### (二)儿童学习发展的支持者和促进者

传统的教育观认为教师是知识的传递者。在新的历史时期,教师的角色要从传授知识转变成为儿童的学习提供支持与帮助,成为儿童学习的支持者。幼儿教师为幼儿提供的支持包括物质和心理两方面:物质上的支持主要是创造丰富的物质环境;心理上的支持主要是指教师关怀、尊重和接纳幼儿。儿童在幼儿园不仅要学习知识,丰富经验,发展能力,而且还要学习做人,学习做事,学习过愉快、幸福的生活。因此,儿童的成长与发展不可能简单地通过教师教知识、儿童学知识的过程就能实现。教师不仅要成为儿童学习的支持者,更应成为儿童全面发展的促进者。

### (三)儿童活动的参与者与合作者

新课程下的教师更应是儿童活动的参与者。教师以平等的姿态、尊重学前儿童的心态,以儿童伙伴的角色参与到儿童的活动中,成为儿童忠实的、“更有能力"的伙伴,同儿童一起共同关注儿童的活动,一同发现儿童的惊奇,一同体验儿童的体验,成为儿童活动中的真正一员,为儿童创造一个具有极大心理安全感和自由感的环境。教师成为学前儿童学习活动的参与者与合作者,有利于淡化甚至消除"不平等"的教师与儿童关系,变"填鸭式""注入式"的活动为合作探究式的学习。

### (四)儿童教育实践的研究者

现代社会发展和教育改革要求教师成为教育实践的研究者。教师只有从教育活动的实践者、教育计划的执行者和教育方案的实施者转变为教育实践的研究者,才能成为教育改革的积极参与者和推动者,才能更好地促进儿童的发展。幼儿教师要在工作中进行自我观察、记录、反思,用敏锐的眼光去发现问题,对幼儿进行研究,对课程、教学和游戏进行研究,不断地将经验上升到理论层面,提高行动质量,改进实际工作。教师只有不断地反思自己的教育教学实践,审视自己的教育教学行为及与儿童的互动,对之进行理性的思考、分析、判断和抉择,才能不断地完善自己的教育教学,提高自己的专业能力与水平。

## 二、幼儿教师专业发展

### (一)幼儿教师专业发展的内涵

幼儿教师专业发展是指幼儿教师个人在专业生活中的不断成长,包括信心的增强,技能的提高,有关知识的不断更新、拓宽和深化等,是实现幼儿教师专业化的本质要求。

幼儿教师专业发展具有三方面意义:一是把幼儿教师视为一种专业人员。当我们把幼儿教师视为专业人员时,并非表示目前的教师已经具有专业水准与专业地位,而是表示幼儿教师应朝向专业的教育者来努力。二是把幼儿教师视为发展中的个体,强调教师通过个人的用心与努力去推动、促进、提升或改进自己的专业素养。三是把幼儿教师视为学习者与研究者。幼儿教师不仅是教人者,也是学习者,更是自我教育者和研究者。就学习者的角度而言,幼儿教师需要不断学习;就自我教育者而言,幼儿教师不能只是被动因环境的需要或法令的规定才去进修研习。每一个幼儿教师必须自我引导自己的专业发展,成为自己专业发展的主人。

## (二)幼儿教师专业发展的内容

幼儿教师的专业素质是幼儿教师从事教育教学等专业活动所必须具备的一种较为稳定的专业特征,是从事幼儿教师职业应该具备的专业综合品质,包括以下四个方面的内容:

### 1. 专业理念

幼儿教师专业理念是指幼儿教师在价值观层面对儿童的看法和态度——儿童观。儿童观直接影响着教育立法、教育内容、教育方法和教育过程中师幼关系的性质等问题。儿童观是幼儿教师专业发展中理念与知识结构的核心,因为它涉及两个问题:一是儿童在教育中应享有的地位与权利;二是儿童期的意义、特点以及儿童成长和发展的形式与原因等。儿童观的形成受政治、经济、文化、科技发展水平以及人类自身认识水平等多种因素的影响和制约。幼儿教师要树立科学的儿童观,在教育实践中要维护儿童的人格尊严,发展儿童的独立个性,丰富儿童的内心世界。

### 2. 专业知识

(1) 关于儿童的知识。关于儿童的知识是幼儿教师应具备的专业基础知识,“认识并了解幼儿”是幼儿教育每一个环节的基础。儿童的知识是指在某个特定阶段儿童所具有的生理特点、心理特点和发展规律以及不同行为下儿童的不同需要等。关于儿童的知识的获取渠道有理论学习、观察幼儿以及与家长沟通等。

(2)关于教育内容的知识。幼儿教师不必成为与本职工作有关的各个知识领域的专家,但也不能仅仅储存各知识领域中的一些孤立资料,他们必须关注各知识领域的“宏大思想”、表达和研究方法以及主要教学科目的结构和内容等。对幼儿教师来说,不仅要知道各知识领域中什么是重要的,而且要知道为什么重要,更要将对知识的掌握同促进幼儿的发展联系起来。

### 3. 专业技能

专业技能既包括将知识和技能传授给儿童的能力,又包括发展自我的专业成长的能力。幼儿教师首先要具备将知识和技能传授给儿童的能力,其中包括了解幼儿的能力、与幼儿有效互动的能力等,这些都是外在表现的专业能力;而对内的自我规划与调解、对教学设计与实施的自我反思、课堂治理、评价儿童的学习及行为、接受外来建议并不断完善自己等也是教师应该必备的专业技能。

#### 4. 职业道德

幼儿教师的职业道德一方面包括热爱儿童、理解儿童、致力于幼儿形成良好品德的示范与引导和对所有孩子负责等内容;另一方面也包括具有教师职业的认同感和使命感、遵守职业规范、奉行教师的道德准则、追求自我价值的实现和负起专业责任等内容。

### (三)幼儿教师专业发展的阶段

依据现代教师教育理论,幼儿教师的专业发展大致可分为职前期、职初期及职业成熟期三个阶段,尤其强调从职前到在职专业发展的一体化建设。

#### 1. 职前期的幼儿教师专业发展

幼儿教师是一种专业化的职业,它是一种"要求教师具备经过严格而持续不断的研究才能获得并维持专业知识和专门技能的公共业务"(联合国教科文组织《关于教师地位的建议》)。在我国,幼儿教师的这种专业知识和专门技能主要是通过职前培养获得的,即各级各类学校的学前教育专业通过目标定位、课程设置来培养。职前期是专业角色的定位阶段,也是职业生涯的起始时期,更是幼儿教师获取专业知识和技能的重要阶段。

#### 2. 职初期的幼儿教师专业发展

职初期是从学生到老师、从理论学习到教育别人的过渡阶段,是刚刚走上幼教工作岗位的职业适应阶段。处于这一阶段的幼儿教师将面临众多的挑战或所谓的"现实的冲击"。这一阶段,新任职的教师所关注的是自己在陌生的环境中能否生存下来,这种情形可能持续1—2年。在此时期,幼儿教师会发现他们所预想的成功与教学实际、教学状况之间存在差距,因此会感觉自己不能胜任,或者感到自己对教师这一角色尚未准备好。所以在这一时期教师最需要支持、理解、鼓励,需要获得信心、安慰,同时也需要教学现场的支援及各种教学技能的指导。不仅如此,职初期也是幼儿教师教学智能形成的重要“奠基期”,这一时期的教学成败将对幼儿教师教学态度的形成及其以后的专业发展产生重要的影响。

**3. 职业成熟期的幼儿教师专业发展**

相对于职前准备教育的不足以及对职初引导和培训的忽视,我国对职业成熟期的教师的培训相当重视。我国幼儿教师队伍庞大、质量不一,不可能对每一个人开展同一水准的培训,对职业成熟期教师的培养主要是注重从幼儿园教师群体中挑选政治思想素质好、专业能力强、有敬业精神的教师作为骨干教师的培养对象,通过进一步进修来培养一批对提高幼儿园教育教学质量起骨干作用、带动作用的教师。骨干教师可以发挥三方面辐射作用:一是实施素质教育的示范者和指导者;二是开展幼教科研,深化教改的设计者和组织者;三是开展幼儿园教师教育的培训者。

### (四)幼儿教师专业发展的途径

**1. 各类教师教育机构与幼儿教师的专业发展**

幼儿教师教育逐步实现了正规培养与非正规培训,职前培养和在职培训的初步结合。幼儿教师培训的机构主要有以下几种:(1)幼儿师范学校或师范学校附设幼师班,招收初中毕业生,学习期限为三年或四年;(2)业余幼儿师范学校,包括广播幼儿师范学校、函授幼儿师范学校等,解决在职教师的进修和提高问题;(3)短期培训班,形式灵活,可以根据当地学前教育工作的需要和培训对象的水平、特点,较集中地进行培训;(4)高等院校,呈现出多样化的培养目标和课程设置;(5)各地教育学校或教师进修学校。

**2.“园本培训”与幼儿教师的专业发展**

“园本培训”“园本教研”由幼儿园发起组织,立足于幼儿园实际开发并进行师资互动式培训,旨在提高幼儿园整体办学实力和教育质量,促进幼儿园可持续发展。“园本培训”是对继续教育集中培训的补充与发展,体现了幼儿园教育教学和科研发展的个性。其优势在于:有利于促进幼儿园自身发展,形成办园特色;有利于根据教师个人实际,确定培训内容,满足个人实际需要,培养个性，促进发展；有利于调动基层幼儿园领导和教师的积极性；有利于实现教研、科研、培训一体化；也有利于节约时间、经费和学习型组织的建设。

# 第三节　中小学教师

## 一、中小学教师角色

教师这一职业具有多种不同的职业角色。具体如下：

第一，“传道者”角色。“道之所存，师之所存也。”教师承担了用正确的价值观、道德观引导学生进行学习和生活的工作。一般来说，除了社会一般道德外，教师对于学生做人和做事行为的引导十分重要。

第二，“授业、解惑者”角色。唐代韩愈在《师说》里说：“师者，所以传道、授业、解惑也。”教师是社会各行各业建设人才的培养者，他们在掌握了人类经过长期的社会实践活动所获得的知识经验和技能的基础上，对其精心加工整理，然后以特定的方式传授给年轻一代，并帮助他们解除学习中的困惑，启发他们的智慧，使他们形成自己的知识结构和技能技巧。①

第三，示范者角色。榜样作用，是教师的特有作用。教师的言行会成为学生学习和模仿的原型。夸美纽斯曾说过，教师的职务是用自己的榜样教育学生。学生具有“向师性”的特点，教师的言论行为、为人处世的态度会对学生具有耳濡目染、潜移默化的影响作用。②

第四，管理者角色。作为管理者，教师承担了教学活动的目标设置、班集体创立、规章制度执行与设立、班级纪律维护、人际关系处理、评价语与检测教学活动等一切与学校相关的工作事宜。

第五，父母与朋友角色。教师往往被学生视为自己的父母或朋友。低年级学生倾向于把教师看作父母的化身，对教师的态度有点像对父母的态度；高年级学生则愿意把教师当作他们的朋友，希望在学习、生活、人生等多方面得到教

① 袁振国. 当代教育学[M]. 北京：教育科学出版社，2010.
② 袁振国. 当代教育学[M]. 北京：教育科学出版社，2010.

师的指导,同时希望教师成为分担他们痛苦与忧伤、分享他们幸福与欢乐的朋友。

第六,研究者角色。教师除了承担教学与管理的工作之外,同样需要进行科学研究。教师传授的内容随着时间的发展,不断发生变化。不断学习、研究、反思与创新决定着教学质量的不断提高。教师需要以研究者的身份,以变化发展的态度推进自身工作的开展。

## 二、中小学教师专业发展的内容

教师专业发展这一概念把教师视为一个持续发展的专业人员,需要通过不断学习与探究的历程来拓展其专业内涵,提高其专业水平,使其逐渐达到专业成熟的境界。

专业自身的成熟度是教师专业得到社会认可、提高职业声望的基础,主要由以下三个方面组成。

### (一)专业知识成熟度

专业知识是专业的基本要素。

#### 1. 正确先进的教育理念

时代发展的步伐要求教师具有先进的教育理念。世界各国的教育理念各不相同,但是,随着国际化、全球化的发展进程,各国在教育改革方面达成了诸多共识。现代教育理念的核心主要包括教育意识、课程意识、学生意识、服务意识和发展意识。

第一,教育意识。教育意识影响着人的全面发展。教育是唯一有计划、有目的、有系统地影响人成长的事业。通常,教育的成败对一个人的成长具有重要影响。教师的教育意识在学生成长的过程中至关重要,教师是受教育者的直接影响者。教师正确的教育意识对学生的发展具有重要的意义;错误的教育意识必然会对学生产生巨大的负面影响,阻碍学生的正常发展。

第二,课程意识。关注课程内容是推动课程意识形成与发展的重要因素。课程是教育的核心因素,教师不仅需要知道教什么,还要知道为什么教,怎么教。合理地筛选知识的能力是教师建立正确课程意识的重要依据,教师需要对所有的知识、大纲、教材，进行规划、梳理及转化。

第三，学生意识。教育者工作价值的集中体现是以有利于学生的发展为目的的教育。事实上，教育的出发点是促进学生的发展。教师要关注学生，关注学生的个性，关注学生的创造力，把学生看作不同的个体，为学生打造便利与合适的发展空间。

第四，服务意识。教育本身是一种服务行为。与其他服务行为不同的是，教育的服务意识不是根据教师的需要要求学生，而是主要强调教育是一种义务。教育的服务行为与学习者的需要密切相关，满足学习者的合理要求，促进学习者的发展，是教育服务意识的集中表现。

第五，发展意识。教师与学生的发展决定了教育的发展、社会的发展以及国家的发展。教师的发展意识为提高教育质量提供了重要保障。终身学习的想法成为教师发展自我、充实自我、完善自我的重要途径。教师成为终身学习者，学生自然会被其影响，而具有发展的意识。

#### 2. 扎实的教学

教师的教学职责体现在顺利完成传授知识和技能的过程之中。作为教师，扎实的教学基本功不应仅限于本学科的知识，优秀的教师在熟悉本学科内容的同时，还需要不断拓展其他相关科目的专门知识，如教育、心理、社会、伦理、现代信息技术等不同的知识领域。教师可以通过运用教育评价手段获得教育效果以调整教学行为；通过运用现代信息手段充分提高教学效率、加速学生培养力度。此外，教师需要特别关注教育对象。优秀教师在充分了解教育对象成长的特点、动机、需要、个性差异的知识后，更便于开展教学工作。

### （二）专业制度成熟度

教师专业制度的建立可以确保教师专业化水平的不断提高。教师专业制度主要包括教师资格制度，如：教师入职资格制度、教师再认证制度和教师资格等级制度。目前，我国的教师资格制度主要是入职资格制度。除了建立标准的教师入职资格制度以外，专业制度还包括专业的教师标准、教师教育质量标准、教师教育课程标准和教师教育机构水平评估标准等。

### （三）专业精神水平

教师的专业精神主要表现在教师职业的责任感、使命感，精益求精的工作精神以及不断学习的终身发展意识。教师的专业精神与技术水平没有直接关系。教师的专业精神对教育对象产生重要的影响作用,对自身的完善与发展也具有重要的意义。

## 问题

**1. 如何根据教师的成长过程来促进教师的专业发展?**

(1)专业知识的发展,即教师从事教学工作所必需的普通文化知识、所教学科知识、教育学科知识的不断积累、重组和更新;

(2)专业才能的发展,即教师从事教学工作必须具备的教学技能的掌握、娴熟及教学能力的形成、提高;

(3)专业情意的发展,即教师专业理想的树立、专业情操的养成、专业性向的调适和专业自我的建立。

**2. 简述学生的本质的属性。**

(1)学生是具有发展潜能的人;

(2)学生是具有发展需要的人;

(3)学生是教育的对象。

**3. 简述教师的专业发展的内涵。**

包括专业知识的发展;专业才能的发展;专业情意的发展。教师专业发展把教师视为一个持续发展的专业人员,需要通过不断学习与探索的历程来拓展其专业内涵,提高其专业水平,是其逐渐大致专业成熟的境界。相对成熟的教育专业人员,能够信守教育理想,献身教育工作,以学生利益为前提;强调专业的知识与技能,参与专业决定,负起专业的责任;行为的表现较有弹性,较能容忍压力,具有较强适应性;具有从多角度观察、分析问题的能力和应用多种教学模式进行教学的能力。

**4. 简述教师应当依法履行的义务。**

(1)遵守宪法、法律和职业道德,为人师表;

(2)贯彻国家的教育方针,遵守规章制度,执行学校的教学计划,履行教师聘约,完成教育教学工作任务;

(3)对学生进行宪法所确定的基本原则的教育和爱国主义、民族团结的教育,法制教育以及思想品德、文化、科学技术教育,组织、带领学生开展有益的社会活动;

(4)关心、爱护全体学生,尊重学生人格,促进学生在品德、智力、体质等方面全面发展;

(5)制止有害于学生的行为或者其他侵犯学生合法权益的行为,批评和抵制有害于学生健康成长的现象;

(6)不断提高思想政治觉悟和教育教学业务水平。

**5. 简述我国教师资格的种类及要求。**

我国教师资格基本分为七类。具体包括:幼儿园教师资格、小学教师资格、初级中学教师资格、高级中学教师资格、中等职业学校教师资格、中等职业学校实习指导教师资格、高等学校教师资格。

一般来说,取得教师资格应当具备相应的学历。不具备教师法规定的教师资格学历的公民,申请获得教师资格,应当通过国家举办的或者认可的教师资格考试。教师资格证书在全国范围内适用。

取得教师资格的公民,可以在本级及其以下等级的各类学校和其他教育机构担任教师;但是,取得中等职业学校实习指导教师资格的公民只能在中等专业学校、技工学校、职业高级中学或者初级职业学校担任实习指导教师。高级中学教师资格与中等职业学校教师资格相互通用。其中,弄虚作假、骗取教师资格的以及品行不良、侮辱学生,影响恶劣的老师将被撤销教师资格并自撤销之日起5年内不得重新申请认定教师资格,其教师资格证书由县级以上人民政府教育行政部门收缴。

非师范院校毕业或者教师资格考试合格的公民申请认定幼儿园、小学或者其他教师资格的,应当进行面试和试讲,考察其教育教学能力;根据实际情况和需要,教育行政部门或者受委托的高等学校可以要求申请人补修教育学、心理学等课程。

**6. 教育部国家发展改革委财政部颁布的《关于深化教师教育改革的意见》旨在推进教师教育内涵式发展，培养造就高素质专业化教师队伍，积极推进教师的培养工作。具体表现在哪些方面?**

(1)构建开放灵活的教师教育体系。建立以师范院校为主体、教师培训机构为支撑、现代远程教育为支持、立足校本的教师培训体系；

(2)健全教师教育标准体系；

(3)完善教师培养培训制度；

(4)创新教师教育模式；

(5)深化教师教育课程改革；

(6)加强教师教育师资队伍建设；

(7)开展教师教育质量评估；

(8)加强教师教育经费保障。

**7. 简述教师的教学评价能力。**

教学评价能力是提高教学工作效果的基本要求。教师的教学评价能力包括教师学生学业成绩评价能力和教学自我评价能力。

学生学业成绩评价能力是指教师对学生学业成绩是否达到教学目标的判断能力。教师对学生学业成绩评价能力体现在教师的评价活动中，表现为：正确运用评价方法的能力；客观评定学生学业成绩的能力；有效调整教学策略的能力。

教师教学自我评价能力是指教师能够依照一定的标准对自身教学实践以及教学效果进行客观评判的能力。教师的自我评价能力也是教师教学的自我反思能力。教师教学自我评价能力表现在：反思教学目标的能力；反思教学观念的能力；反思教学态度的能力；反思教学内容的能力；反思教学方法的能力；反思教学效果的能力。

教师应当注意培养和提高这两方面的教学评价能力。

**8. 教师怎样了解和研究学生个人?**

(1)教师要对每个学生的基本情况有一个初步的了解，以达到因材施教的目的。如对学生的年龄、健康、父母的文化水平、家庭经济状况、居住条件等自然情况的了解，对学生的思想品德、集体观念、学习成绩、学习态度、兴趣特长、性格和气质类型等个性情况的了解。

(2)了解和研究学生,要全面分析学生的优缺点,既看到校内的表现,也要考察校外的表现,要充分利用一切场合条件,把了解和研究学生作为班主任的常规工作。

(3)教师更要以发展的眼光看待问题,既看到学生的过去,也要把握学生的现在,更要关注到学生的未来。

**9. 小学与幼儿园教师应具备哪些职业能力?**

小学:(1)教师完成教育工作任务的能力:教育教学能力,管理能力,教育科学研究能力。(2)教师一般性职业能力:信息能力,语言能力,交往能力,教育机智,角色认知能力,心理调适能力,自我提高能力。

幼儿园:(1)教师完成教育工作任务的能力:教育教学能力,管理能力,教育科学研究能力。(2)教师一般性职业能力:信息能力,教育机智,角色认知能力,心理调适能力。

**10. 简述小学教师的职业素养。**

(1)思想品德素养

①对待教育事业的道德要求;

②对待教育对象的道德要求;

③对待教师集体的道德要求;

④在处理与家长和社会的关系中的道德要求。

(2)教师的学科知识素养

学科知识指教师所任学科的基础知识、技能和技巧。教师对所任学科的知识应有比较深透的理解,要通晓教学大纲中所规定的全部知识,要扎实可靠地掌握基础知识和基本功。

(3)教师广泛的文化素养

教师在具有一定的学科专业素养之外,还必须要有比较广博的文化素养。

(4)教师的教育专业素养

教师职业是教书育人,因此,教师不仅要有所教学科的专业素养和广泛的文化素养,还要有教育专业素养。教师的教育专业素养包括:

①敬业。教育工作的性质和特点需要教师爱岗敬业。

②树立正确的教育观念。要具有时代特征的教育观、时代特征的学生观和全面发展的教育质量观。

③掌握教育理论和具有良好的教育能力。包括:对所教知识进行加工处理的能力,向学生传授知识、施加影响的能力。

④具有一定的研究能力。

(5)心理品质素养

小学教师的心理品质素养往往影响着教育教学工作的成效。一个理想的小学教师应具有以下的心理素质:

①良好、持久的注意能力;

②敏锐的观察力;

③良好的记忆力;

④很强的思维能力;

⑤创造性的想象力;

⑥坚强的意志力;

⑦丰富而又能恰当控制的情绪情感。

**11. 联系实际论述小学生的年龄特征。**

(1)顺序性;

(2)不平衡性;

(3)阶段性;

(4)个别差异性;

(5)分化与互补的协调性。

**12. 为何要培养教师的教学能力?**

教师的教学能力是指教师在教学活动中顺利地达成教学目标的一系列有效活动的主观条件。这种主观条件既可以是先天获得的,也可以是后天经过学习和训练所掌握的。它是教师有效完成教学活动的本领,是教师业务能力的主要方面。教学不仅是一门科学,要求合理地传授知识、技能;也是一门艺术,要求课堂教学具有撼人心魄的说服力和感染力。而教学能力正是这种科学性与艺术性结合的综合体现,它包括从课程设计、课程实施到课程评价,即从内化教材到外化教材整个过程的驾驭能力。教师的教学能力要求教师能够全面了解特定教材的知识体系，把握教材的内部联系，以保证教学内容的科学性、思想性和连续性；能够根据学生的思想实际、生活实际、思维特点和接受能力，选择科学和适用的教学方法，把重新组合加工的教学内容变为学生易接受的知识体系；同时又能在教学过程中培养学生科学的思想方法和自我学习能力。

**13. 如何正确看待“教师中心说”与“学生中心说”？**

(1)“教师中心说”与“学生中心说”

“教师中心说”与“学生中心说”是当代师生关系的两大主要理论流派。

德国教育家赫尔巴特提出“教师中心说”，提倡教师在教育过程的主导作用，是教学工作的中心。学生只有听从教师的训导，才能学到知识、形成良好的习惯。“教师中心说”认为教师代表着权威，教师是统治与约束的执行者。教师将知识、智慧、社会规范、社会价值和社会文化传递给学生，对整个社会产生重要的影响。教师的权威性毋庸置疑。

美国实用主义教育家杜威提出的“学生中心说”认为师生的关系不应该以教师为中心，忽视学生的发展。“学生中心说”关注学生的已有经验，关心学生的问题，重视学生的学习兴趣，认为学生本身的能力和主动精神在教育过程中的作用重大。但是，“学生中心说”同样过分强调学生的经验及其主动性，忽视了教学过程中教师的作用。单纯地将教师定义为教学工作的辅助者和帮助者是错误的。

(2)“学生中心”与“教师主导”

无论是“教师中心说”，还是“学生中心说”都未能详尽地诠释教师与学生的关系，随着各国经济的发展，教育水平的逐步提高，在教育领域中，“学生中心”与“教师主导”应运而生。“教师主导”客观上明确了教师的主导地位，改变了教师的专制性；“学生中心”仍然夸大了学生在教学过程中的作用，忽视了以学生为中心的弊端。

(3)双主体论

“双主体论”促使教师与学生关系理论的进一步完善，提出研究教师的主体性与研究学生的主体性同样重要，主张教学过程中师生都是主体，而且互为主客体，并突出强调师生主客体地位在教学过程中是相互转化的。双主体论对“教师主导，学生主体”提出了质疑，认为“主导主体说”一方面混淆了矛盾的主次之分，使人无法理解在特定的教学阶段中，究竟孰主孰次；另一方面仅仅强调了学生在教学中的主体地位,而忽视了教师在教学中的主体地位,由此导致把同一教学过程中的师生双方关系加以分裂。

**14. 谈谈各种评语适用的情境。**

(1)肯定型评语。学生习作往往有的在遣词造句上较优秀,有的在结构上较完整,有的有很出色的结尾或开头……,这时,可采用肯定型的批语。

(2)征询意见型批语。学生习作往往是用自己的观点去看待这个缤纷多彩的世界,往往表达出自己幼稚不成熟的观点,教师不能根据自己的主观意志去任意修改,以致文章中美好的童稚、童趣在修改中消失。当然,对学生某些不规范的语言,教师还是要适当点拨,但要用征询学生意见的口吻。

(3)指导型批语。教师改作文不应该是教师的大量修改,教师应起到指导作用,明确指出不妥当的地方及原因,然后指出该如何改。

(4)欣赏型批语。学生的作文中会出现教师意想不到的妙语连珠,能恰到好处地运用古诗文,从而对文章起到画龙点睛的作用,这时教师一定不要吝啬你的赞美之辞。

(5)交流型批语。阅读孩子的作文就是走进孩子的心田,孩子会用习作的方式倾诉心声,教师可利用这个机会写上交流型的批语,让学生从作文中学到为人处事的观点,这就是成功的教学,更是成功的作文教学了。

**15. 简述教育机智的基本因素。**

教育机智包括一些基本的因素,这些因素是观察、理解、决策与实施。

**16. 如何理解幼儿园教师的角色?**

幼儿教师角色是多元性的。《幼儿园教育指导纲要(试行)》中指出:教师应成为幼儿学习活动的支持者、合作者、引导者。

(1)人类文化的传承者和创造者。现代幼儿教师不能只是知识和学问的化身,必须有现代教育观念,树立符合时代要求的活动观、儿童观、质量观,并善于把教育理论运用于教育工作实践,不断地思考、探索、创造,在造就一代新人的创造性活动中,体现其职业价值。

(2)儿童学习发展的支持者和促进者。幼儿教师的角色要从传授知识转变成为儿童的学习提供支持与帮助,成为儿童学习的支持者。

(3)儿童活动的参与者与合作者。教师以平等的姿态、尊重学前儿童的心态,以儿童伙伴的角色参与到儿童的活动中。

(4)儿童教育实践的研究者。幼儿教师要从教育活动的实践者、教育计划的执行者和教育方案的实施者转变为教育实践的研究者,才能成为教育改革的积极参与者和推动者,才能更好地促进儿童的发展。

**17. 幼儿教师专业发展具有什么意义?**

(1)把幼儿教师视为一种专业人员。

(2)把幼儿教师视为发展中的个体,强调教师通过个人的用心与努力去推动、促进、提升或改进自己的专业素养。

(3)把幼儿教师视为学习者与研究者。

**18. 园本教研对于幼儿教师专业发展的作用是什么?**

“园本培训”是对继续教育集中培训的补充与发展,体现了幼儿园教育教学和科研发展的个性。

(1)有利于促进幼儿园自身发展,形成办园特色;

(2)有利于根据教师个人实际,确定培训内容,满足个人实际需要,培养个性,促进发展;

(3)有利于调动基层幼儿园领导和教师的积极性;

(4)有利于实现教研、科研、培训一体化;也有利于节约时间、经费和学习型组织的建设。

**19. 简述小学教师的角色与认知。**

角色

(1)教师是“导师”

(2)教师是“平等中的首席”

(3)教师是学生的合作者

(4)教师是课程的设计者和开发者

(5)教师是教学的研究者

(6)教师是终身的学习者

(7)教师是学生自主性学习的管理者

认知

(1)转变教师的观念和态度;

(2)教师的学历提升;

(3)各种形式的短期培训;

(4)参与教育实验;

(5)学校行政领导的支持和奖励体制的建立。

**20. 简述小学教师能力的自我修养。**

(1)学会学习、善于学习

(2)培养良好的信息意识

(3)培育新型思维方式

(4)强化科研意识

(5)小学教师的自我反思能力

①自我反思能力的要素;

②教学反思能力的培养。

**21. 影响教师职业能力形成与发展的因素是什么?**

(1)个体因素

①问题意识。问题意识是教师获得职业能力的前提。

②知识修养。知识修养是教师职业能力形成与发展的基础。

③实践经验。教育实践是获得教师职业能力的最直接、最有效的途径。

④反思习惯。教师反思习惯的养成是教师获得职业能力的保障。

(2)外部条件

①评价机制。一是资格认证,二是常规评价。

②学校管理制度。

③教师培训。成立教师协会等专业性组织和有效开展教师培训活动都是可行的途径。其中师资培训的校本模式,立足于教师在学校情境中的提高,为教师职业能力的发展提供了更为有力的支持,成为教师职业能力提高的重要举措。

④交流合作与专家支持。通过群体之间的互动合作使教师明确教育理念并获得追求发展的勇气和力量;专家的支持对于教师职业能力的提高也有重要

作用，可以指导教师职业行为及其背后的教育理念，指出问题的关键所在，给教师提供一种反思的示范。

# 第十章 教师职业道德

职业道德是指人们在职业生活中应遵循的基本道德，即一般社会道德在职业生活中的具体体现。是职业品德、职业纪律、专业胜任能力及职业责任等的总称，属于自律范围，它通过公约、守则等对职业生活中的某些方面加以规范。

教师职业道德，简称“师德”，是一种职业道德。是教师和一切教育工作者在从事教育活动中必须遵守的道德规范和行为准则以及与之相适应的道德观念、情操和品质，是教师的从业之德，是对教师这一行业者的道德要求。它是调整教师与学生、教师与教师、教师与集体、教师与社会之间相互关系的行为准则。

师德是教师应有的道德和行为规范，是全社会道德体系的组成部分，是青少年学生道德修养的楷模之一。从实践的角度看，具有高尚情操、渊博学识和人格魅力的教师，会对其学生产生一辈子的影响。

师德，是教师工作的精髓，可以用“师爱为魂，学高为师，身正为范”概括其内涵。师爱为魂，“师爱”是教师对学生无私的爱，它是师德的核心，即“师魂”。从爱学生的角度讲，就是教师要做学生的良师益友。

## 第一节 幼儿教师职业道德

幼儿教师的教育对象是0—6、7岁的儿童，他们与其他教育阶段的儿童在身心发展上具有本质的区别。因而，幼儿教师职业道德规范既要遵循教师职业道德的基本原则，又要体现幼儿教育的本质，其主要包括对幼儿教师职业的道德信念与责任、对儿童及与其有关的教养者的伦理责任。

## 一、幼儿教师职业道德的规范

我国《幼儿园教师专业标准(试行)》(以下简称《专业标准》)的颁布为我国幼儿教师的专业发展提供了依据。《专业标准》的具体内容包括三个维度:专业理念与师德、专业知识、专业能力。“专业理念与师德”是幼儿教师专业素养的核心组成部分,从教师对待职业、对待幼儿、对待教育教学和对待自身发展四个方面,确定了“职业理解与认识”“对幼儿的态度与行为”“幼儿保育和教育的态度与行为”“个人修养与行为”四个领域。因而,依据《专业标准》中的“专业理念与师德”维度的四个方面,可以立足于幼儿教师的专业本质构建幼儿教师职业道德规范。

### (一)对职业的理想与追求

在《专业标准》中,“职业理解与认识”领域是从幼儿教师对学前教育事业和幼儿园教师职业的认识等宏观层面,对一个合格幼儿教师应该具备的专业理念和师德进行的规定,具体包括以下几个方面。

#### 1. 爱国守法,依法治教

爱国守法、依法治教是指幼儿教师要认真学习宪法和法律,严格依照宪法和法律规范自己的言行,热爱并忠于人民的教育事业。爱国守法、依法治教是幼儿教师从事教育活动的先决条件。其基本要求是:自觉学习和遵守《中华人民共和国宪法》《中华人民共和国教育法》《中华人民共和国教师法》《中华人民共和国未成年人保护法》等法律法规,严格遵守各级教育行政部门和所在幼儿园的各项规章制度,拥护党的基本路线,全面贯彻党的教育方针。

#### 2. 爱岗敬业,忠于职守

爱岗敬业、忠于职守是指幼儿教师要热爱本职工作,尽职尽责,把全部心血和精力投入到幼教事业中。爱岗敬业、忠于职守是幼儿教师做好本职工作的思想基础。

首先,幼儿教师要对自身职业产生认同感。幼儿教师只有相信自己所实施的、符合幼儿身心发展规律的教育一定能对幼儿的身心健康发展发挥积极有效的作用,把保教工作看作是一种具有特殊社会价值的公共服务,才能获得职业成就感和幸福感,并激发起进一步做好保教工作的热情和信心。其次,幼儿教师要有强烈的敬业精神和职业理想。敬业和职业理想会让幼儿教师产生不受营利性动机驱使的奉献精神。幼儿教师从事学前教育工作的动机不应仅仅停留在待遇和兴趣层面,而应上升到热爱专业、忠于职守的层面,坚信自己对幼儿教师职业的认识和选择是正确的,从而形成幼儿教师职业所特有的荣誉心、责任心和敬业精神。

**3. 专业认同,恪守职责**

幼儿教师需要认同幼儿教师职业的专业性,并有意识地提高自己的专业素养,使自己成为一个称职的专业人员。首先,幼儿教师要真正从内心认同并理解自身职业的专业性,在敬业的基础上不断进取,对职业的认可达到一种自觉的程度,从而实现从敬业精神到专业意识的跨越。其次,需要幼儿教师有意识地根据专业发展的规律,确定符合自身实际的专业发展规划。有主动的专业发展意识,能够树立自己专业发展的目标与理想,确定符合实际的专业发展路径,这些都是幼儿教师对自身职业的专业性产生认同的深层表现,同时也能够反过来强化其专业认同意识。

**4. 为人师表,以身立教**

以身立教、为人师表是指幼儿教师在教育教学过程中,要用自己高尚的言行为幼儿做出表率,从而影响教育幼儿。以身立教、为人师表体现了教师职业道德的典范性,其基本要求是:遵守劳动纪律,尊重社会公德,举止文明礼貌,语言健康规范,衣着整洁得体,教态端庄大方,生活检点,作风正派,以身作则,注重身教。

**5. 团队合作,和谐发展**

幼儿教师在其工作中所进行的合作是广义上的合作,不仅指教师之间的合作,也指教师和幼儿家长、社区甚至与幼儿之间的合作。当然,这其中最重要的是教师之间的合作。幼儿教师要正确处理与同事的关系,做到互相尊重,互相学习,团结一致,密切配合,共同促进幼教事业的发展。其基本要求是:谦虚谨慎,尊重同事,主动交往,互相勉励,互相学习,互相帮助,友好合作,公平竞争,维护其他教师在幼儿中的威信,维护集体荣誉,共创和谐园风。

### (二)对幼儿的理解与关爱

**1. 关爱幼儿,全面育人**

关爱幼儿是幼儿教师职业必须遵守的道德底线,是幼儿教师职业区别于其他任何一种职业的本质特征之一。幼儿教师对幼儿的关爱应该与其他人对幼儿的关爱不一样,这是一种带有教育意蕴的、区别于一般人文关怀的"教育之爱"。在整个学前教育阶段,幼儿教师的"养护者"或者说"照料者"的角色都是至关重要的。这种养护和照料不仅有对幼儿生命安全的保护、对幼儿生活的照料,更包含着对幼儿情绪情感状态、人格个性品质、社会性行为等多方面心理发展的关注与呵护。

(1)关爱幼儿就要对幼儿的生命安全进行保护。首先,应随时关注幼儿身边的危险,未雨绸缪地保护好每一个幼儿,确保幼儿在园安全。其次,应具有生命意识,注重对幼儿进行生命安全教育,通过多种方式引导幼儿认识生命、珍惜生命、热爱生命,提高幼儿的安全意识、抗险能力和自救能力。最后,在危急时刻,幼儿教师应能挺身而出,保障幼儿的生命安全。

(2)关爱幼儿就要对幼儿身心健康发展进行呵护。儿童期是人的生理和心理发展的关键时期,更是心理健康教育的黄金时期,关心幼儿身心健康是幼儿教师专业特性的体现。幼儿教师对幼儿心理健康的关注则更为突出了其专业性,不但要在组织保教活动时充分考虑到幼儿的心理特点,注重幼儿的心理感受,不得损害幼儿的心理健康,还应该关注到幼儿的一些特殊心理需求,并及时和幼儿家长沟通联系,一起帮助幼儿解决问题,走出心理困境,维护幼儿心理健康。

(3)关爱幼儿就要关注个别幼儿。个别幼儿更需要教师的关爱,教师要多留意他们的变化,适时地给予帮助,从而慢慢克服不良的行为和消极的情绪。

**2. 尊重幼儿,以人为本**

《幼儿园教育指导纲要(试行)》基于"以幼儿为本"的思想理念,提出幼儿教师要"以关怀、接纳、尊重的态度与幼儿交往",成为幼儿心灵的倾听者和保护者。幼儿教师对幼儿的尊重就意味着对幼儿权益的重视与维护;对幼儿人格的平等相待;对幼儿个体差异的认可与满足。

尊重幼儿体现在四个方面:尊重幼儿作为“人”的尊严和权利;尊重幼儿成长发展的自然规律;尊重幼儿的独立人格和自我意识;尊重幼儿的个体差异。对幼儿的尊重程度反映了幼儿教师是否拥有正确的师幼观,其核心要求是幼儿教师要公平公正地对待每一个幼儿,应做到以下三方面:首先,在理念上应尊重每一个幼儿的个体差异,避免在日常工作中对外貌姣好或者能力较强幼儿有意无意的偏爱。其次,在教育活动中给予每一个幼儿基于其能力而言平等的机会和资源,按照每一个幼儿的不同兴趣、能力、气质和性格等个体差异因材施教,使每一个幼儿的个性心理品质和能力都能够在原有的基础上获得进步,要避免无意识地给少数“好孩子”更多的“表现机会”。最后,对幼儿的评价要公正,评价的原则是每一个幼儿在原有基础上有发展和进步,避免将不同发展水平的幼儿做横向的优劣比较。

#### 3. 注重幼儿生活价值

幼儿教育活动的开展必须建立在儿童个体生命的基础上,在充分认识儿童生命特点的基础上进行。幼儿的生命是幼儿园教学的出发点,幼儿的生活对于幼儿的成长具有重要作用。

首先,教师必须关注幼儿生活的各种形态,而不能将有目标、有计划的教育仅仅狭隘为“教学活动”,将游戏活动和生活活动当作各种教学活动的“过渡环节”。其次,幼儿教师必须有意识地对幼儿在园一日生活进行充分利用和有效干预,在内容上充分拓展,创设丰富多样的环境,将教育扩展到幼儿在园一日生活的方方面面,甚至延伸到家庭和社区中去。最后,幼儿教师还需要转变和克服一些已有的偏见与陋习,逐步实现幼儿生活与幼儿发展的统一与贯通。

### (三)对保教工作的责任和信念

#### 1. 坚持保教结合

“保教并重”是幼儿园教育的基本原则,包含三层意思:一是幼儿园不仅有教育问题,还有保育问题;二是幼儿园的保育工作和教育工作有着同等重要的地位;三是保育和教育必须互相结合,互相联系,互相渗透。这就要求幼儿教师能够合理安排和组织一日生活的各个环节,科学照料幼儿的日常生活,将教育灵活地渗透到一日生活中;抓住一日生活中的各种教育契机,对幼儿进行随机教育,以将保教结合原则落到实处。

**2. 遵循幼儿心理特点**

《3—6岁儿童学习与发展指南》提出,学前教育应该坚持遵循幼儿的发展规律和学习特点,珍视幼儿生活和游戏的独特价值,充分尊重和保护其好奇心和学习兴趣,创设丰富的教育环境,合理安排一日生活,最大限度地支持和满足幼儿通过直接感知、实际操作和亲身体验获取经验的需要,将探索、交往等实践活动作为幼儿最重要的学习方式。

**3. 重视游戏精神**

游戏是儿童生命存在的基本方式。游戏作为儿童生活的重要组成部分,并不是简单的玩,也不只是儿童认识世界、改造世界的工具和手段,实际上它是儿童的存在方式。儿童是以游戏的形式和态度拥有世界的,游戏是儿童对待世界的基本方式,儿童的学习、生活、劳动等一切方面都渗透着游戏的精神和态度。

游戏是幼儿的主要活动,幼儿园教育应以游戏为基本活动。游戏能给幼儿带来欢乐和满足,促进幼儿的认知和人际交往能力以及情感发展;游戏是幼儿的天性,幼儿游戏蕴藏着幼儿发展的需要和教育的契机。幼儿发展的多样性、差异性、自然性等特点在游戏中体现得淋漓尽致,这是由游戏的本质所决定的。但游戏能否最大程度上实现其对幼儿发展的价值,很大程度上取决于幼儿教师在其中所起的作用。首先,幼儿教师应该充分认识到游戏对幼儿发展的价值,将游戏作为幼儿的主要活动,以这种符合幼儿天性的方式促进幼儿自由自在地发展。其次,幼儿教师应该正确对待自己在幼儿游戏中的位置,教师是幼儿游戏活动的观察者、支持者、参与者,而不是游戏的设计者、主导者和干预者。最后,幼儿教师应该提高自己支持、指导幼儿游戏的能力,努力提升自己的游戏精神。

**4. 尊重家长,热情服务**

尊重家长、热情服务是指幼儿教师要尊重幼儿家长,热情为家长服务,使幼儿园教育和家庭教育形成合力,共同促进幼儿的健康成长。尊重家长、热情服务是做好幼教工作的一个重要方面,其基本要求是:尊重幼儿家长,对所有家长一视同仁,不训斥、指责家长,主动与家长联系沟通,取得家长的支持与配合,认真听取家长的意见和建议,积极向家长宣传科学的教育思想和教育方法,帮助家长确立正确的教育观,强化服务意识,时时处处设身处地为家长着想,为家长解除后顾之忧。

### (四)对自我专业发展的坚持与推进

#### 1. 良好的个性修养

良好的个性修养不但是幼儿教师顺利开展保教活动的必要条件,而且也会对幼儿的性格特征产生潜移默化的影响。

(1)爱心是幼儿教师对幼儿实施教育的基础和前提。教师的爱是儿童身心成长的精神需要,有了教师的爱,幼儿才能感受到愉快、安全和自由。对幼教事业的热爱是幼儿教师通过对幼教工作价值和意义的正确而深刻的认识所形成的重要的职业道德观念,是幼儿教师职业道德的核心内容。

(2)责任心是幼儿教师职业专业特质的体现。幼儿教师面对的教育对象是一群天真、无邪、稚嫩、身心发育尚未成熟、知识经验贫乏而又充满好奇、求知欲较强的学前儿童,因而幼儿教师的责任心尤为重要。就责任心来说,一方面,幼儿教师作为专业人员,是代表社会对幼儿实施符合既定社会目标的教育,代表社会来履行教育职责。另一方面,由于幼儿教师专业的服务对象是处于成长中的幼儿,因此幼儿教师对幼儿的身心健康发展负有极大的责任。幼儿教师应该在认同自身专业的社会价值的基础上产生内在的情感和责任心,激发对自己从事的事业负责的意识。

(3)耐心和细心是幼儿教师的重要素质。耐心是一种良好的对待幼儿的态度,教师有了良好的心态,才能静下心来教育幼儿。一是要静下心来听孩子讲;二是要静下心来看孩子玩;三是要静下心来和孩子说。在日常教育和保育工作中,幼儿教师要努力做到三个"细":一是细心观察,从幼儿的表情、动作、行为中,了解他们的内心思想感情和身体状况;二是细心分析,从幼儿的反常现象中分析出原因,找出对策;三是细心教育和护理,特别是对一些特殊情况的幼儿,要给予特殊的照顾。

(4)衣着得体,语言健康,举止文明。幼儿教师的衣着打扮、言行举止都是幼儿模仿的对象。这就要求幼儿教师在外表上要衣着端庄、整洁、大方又不失活泼可爱，既能受到幼儿喜爱，又符合教师的职业特点和社会身份。除了外表之外，幼儿教师在园内外的言行举止也应该充分体现“为人师表”的表率作用，切忌语言粗俗、行为不检。

**2. 健康的心理状态**

健康的心理状态不仅影响着教师自身的身体健康、生活幸福和职业生涯的发展状况，也会直接影响幼儿的心理状态。对幼儿教师健康心理状态的具体要求如下：

（1）建立正确的职业态度。幼儿教师应该对自己所从事的职业有一个正确、理性的认识，能与现实有良好的接触并做出良好的反应，正确、客观地对待自己，没有明显的自卑感。针对自身的不足，要不断地充电，随时把握新的信息，提高自己各方面的素质。要培养自己乐观、豁达的人生态度，对待挫折和困难，要充满信心和希望，始终保持愉快而美好的心境。

（2）善于调整和控制自己的情绪。幼儿教师要有良好的情绪体验，善于调整和控制自己的情绪。工作中注意克服情绪化和行为上的偏激，不将不好的情绪带入教学活动中，以免影响幼儿；要注意满足身心需要，减轻内在的压力；对待事情要放宽心胸，不为小事斤斤计较，对别人取得的成绩要认同，并虚心向强者学习；适当地进行宣泄，不要过分压抑心中的情感，可以经常和家人、朋友外出娱乐；等等。

（3）建立和谐的人际关系。建立良好的人际关系是维护与增进身心健康的重要途径。幼儿教师除了要和幼儿建立良好的人际关系外，还要与同事、家长建立融洽的关系，维持和谐的社交活动。这样，不仅能使幼儿教师更好地开展工作，也有利于维护自身的心理健康。

（4）克服疲惫心理，让自己处于积极的状态。幼儿教师在工作过程中，要克服疲惫心理，让自身始终处于一个积极的状态；不随意放弃工作目标，善于分析情况，克制自身在实现目标过程中出现的消极情绪。可以努力地形成自己的职业特长，在竞争中找到自己的优势，这样容易使自己拥有一种成就感、优越感；精通工作的各个环节，对工作有轻松感、胜任感；把工作当成一项创造性的工作来做，使工作充满乐趣。

**3. 终身学习的品质**

《专业标准》要求幼儿教师从三个方面着手实现终身学习：学习先进学前教

育理论，了解国内外学前教育改革与发展的经验和做法；优化知识结构，提高文化素养；具有终身学习与持续发展的意识和能力，做终身学习的典范。

幼儿教师的学习是一种经验性的、行动式的、基于问题的学习。教师本人是学习的绝对主体，以解决幼儿园保教工作中的实际问题为原点，通过选择与之相适应的内容，采取有效的学习方式与策略，并以提高保教工作的水平为主要目标。在这种主动学习中，幼儿教师自觉承担了专业发展的主要责任。并且，乐于学习不仅仅是自己个人的学习，更是置身于"学习共同体"当中的学习。在合作学习中，幼儿教师作为学习的主体，与其他教师、园长、教研员、专家等相关人员通过开展观摩、交流对话、研讨互助等活动，获得经验并得到发展。

## 二、幼儿教师职业道德的培养

### （一）提高幼儿教师职业道德认识

提高幼儿教师的道德认识，最重要的是要培养教师的奉献精神。

首先，对幼儿教师职业道德价值的认识，是提高幼儿教师职业道德认识的前提。一名幼儿教师只有深刻意识到自己所从事的幼儿教育事业的重要性和特殊性，认识到提高师德修养对今后开展幼儿教育教学工作的意义和价值，才会产生将外在的教师职业道德要求转化为自身需要的意向，从而落实到职业道德修养的行动上。

其次，对幼儿教师道德原则和规范的认识，是幼儿教师道德认识的基础。客观上来讲，幼儿教师的职业道德原则和规范比其他行业有着更高、更严格的要求。例如，在部分行业中，"穿衣戴帽，个人所好"似乎不涉及道德问题。然而，在整个教师职业尤其是幼儿教师职业中，对着装却有着严格的规定。所以，无论是教师还是保育员，都应学会调整自己的外在形象，在幼儿面前保持清新、端庄、美丽大方的模样，使之能对幼儿产生良好的影响。同时，在幼儿教师与社会的关系上，要求幼儿教师热爱学前教育这个职业，尊重家长等；在教师与幼儿的关系上，要求教师要热爱幼儿、尊重幼儿，关心爱护每一个幼儿，公平公正对待每一个幼儿；在幼儿教师与同事的关系上，要尊重同事、团结协作，也只有这样，才能创建一个优秀的集体。

最后，幼儿教师的道德认识还包括对幼儿园教育教学规律的认识。只有那些能够正确认识教育教学的内在规律，并且能在具体的幼儿园工作实践中正确运用这些规律的教师，才有可能完成自己的职责，实现其道德目的。对幼儿教师而言，专业知识是其进行教育教学工作的内在基础和前提条件。因此，一个具有高尚职业道德的幼儿教师，不仅要掌握教育教学的内在规律，而且还要精通相关的专业知识。虽然幼儿教师业务水平的高低不能等同于其品质的高下，但是能折射出幼儿教师不同的工作态度和敬业精神。

### （二）陶冶幼儿教师道德情感

师德情感是指教师在心理上对师德规范所产生的一种爱憎、好恶、荣辱、美丑等的情感体验。幼儿教师的道德情感主要包括正义感、自豪感、荣誉感和幸福感等。作为幼儿教师，不仅要加强自身的心理保健，努力避免走进职业倦怠的状态，而且更要做一个健康、快乐的教师，提升自身的幸福感。提升幸福感的途径主要有以下三方面：

第一，要从孩子身上找到幸福感。苏霍姆林斯基曾经说过，幼儿内心生活时刻给我们带来满意和不满意、高兴和苦恼、忧愁和欢乐、疑惑和差异、宽慰和愤怒。在儿童世界给我们带来的极广阔的情感领域内，有愉快的和不愉快的、高兴的和伤心的曲调。善于认识这种和谐的乐声，是教育工作者精神饱满、心情愉悦和取得成功的最重要条件。如果你把孩子看作是令自己心烦的人，那么你就会感到倦怠；如果你把孩子看作是可爱的天使，那么你就会变成可爱的天使。

第二，要平等地进行师幼交往。在与幼儿交往中，教师只有放下自己的角色面具，以真实的自我与幼儿交往，和幼儿打成一片，才会获得生命相拥的幸福体验，从而更加热爱幼儿，热爱自己的工作。师幼交往中，当教师给予幼儿爱时，幼儿也以一份真诚的爱来回报教师。以哲学的思维来看，与成人之爱相比，孩子的爱更显得真挚和纯洁，更接近爱的本质。这也是为什么孩子的爱能有那么大魅力的原因。

第三，幼儿教师还要创造性地开展工作。幼儿教师要在明确教育目标的基础上，充分满足幼儿发展的需要；在遵循教育教学规律的基础上，将个人的志趣与幼儿的需要统一起来；在创造性的工作中获得教学的自由感、成功感、自信感和成就感，从而获得职业荣誉感和职业尊严，进一步升华道德情感。

### (三)磨炼幼儿教师职业道德意志

教师道德意志是教师履行道德原则和规范时所表现出来的自觉克服一切困难和障碍,做出抉择的力量和坚持的精神。道德意志的作用主要表现为依据某种道德认识和道德情感,果断地进行道德行为的抉择,为实现道德目的排除一切来自内部或外部的干扰。

首先,幼儿教师的道德意志表现为在道德实践中克服困难的勇气。一是面对同事之间的竞争以及社会对幼儿教师的不信任危机,如果没有坚强的道德意志和毅力,就可能在行为选择时放弃自己的初衷,在困难面前畏缩不前,半途而废。二是面对个人教育、教学能力的局限,身体状况的不佳等主观因素,道德意志也能帮助幼儿教师克服困难,促进其专业的良好发展。

其次,幼儿教师的道德意志还表现为在道德实践中战胜诱惑的能力。教师在其道德生活中,不仅要面对各种各样的困难,而且还要面对来自各方面的诱惑,幼儿教师需要凭借自己的道德意志,以坚定的职业理想做支撑,坚守这块暂时清贫却蕴含希望的阵地。

最后,幼儿教师道德意志表现为在道德生活中的自制力。自制力是教师对自己的职业道德需要、动机、行为的控制和调节能力。现实生活中,幼儿教师需要控制和调节自身品质中自私、懒惰等成分,注意自己的言行举止,保持良好的教师形象,为幼儿树立良好的榜样。幼儿教师自制力越强,其行为就越富有理性,不会因为教育行为受阻而情绪失控。同样,在面对失败和突发情况时也不会变得萎靡或不知所措。

### (四)培养幼儿教师职业道德行为

道德行为是在道德动机的支配下产生的,它表现为道德行为方式和道德行为习惯。我们主要从内、外两个方面来考虑幼儿园教师良好道德行为的培养,内部的自律强调提高自身修养,知行统一;外部的他律则是指与师德行为密切相关的师德监督和师德考核两个方面。

#### 1. 学习和实践相结合,知行统一

学习和实践相结合是提高幼儿教师道德修养,养成良好道德行为的根本途径。幼儿教师形成了一定的师德意识,并不意味着师德修养的完成,还需要再

回到职业道德实践中去,把它变成履行职业道德义务的实际道德行为。

幼儿教师道德实践包含教育实践和生活实践两方面。教育实践是幼儿教师每天都在进行的最基本的实践活动,因而也是最直接、最鲜明体现幼儿教师职业特点,最具针对性的道德实践活动。例如,在日常的教学中,自己是否平等对待每一个幼儿,做到了不讽刺、挖苦、歧视幼儿,不体罚或变相体罚幼儿;在面临一些有特殊需要的幼儿时,自己是否一如既往地富有爱心、责任心、耐心和细心;在与同事的相处中,是否具有团队合作精神,积极地开展协作与交流。社会生活实践比教育实践有着更为广阔的空间,幼儿教师通过丰富多彩的社会生活实践,能够进一步养成、检验、提升师德,从而完善幼儿教师整个群体在社会中的形象。

**2. 建立完善的幼儿教师职业道德监督机制**

幼儿园中的职业道德监督机制对幼儿教师自身的道德行为具有预防、诊断、矫正、改进和教育的作用,完善的职业道德监督机制的建立是提高幼儿教师自身道德水平的重要保障。

一个完善有效的幼儿教师道德监督机制应该做到"三个结合":将园内的民主监督、社会家长监督和幼儿园教师自身的监督结合起来;将师德监督和幼儿教师自身的切身利益结合起来;将师德监督和幼儿教师自身的发展教育结合起来。为了使监督机制收到良好的效果,必须坚持以下四个原则:(1)经常性原则:幼儿教师道德行为的监督不是一时的权宜之计,也不是临时的凑热闹、赶潮流,或者走形式、做表面文章,而是一项要经常进行的工作,监督的经常性原则能够保证监督的连续性、一贯性和全面性;(2)客观性原则:道德行为的监督必须以事实材料为依据,不能夸大或者缩小,更不能无中生有,诬告陷害或有意作秀;(3)利害性原则:监督体制要和幼儿教师自身的切身利益相联系,保障监督的长久性和可持续性;(4)效益性原则:要能够切实增进幼儿教师的职业道德行为,取得一定的实效。

**3. 建立完善的幼儿教师职业道德考核制度**

对幼儿教师职业道德考核的过程,是对幼儿教师职业道德行为的社会价值进行评定的过程,也是社会对幼儿教师职业道德行为进行反馈的过程。公正完善的考核制度可以帮助幼儿教师认识到师德行为的社会价值所在,认识到师德要求的必然性，促使幼儿教师表现出良好的师德行为。

师德考核制度必然与一定的奖惩政策相配套实施，而它作为一种行政奖惩手段，为了取得一定的效果，在进行奖惩时应注意以下几个问题：(1)"奖"与"惩"要并重，不能偏废其一；(2)对集体的奖励和对个人的奖励相结合；(3)奖惩要辅以教育；(4)奖惩要有民主性。

## 第二节 中小学教师职业道德

### 一、教师职业道德规范的内容

师德是教师职业实践的产物，具有稳定性和继承性的特征，并随着社会的发展而发展。教师的职业道德，是教师在从事教育教学活动中必须遵守的道德规范和行为准则，以及与之相适应的道德观念、情操和品质。我国《中小学教师职业道德规范》(2008 年修订)主要包括：

1. 爱国守法。热爱祖国，热爱人民，拥护中国共产党领导，拥护社会主义。全面贯彻国家教育方针，自觉遵守教育法律法规，依法履行教师职责权利。不得有违背党和国家方针政策的言行。

2. 爱岗敬业。忠诚于人民教育事业，志存高远，勤恳敬业，甘为人梯，乐于奉献。对工作高度负责，认真备课上课，认真批改作业，认真辅导学生。不得敷衍塞责。

3. 关爱学生。关心爱护全体学生，尊重学生人格，平等公正对待学生。对学生严慈相济，做学生良师益友。保护学生安全，关心学生健康，维护学生权益。不讽刺、挖苦、歧视学生，不体罚或变相体罚学生。

4. 教书育人。遵循教育规律，实施素质教育。循循善诱，诲人不倦，因材施教。培养学生良好品行，激发学生创新精神，促进学生全面发展。不以分数作为评价学生的唯一标准。

5. 为人师表。坚守高尚情操，知荣明耻，严于律己，以身作则。衣着得体，语言规范，举止文明。关心集体，团结协作，尊重同事，尊重家长。作风正派，廉洁奉公。自觉抵制有偿家教，不利用职务之便谋取私利。

6. 终身学习。崇尚科学精神,树立终身学习理念,拓宽知识视野,更新知识结构。潜心钻研业务,勇于探索创新,不断提高专业素养和教育教学水平。

## 二、国内外教师职业道德要求

### (一)英国教师职业道德要求

英国教师教育的培养目标是:通过提供高质量的培训课程,使每个师范生都成为自信、能胜任、善理解、高效率的合格教师,而且教师教育过程中,重视教师道德品质及养成是其一贯保持的传统。

早在近代,著名教育家洛克就认为,教师的责任就在于培养良好的习惯,怀抱德行和智慧,在学生向善的时候,给他力量、活力和勉励。他认为,作为教师,学问是第二位的,而道德则是第一位的。做教师的人,自己应当具备良好的教养,随人、随时、随地都有适当的举止和礼貌,具有一个严谨的人和一个学者的性格,在教育实践中,英国具有一贯重视个人修养的传统,普遍认为,教师的品性对学生的方式和态度是最有力的教育手段。称职教师的主要品行包括:

(1)职业道德。作为称职教师,他们首先应该热爱教师生涯,具有为教师生涯献身的精神。

(2)合作共事。随着现代学校教育理论与实践的发展,教学工作逐渐演变成为相互关联和相互衔接的过程。虽然备课、上课、批改作业等教学工作具有较强的单干性质,但是培养学生的整个过程,绝不是个别教师能够单独承担的,这就要求教师具备合作共事、相互配合、同心协力的个人品质。

(3)个人主义精神。在西方,个人主义被视为一种推动社会进步的精神力量,人从小就应该具备这种为追求个人幸福而努力奋斗的精神。一个教师,一方面要具有合作共事的品质,另一方面又必须具备个人主义精神。

上述几点是称职教师应该具备的,反之就是不称职教师。不称职教师具备的特征是:教学方式单一,学生被动学习;注重惩罚,而不是表扬;将学生的自我表达、艺术性和自发性创造视为学习不力;对改革持怀疑态度;经常侮辱学生,但希望学生富有教养和学会忍受;注重控制,小题大做,不论错误大小,一律予以同样的惩罚。

英国师德教育的主要做法:英国教师职前培训不以师德为名目专门设置课

程,但这不是意味着不重视师德教育,师德教育及师德观念的确立主要通过立法和间接渗透来实现。首先,法律明文规定了教师的权利与义务,要求学生理解与掌握。如《学校教师报酬和条件法》《种族关系法》《性别歧视法》《工作中的卫生与安全法》《教师习惯法》《儿童法》《教育法》等。其次,师德教育被融入各学科教学内容和教学实践中去。在教师职前培训过程中,始终强调接受师范教育者要掌握关于青少年身心发展、卫生安全知识、与学生家长关系等方面的知识,理解尊重学生人格的重要性。

### (二)日本教师职业道德要求

自古以来,日本历届政府都极力要求民众向高层次的道德水准看齐,即便是普通劳动者,也鼓励他们加强自身修养,做有教养的人。教师在日本社会中具有较高的声望,被公认为是有道德、有知识、有教养的上层社会。

#### 1. 把社会对教师的期望转变成教师个体的道德自律行为

教师群体被认为是公众文明的典范,这使日本的教师除充满自信感和自豪感外,也不得不时刻提醒自己模范地遵守国家公务员的道德规范,并尽量把公众公认的社会美德内化为自己的个人修养品德。因此,日本的教师大都格外谦恭、模范地使用标准的礼貌用语,礼节周全,服饰整洁,对工作认真、努力、勤奋、敬业,对学生家长、同事、学生和蔼可亲,并不断地学习进修,努力提高自己的知识水平和道德修养水准。诚然,日本的教师并非人人完美无缺,并且千人一面未免缺乏个性,但不可否认的是日本教师队伍整体呈现出整齐划一的较高职业道德水准。

#### 2. 在培养教师的学科教学中进行职业道德教育

战后,日本采用的是开放型的教师培养制度,即取消原有的师范院校,由有资格的大学培养各级各类学校的教师。由文部省批准有资格设置教师培养课程的大学往往开设几十门教育类课程,这几十门课程结合教学内容对欲做教师的大学生进行教师职业道德教育,如结合教育法的学习讲解为什么不体罚学生;对宪法的讲解要讲教育的作用,讲教育的公共性,从而引申出教师要具有教育责任感和奉献精神等。可见,日本教师培养过程中的教师职业道德教育不以教师职业道德课的面目出现,而是散在于各个学科教学中,此种职业道德教育方式不易引起学生反感,也能更好地收到陶冶之功效。

### 3. 在挑选聘任新教师时严把教师职业道德关

在日本,想当教师者须先在指定的大学全部修完规定的学科,并取得相应的学分,随后,申报教师资格考试,考试合格者可取得教师资格证书。持有教师资格证书者想从事教育工作,还要参加各地方组织的教师考试,这种考试竞争异常激烈。据20世纪80年代统计,每年20余万人手持教师资格证书参加考试,其中4万人左右可通过考试,走上幼儿园、小学、中学教育工作岗位。如1982年小学教师的竞争率为3.7倍,初中教师为5.5倍,高中教师为7.8倍,盲聋哑学校教师为1.9倍,弱智学校教师为5.8倍。进入90年代后,由于日本经济不景气,大中小企业或裁员或限制新职工进入,年轻人更把能进入相对稳定的教师队伍当作竞争目标,从而使教师考试竞争更趋白热化。

教师考试由各地区教育委员会组织并吸收中小学校长参加评审。考试分两次,第一次考试有笔试和实际技能考试,笔试考教育原理、教育心理学、教育法规、各专业学科等理论。实际技能考试有美术、音乐、保健体育等实际技能考核,还要考游泳、书法、体力测验等。第二次考试为面试,由于教师考试竞争的日趋激烈,日本各地方对新录用教师的面试已由原来的一次改为二次。面试中考生要写论文、谈自己当老师的目的,谈自己在学校参加俱乐部活动的经验等,据参加过教师面试的校长讲,他们对吞吞吐吐,对教师工作目的不明确者;没有责任心和奉献精神,不具备爱心及性格不明朗者;身穿奇装异服,浓妆艳抹者均不予录取。

对少数职业道德欠缺或严重违反职业道德的教师(如体罚学生造成严重伤害者),校长往往约其在校外进行一对一的谈话。之所以不在校内,可能是校方极力想保全教师的威信,使犯错误的教师仍能依法受到学生"极大的人类信赖"。在日本,公开批评指责教师的现象不多见,教师被解雇者更少,只有严重违反职业道德,造成极严重的、不可挽回的损失者,才可由地方教育委员会讨论、地方最高行政长官批准被解雇。可以说,日本保证教师队伍职业道德的高水准是依靠严把新教师的挑选录用关,而并非采用淘汰、解雇手段,反映了日本朝野对教师人格的极大尊重,这些反过来又极大地激励着教师个体更自觉、自律、努力成为民众美好道德的化身。

## 三、我国教师职业道德要求

我国将师德教育摆在教师培养首位,贯穿教师职业生涯全过程。广大教师要将师德修养自觉纳入职业生涯规划,明确师德发展目标。教师要充分认识自己所承担的庄严而神圣的使命,发扬主人翁精神,自觉捍卫职业尊严,珍惜教师声誉,提升师德境界。

教师要通过自主学习,自我改进,将师德规范转化为稳定的内在信念和行为品质;要将师德规范积极主动融入教育教学、科学研究和服务社会的实践中,提高师德践行能力;要弘扬重内省、重慎独的优良传统,在细微处见师德,在日常中守师德,养成师德自律习惯。

### (一)主人翁精神

教师积极发扬主人翁精神。毋庸置疑,良好师德师风是校园文化建设的核心内容。在教师队伍建设过程中,积极挖掘和提炼名家名师为人为学为师的大爱师魂,生动展现当代高校教师的精神风貌,培育重德养德良好风尚。

建立师德建设专家库,把师德重大典型、全国教书育人楷模、一线优秀教师等请进课堂,用他们的感人事迹诠释师德内涵。充分利用教师节等重大节庆日、纪念日契机,通过电视、广播、报纸、网站及微博、微信、微电影等新媒体形式,集中宣传优秀教师的典型事迹,努力营造崇尚师德、争创师德典型的良好舆论环境和社会氛围。

### (二)师德教育

创新师德教育,引导教师树立崇高理想。青年教师入职培训必须开设师德教育专题,要将师德教育作为优秀教师团队培养,骨干教师、学科带头人和学科领军人物培育的重要内容;重点加强社会主义核心价值观教育,重视理想信念教育、法制教育和心理健康教育。

### (三)教师修养

教师修养的提升是教学质量提供的重要保障之一。教师工作的对象决定了教师具有高尚道德修养的重要意义。高校教师肩负着培养学生身心全面发展的重任。“爱与责任是师德之魂”，要把爱和责任放在师德教育的首位，没有爱就没有教育，没有责任就办不好教育。①

爱岗敬业是高尚的教师修养的表现形式之一。爱国家、爱民族，爱工作，爱学生。尤其是对待学生，教师修养不仅是知识传授的专业性，更多的应该是在学生学习、生活、情感等多方面的关心。学生犯错误时，不得肆意谩骂和侮辱学生，造成学生身心的严重伤害。

2013年，中国各地各校认真贯彻落实《国务院关于加强教师队伍建设的意见》，采取一系列措施，大力加强教师队伍建设，以崭新面貌和优异成绩喜迎第29个教师节，为“中国梦·教师梦”加油。浙江建立制度，每学期开展师德师风专项检查。江苏兴化出台“三问三亮三评”师德常态管理工作意见，即问家长、问邻里、问自己；亮态度、亮信息、亮身份；学生评、同事评、社会评，加强社会监督。②

### （四）职业理想

职业理想是教师从事教育活动的内在动力。教师职业具有复杂性、创造性、长期性、繁重性、示范性和高度责任性的特点。③ 与其他职业理想不同，教师职业的最高理想是教师师德理想。对于进入教师行业的工作人员来说，教师的工作无处不在。作为一名优秀的高校教师，正确的职业理想至关重要。

师德理想体现着教师行为至善至美的道德境界，给教师确立了一个个人发展的价值取向和不懈追求的终极目标。④

### （五）职业技能

教师职业技能就是指教师在教育教学实践过程中，通过练习、训练形成、巩固下来的迅速、准确、流畅、熟练地完成教育教学任务的一系列行为及智力活动

---

① 中共中央，国务院关于进一步加强和改进大学生思想政治教育的意见[C]北京：中央文献出版社，2006.

② 立德树人，同心共筑中国梦[N]. 教育部简报(2013)第109期. http://www.moe.gov.cn/jyb_xwfb/s3165/201309/t20130909_157170.html.

③ 彭美贵. 浅谈高校教师的师德建设[J]. 教育探索. 2011(11).

④ 彭美贵. 浅谈高校教师的师德建设[J]. 教育探索. 2011(11).

方式的总称。[1] 在我国,教师职业技能包括相关的专业知识、先进的教育理念、科学的教育学和心理学的知识。教师通过熟练地掌握与运用教育教学规律、现代化的教学手段、多元化的教学方法,促使学生在最短的时间内掌握所学专业的基础理论和基本技能。教师职业技能是教师业务素质的具体行为表现,熟练的教师业务素质水平为高质量地完成教育任务提供了重要的保障。

### (六)奖惩机制

完善师德表彰奖励制度,将师德表现作为评奖评优的首要条件。在同等条件下,师德表现突出的,在教师职务(职称)晋升和岗位聘用,研究生导师遴选,骨干教师、学科带头人和学科领军人物选培,各类高层次人才及资深教授、荣誉教授等评选中优先考虑。

## 四、教师职业道德建设

### (一)道德情操

道德情操是好老师践行教育使命的核心品质。有道德情操的好老师,把敬业爱生作为教育工作的根本准则,敬业者,专心致志以事其业也;有道德情操的好老师,在自我修养的不断提升中实现道德追求。师德需要教育培养,更需要教师自我修养。[2]

2014 年教师节前夕,习近平总书记在同北师大师生座谈时指出,做好老师要有道德情操。教师承担立德树人的神圣使命,必须要师德垂范。立德先立师,树人先正己,培养和造就一支学高身正的教师队伍,是立德树人成败的关键。

#### 1. 提高教师的思想政治素质

广大教师要认真学习马克思列宁主义、毛泽东思想、邓小平理论和“三个代表”重要思想,牢固树立正确的世界观、人生观和价值观,自觉抵制各种错误思

① 张琦. 教师职业技能概述[J]. 首都师范大学学报(社会科学版),1998(5).
② 好老师要有道德情操[N]. 中国教育报,2014－09－12.

潮和腐朽思想文化的影响。要积极参加社会实践,接触实际,了解国情。要认真学习宪法和有关法律法规,坚持学术研究无禁区、课堂讲授有纪律,严格教育教学纪律。要高度重视学生的思想道德建设和思想政治教育,以良好的思想政治素质影响和引领学生。

**2. 树立正确的教师职业理想**

广大教师要有强烈的职业光荣感、历史使命感和社会责任感,以培育优秀人才、发展先进文化和推进社会进步为己任,站在时代的前列,努力成为为人民服务的践履笃行的典范。要志存高远,爱岗敬业,忠于职守,乐于奉献,自觉地履行教书育人的神圣职责,以高尚的情操引导学生全面发展。要正确处理个人与社会的关系,反对拜金主义、享乐主义和极端个人主义,把本职工作、个人理想与祖国的繁荣富强紧密联系在一起。

**3. 提高教师的职业道德水平**

自觉加强师德修养,模范遵守职业道德规范,以身作则,言传身教,为人师表,以自己良好的思想和道德风范去影响和培养学生。大力提倡求真务实、勇于创新、严谨自律的治学态度和学术精神,团结合作、协力攻关、共同进步的团队精神,努力发扬优良的学术风气。坚持科学精神,模范遵守学术道德规范,潜心钻研,实事求是,严谨笃学,成为热爱学习、终身学习和锐意创新的楷模。

### (二)教书育人

做好教书育人工作是我们每一位教师的天职,是成为合格教师的必备条件。教师是社会行为规范的代表,具有丰富的知识和高尚的道德素养,同时也是学生们学习的榜样。学生的成长和进步与教师正确的教书育人观念密切相连,教师要想做好教书育人工作,师德师风修炼非常重要。教师通过刻苦钻研自身的业务知识、努力更新教学方法、言传身教、以身作则,实现教书育人的真正理想。教师只有静心教书、潜心育人,才会受到学生和家长的爱戴与尊敬。

尊师重教是中华民族的优良传统。我们的社会尊崇教师主要是因为教师以行动实践了“传道、授业、解惑”。“传道”就是向学生传授有关宇宙人生的基本规律,传授社会主义核心价值观,使学生能够正确看待宇宙人生,正确为人处世;“授业”就是向学生传授文化知识和获取知识的方法,使他们能够在走向社会后具有谋生和创造财富的本领;“解惑”就是帮助学生解除其身心成长过程中所遇到的各种疑难问题,使他们能够成为幸福的进取者。①

### (三)道德支撑

道德支撑是师德建设的基础。真正的教育是心灵间的沟通,是精神上的引领,是道德上的支撑。教师的言行是学生的榜样,教师的道德水准对民族的文明发展与进程起到重要的推动作用,它影响着一个国家的精神气质。

教师从本质上说是一个追求精神生活幸福的职业。师德高尚的教师是幸福的,幸福是建基于物质基础的,但它又完形于精神的富足。教师职业的特殊性就在于:它原本就不是通过教育来获得物质意义上的富足的,而是在保障其基本的社会、政治、物质等方面地位的基础上,通过育人而获得心灵意义上的幸福。教育一旦与“名”和“利”紧紧地挂在一起,教育本身就被异化了,教育就不能称其为真正的教育。②

事实上,当教育发生异化的时候,教师道德支撑的杠杆也将失去平衡。因此,教师要坚决反对教师讥讽、歧视、侮辱学生,体罚和变相体罚学生的行为;坚决反对向学生推销教辅资料及其他商品,索要或接受学生、家长财物等以教谋私的行为;坚决反对在科研工作中弄虚作假、抄袭剽窃等违背学术规范,侵占他人劳动成果的不端行为;坚决反对在招生、考试等工作中的不正之风和违纪违法行为。

### (四)提升教师专业精神

教师的专业精神不单单包括教师的专业知识,更多的是关注教师的师德精神。当收受礼品礼金、接受请吃、推销商品拿回扣等不良现象层出不穷的时候,当各类节日的送礼现象愈演愈烈的时候,教师这个特殊的行业也因为部分教师的暗示或直接向学习者的索取,而使得教师的道德精神走入坍塌之谷。教师作为道德榜样的楷模,在一定程度上导致了教师身份的危机。

教育是关乎青少年健康成长的事业,它需要广大教师以专业的精神奉行职业道德准则,自觉从职业特殊性和教育对象特殊性着眼,以专业的态度和行为

① 教书育人是教师天职[N]. 中国教育报,2014-07-21.

② 神圣职业需要高尚道德支撑[N]. 中国教育报,2014-07-21.

投入到复杂的教育事业中去。师生间纯洁的“教—学”关系不应该被异化为“送礼—回报”式的利益交换关系。[①]

正如2013年教师节前夕，习近平总书记对广大教师提出了“三个牢固树立”的重要指导思想，其中，第一个牢固树立就是要“树立中国特色社会主义理想信念，带头践行社会主义核心价值观，自觉增强立德树人、教书育人的荣誉感和责任感，学为人师，行为世范，做学生健康成长的指导者和引路人”。对于奉行“学高为师，身正为范”职业标准的教师来说，更需要通过加大政府投入、构建有效评价体系、提升专业精神，推动教师真正做到自尊、自强、自省、自律，用专业精神和高尚的道德情操，引领学生全面发展，以高质量、公正的教育赢得学生爱戴、人民满意。

### (五)廉洁从教

为全面落实中央关于改进工作作风、密切联系群众的“八项规定”，进一步加强师德师风建设，努力办好人民满意教育，教育部出台了《严禁教师违规收受学生及家长礼品礼金等行为的规定》(以下简称《规定》)。《规定》的文件明确了“六个严禁”(6条“红线”)：一是严禁以任何方式索要或接受学生及家长赠送的礼品礼金、有价证券和支付凭证等财物；二是严禁参加由学生及家长安排的可能影响考试、考核评价的宴请；三是严禁参加由学生及家长安排支付费用的旅游、健身休闲等娱乐活动；四是严禁让学生及家长支付或报销应由教师个人或亲属承担的费用；五是严禁通过向学生推销图书、报刊、生活用品、社会保险等商业服务获取回扣；六是严禁利用职务之便谋取不正当利益的其他行为。

教育部要求学校领导干部要严于律己，带头执行规定，切实负起管理和监督职责；广大教师要大力弘扬高尚师德师风，自觉抵制收受学生及家长礼品礼金等不正之风。《规定》强调，对违规违纪的，发现一起、查处一起，对典型案件要点名道姓公开通报曝光。情节严重的，依法依规给予开除处分，并撤销其教师资格；涉嫌犯罪的，依法移送司法机关处理。

《规定》主要针对人民群众反映强烈的教师违规收受礼品礼金等问题，实际上是指教师利用职务便利，向学生及家长索取好处。全社会对教师职业道德的期望很高，但是从媒体曝光、群众来信、案件查办、巡视检查等不同渠道掌握的

① 以严格规范提升教师专业精神[N]. 中国教育报，2014-07-21.

情况来看,人民群众对教师收受礼品礼金、接受吃请等问题反映强烈,师德师风的满意度还不是很理想。通过严明纪律要求,教育引导广大教师要强化自我教育和约束,自觉践行社会主义核心价值观,弘扬高尚师德,坚持廉洁从教,切实增强教书育人的责任感和使命感,自觉抵制收受礼品礼金等不正之风,以实际行动塑造教师的良好形象,为全社会树立崇高的道德标杆。

## 五、教师职业道德建设机制

### (一)师德建设机制的产生

教师的职业道德同社会进步、经济发展、国家兴盛紧密相连。教师的职业道德体现着广大人民群众的根本利益,反映着整个社会教师的利益,它对促进教师完成教书育人工作,陶冶学生的情操,推动社会物质文明和精神文明发展起着重要的作用。

教师是传播者,培养者。人民教师作为人类思想文化的传播者,各种人才的培养者,对于传播人类文明,开发人类智慧,塑造人类灵魂,影响人类未来起着重要的作用。教师的思想政治素质和道德情操直接影响着青年学生世界观、人生观、价值观的养成,决定着人才培养的质量,关系着国家和民族的未来。加强和改进师德建设工作,对于全面提高教育质量,推进教育事业科学发展,培养中国特色社会主义事业的建设者和接班人,实现中华民族伟大复兴的中国梦,具有重大而深远的意义。

### (二)师德建设机制的基本原则

坚持价值引领,以社会主义核心价值观为教师崇德修身的基本遵循,促进教师带头培育和践行社会主义核心价值观。坚持师德为上,以立德树人为出发点和立足点,找准与教师思想的共鸣点,增强师德建设的针对性和贴近性,培育教师高尚道德情操。坚持以人为本,关注教师发展诉求和价值愿望,落实教师主体地位,激发教师的责任感使命感。坚持改进创新,不断探索新时期师德建设的规律特点,善于运用教师喜闻乐见的方式方法,增强师德建设的实际效果。

### (三)考核与监督

《纲要》规定,我国各层机构要不断加强师德建设。通过加强教师职业理想和职业道德教育,增强广大教师教书育人的责任感和使命感。教师要关爱学生,严谨笃学,淡泊名利,自尊自律,以人格魅力和学识魅力教育感染学生,做学生健康成长的指导者和引路人。

此外,我国已经明确将师德表现作为教师考核、聘任(聘用)和评价的首要内容。采取综合措施,建立长效机制,形成良好学术道德和学术风气,克服学术浮躁,查处学术不端行为。

将师德考核作为高校教师考核的重要内容,有利于促进教师提高自身修养。师德考核要充分尊重教师主体地位,坚持客观公正、公平公开原则,采取个人自评、学生测评、同事互评、单位考评等多种形式进行。

考核结果应通知教师本人,考核优秀的应当予以公示表彰,确定考核不合格者应当向教师说明理由,听取教师本人意见。考核结果存入教师档案。师德考核不合格者年度考核应评定为不合格,并在教师职务(职称)评审、岗位聘用、评优奖励等环节实行一票否决。教师所在学校结合实际制定师德考核的具体实施办法。

师德建设质量督导评估有利于强化师德监督,有效防止师德失范行为。学校要建立健全师德建设年度评议、师德状况调研、师德重大问题报告和师德舆情快速反应制度,及时研究加强和改进师德建设的政策措施。构建学校、教师、学生、家长和社会多方参与的师德监督体系,建立师德投诉举报平台,及时掌握师德信息动态,及时纠正不良倾向和问题。对师德问题做到有诉必查,有查必果,有果必复。

百年大计,教育为本;教育大计,教师为本;教师修养,立德为本。身为一名教育工作者,应当常思为师之道,常存育人之责,常怀爱生之心,在教书中育人,在育人中体现价值。正所谓“身教胜于言传”。爱因斯坦说:“使学生对教师尊敬的唯一源泉在于教师的德与才。”这样才能以一个高尚美好的人民教师的形象去影响、熏陶学生。为人师表要求教师树立“清廉从教”的观念,时时处处注意自己的一言一行,以高尚的德行为学生做表率,自觉抵制社会上存在的一些不良风气,做一个廉洁奉公的教育工作者。

## 问题

**1. 简述教师职业道德及其特点。**

教师职业道德，简称“师德”，是一种职业道德。是教师和一切教育工作者在从事教育活动中必须遵守的道德规范和行为准则以及与之相适应的道德观念、情操和品质，是教师的从业之德，是对教师这一行业者的道德要求。它是调整教师与学生、教师与教师、教师与集体、教师与社会之间相互关系的行为准则。

**2. 幼儿教师对幼儿的理解与关爱体现在哪些方面？**

(1)关爱幼儿，全面育人。关爱幼儿就要对幼儿的生命安全进行保护；关爱幼儿就要对幼儿身心健康发展进行呵护；关爱幼儿就要关注个别幼儿。

(2)尊重幼儿，以人为本。尊重幼儿作为“人”的尊严和权利；尊重幼儿成长发展的自然规律；尊重幼儿的独立人格和自我意识；尊重幼儿的个体差异。

(3)注重幼儿生活价值。首先，教师必须关注幼儿生活的各种形态，而不能将有目标、有计划的教育仅仅狭隘为“教学活动”，将游戏活动和生活活动当作各种教学活动的“过渡环节”。其次，幼儿教师必须有意识地对幼儿在园一日生活进行充分利用和有效干预，将教育扩展到幼儿在园一日生活的方方面面。最后，幼儿教师还需要转变和克服一些已有的偏见与陋习，逐步实现幼儿生活与幼儿发展的统一与贯通。

**3. 幼儿教师如何树立保教工作的责任与信念？**

(1)坚持保教结合。需要幼儿教师合理安排和组织一日生活的各个环节，科学照料幼儿的日常生活，将教育灵活地渗透到一日生活中；抓住一日生活中的各种教育契机，对幼儿进行随机教育，以将保教结合原则落到实处。

(2)遵循幼儿心理特点。珍视幼儿生活和游戏的独特价值，充分尊重和保护其好奇心和学习兴趣，创设丰富的教育环境，合理安排一日生活，最大限度地支持和满足幼儿通过直接感知、实际操作和亲身体验获取经验的需要，将探索、交往等实践活动作为幼儿最重要的学习方式。

(3)重视游戏精神。游戏是儿童生命存在的基本方式,幼儿园教育应以游戏为基本活动。首先,幼儿教师应该充分认识到游戏对幼儿发展的价值。其次,幼儿教师应该正确对待自己在幼儿游戏中的位置,教师是幼儿游戏活动的观察者、支持者、参与者,而不是游戏的设计者、主导者和干预者。最后,幼儿教师应该提高自己支持、指导幼儿游戏的能力,努力提升自己的游戏精神。

(4)尊重家长,热情服务。其基本要求是:尊重幼儿家长,对所有家长一视同仁,不训斥、指责家长,主动与家长联系沟通,取得家长的支持与配合,认真听取家长的意见和建议,积极向家长宣传科学的教育思想和教育方法,帮助家长确立正确的教育观,强化服务意识,时时处处设身处地为家长着想,为家长解除后顾之忧。

**4.对幼儿教师健康心理状态的具体要求包括哪些?**

(1)建立正确的职业态度。幼儿教师应该对自己所从事的职业有一个正确、理性的认识,正确、客观地对待自己;针对自身的不足,要不断地充电,随时把握新的信息,提高自己各方面的素质;要培养自己乐观、豁达的人生态度,对待挫折和困难,要充满信心和希望,始终保持愉快而美好的心境。

(2)善于调整和控制自己的情绪。工作中注意克服情绪化和行为上的偏激,不将不好的情绪带入教学活动中;要注意满足身心需要,减轻内在的压力;对待事情要放宽心胸,不为小事斤斤计较,对别人取得的成绩要认同,并虚心向强者学习;适当地进行宣泄,不要过分压抑心中的情感。

(3)建立和谐的人际关系。幼儿教师除了要和幼儿建立良好的人际关系外,还要与同事、家长建立融洽的关系,维持和谐的社交活动。

(4)克服疲惫心理,让自己处于积极的状态。努力形成自己的职业特长,在竞争中找到自己的优势,这样容易使自己拥有一种成就感、优越感;精通工作的各个环节,对工作有轻松感、胜任感;把工作当成一项创造性的工作来做,使工作充满乐趣。

**5.如何培养幼儿教师的职业道德认知?**

(1)对幼儿教师职业道德价值的认识,是提高幼儿教师职业道德认识的前提。幼儿教师要深刻意识到自己所从事的幼儿教育事业的重要性和特殊性,认识到提高师德修养对今后开展幼儿教育教学工作的意义和价值,将外在的教师职业道德要求转化为自身需要的意向,从而落实到职业道德修养的行动上。

(2)对幼儿教师道德原则和规范的认识,是幼儿教师道德认识的基础。在幼儿教师与社会的关系上,要求幼儿教师热爱学前教育这个职业,尊重家长等;在教师与幼儿的关系上,要求教师要热爱幼儿、尊重幼儿,关心爱护每一个幼儿,公平公正对待每一个幼儿;在幼儿教师与同事的关系上,要尊重同事、团结协作,也只有这样,才能创建一个优秀的集体。

(3)幼儿教师的道德认识还包括对幼儿园教育教学规律的认识。一个具有高尚职业道德的幼儿教师,不仅要掌握教育、教学的内在规律,而且还要精通相关的专业知识。

**6.幼儿教师应如何提升自身的职业幸福感?**

(1)要从孩子身上找到幸福感。这是教育工作者精神饱满、心情愉悦和取得成功的最重要条件。

(2)要平等地进行师幼交往。在与幼儿交往中,教师只有放下自己的角色面具,以真实的自我与幼儿交往,和幼儿打成一片,才会获得生命相拥的幸福体验,从而更加热爱幼儿,热爱自己的工作。

(3)幼儿教师还要创造性地开展工作。要在明确教育目标的基础上,充分满足幼儿发展的需要;在遵循教育教学规律的基础上,将个人的志趣与幼儿的需要统一起来。

**7.幼儿教师良好的职业道德意志表现在哪些方面?**

道德意志的作用主要表现为依据某种道德认识和道德情感,果断地进行道德行为的抉择,为实现道德目的排除一切来自内部或外部的干扰。

(1)幼儿教师的道德意志表现为在道德实践中克服困难的勇气。一是面对同事之间的竞争以及社会对幼儿教师的不信任危机;二是面对个人教育、教学能力的局限,身体状况的不佳等主观因素。

(2)幼儿教师的道德意志还表现为在道德实践中战胜诱惑的能力。面对来自各方面的诱惑,幼儿教师需要凭借自己的道德意志,以坚定的职业理想做支撑,坚守这块暂时清贫却蕴含希望的阵地。

(3)幼儿教师道德意志表现为在道德生活中的自制力。幼儿教师需要控制和调节自身品质中自私、懒惰等成分,注意自己的言行举止,保持良好的教师形象，为幼儿树立良好的榜样。幼儿教师自制力越强，其行为就越富有理性，不会因为教育行为受阻而情绪失控。

**8. 良好幼儿教师道德行为的培养应从哪些方面着手努力？**

(1)学习和实践相结合，知行统一。幼儿教师道德实践包含教育实践和生活实践两方面。

(2)建立完善的幼儿教师职业道德监督机制。为了使监督机制收到良好的效果，必须坚持以下三个原则：经常性原则；客观性原则；利害性原则；效益性原则。

(3)建立完善的幼儿教师职业道德考核制度。在进行奖惩时应注意以下几个问题：第一，"奖"与"惩"要并重，不能偏废其一。第二，对集体的奖励和对个人的奖励相结合。第三，奖惩要辅以教育。第四，奖惩要有民主性。

**9. 我国中小学教师职业道德规范的基本内容是什么？**

(1)爱国守法；

(2)爱岗敬业；

(3)关爱学生；

(4)教书育人；

(5)为人师表；

(6)终身学习。

**10. 为什么说教书育人是我国师德的基本原则？**

教书育人就是指传授知识，培养人才。作为教师职业道德的一个基本原则，教书育人要求教师在其职业活动中，既要努力教授学生学习知识，又要培育学生成人成才，要把两者有机地结合在一起，更好地实现教育目的。

**11. 我国如何开展师德教育工作？**

(1)加强宣传教育，发扬主人翁精神；

(2)创新师德教育，开设师德教育专题；

(3)关注师德激励与惩处，提升教师精神境界；

(4)建立健全教师违反师德行为的惩处机制。

**12. 简述《严禁教师违规收受学生及家长礼品礼金等行为的规定》明确了的“六个严禁”(6条“红线”)的具体内容。**

(1)严禁以任何方式索要或接受学生及家长赠送的礼品礼金、有价证券和支付凭证等财物;

(2)严禁参加由学生及家长安排的可能影响考试、考核评价的宴请;

(3)严禁参加由学生及家长安排支付费用的旅游、健身休闲等娱乐活动;

(4)严禁让学生及家长支付或报销应由教师个人或亲属承担的费用;

(5)严禁通过向学生推销图书、报刊、生活用品、社会保险等商业服务获取回扣;

(6)严禁利用职务之便谋取不正当利益的其他行为。

**13. 师德建设机制的基本原则是什么?**

坚持价值引领,以社会主义核心价值观为教师崇德修身的基本遵循,促进教师带头培育和践行社会主义核心价值观。坚持师德为上,以立德树人为出发点和立足点,找准与教师思想的共鸣点,增强师德建设的针对性和贴近性,培育教师高尚道德情操。坚持以人为本,关注教师发展诉求和价值愿望,落实教师主体地位,激发教师的责任感使命感。坚持改进创新,不断探索新时期师德建设的规律特点,善于运用教师喜闻乐见的方式方法,增强师德建设的实际效果。

**14. 热爱学生的具体要求或表现是什么?**

热爱学生是爱人民、爱祖国和人道主义的道德准则在教育工作中的直接贯彻和具体要求,而且它还是教育工作本身的内在要求,是教育规律的要求。热爱学生既是教师的一种高尚的道德情感,又是做好教育工作的前提。它所强调的是这样两个字:师爱。

(1)师爱的教育意义。

(2)热爱学生的具体要求。

**15. 教师职业道德缺失的表现以及教师应如何加强职业道德修养?**

(1)表现一是有偿家教,二是行为失范,三是不尊重学生,四是责任心不强。

(2)加强宣传教育,发扬主人翁精神;创新师德教育,开设师德教育专题;关注师德激励与惩处,提升教师精神境界;建立健全教师违反师德行为的惩处机制。

**16. 为什么说教师间的团结协作是做好教育工作的需要?**

(1)团结协作能够为学生品德发展提供良好的人格示范;

(2)有利于取得或增强教育效果;

(3)有助于形成良好的工作氛围和心理氛围。

**17. 道德情操的表现形式有哪些?**

一个有道德情操的好老师,把敬业爱生作为教育工作的根本准则。敬业者,专心致志以事其业也。有敬业爱生精神的教师,才会献身教育,心系学生;才会严于律己,为人师表;才会严谨治学,诲人不倦;才会终身学习,追求进步;才会成就自己,成就学生。一个有道德情操的好老师,在自我修养的不断提升中实现道德追求。师德需要教育培养,更需要教师自我修养。做一个高尚的人、纯粹的人、脱离了低级趣味的人,应该是每个教师的不懈追求。腹有诗书气自华,教师自我修养的陶冶需要在读书上下功夫。心灵要用精神食粮去涵养,教师只有常读书、读好书,多读中国古典诗词、经典作品,以诗书育浩然之气,才能认识和相信道德之理。知行合一,互为表里,教师自我修养的完善更需要在行动中磨砺。

**18. 简述师德奖惩制度的合理性。**

完善师德表彰奖励制度,将师德表现作为评奖评优的首要条件。在同等条件下,师德表现突出的,在教师职务(职称)晋升和岗位聘用,骨干教师、学科带头人和学科领军人物选培,各类高层次人才及资深教师等评选中优先考虑。

**19. 教师专业标准中对于师德的具体要求是什么?**

教师准入门槛逐步提高。

我国现行教师资格制度已实施十余年,超过千万人获得教师资格。目前,我国教师资格一旦获得,终身拥有。另据了解,目前我国教师准入门槛并不高,只简单考核教育学、教育心理学等,对教师专业技能、教学能力的考核也应该加强。

师德考核将作为首要内容,实行一票否决。

20. 简述中国教师职业道德要求。

师德教育意义重大。我国将师德教育摆在教师培养首位,贯穿教师职业生涯全过程。广大教师要将师德修养自觉纳入职业生涯规划,明确师德发展目标。教师要充分认识自己所承担的庄严而神圣的使命,发扬主人翁精神,自觉捍卫职业尊严,珍惜教师声誉,提升师德境界。

(1)主人翁精神

(2)师德教育

(3)教师修养

(4)职业理想

(5)职业技能

(6)奖惩机制

因此,师德是教师应有的道德和行为规范,是全社会道德体系的组成部分,是青少年学生道德修养的楷模之一。从实践的角度看,具有高尚情操、渊博学识和人格魅力的教师,会对其学生产生一辈子的影响。

# 参考文献


[1]白恩斯,白劳纳.当代资产阶级教育哲学[M].翟菊农译.北京:人民教育出版社,1964.

[2]华东师范大学教育系,杭州大学教育系.现代西方资产阶级教育思想流派论著选[M].北京:人民教育出版社,1980.

[3]柳海民.教育学原理[M].北京:高等教育出版社,2011.

[4]陆有铨.躁动的百年——20 世纪的教育历程[M].济南:山东教育出版社,1997.

[5]吕炳君,苟增强,何兰芝.教育学基础理论与实践[M].北京:北京师范大学出版社.2017.

[6]全国十二所重点师范大学.教育学基础[M].北京:教育科学出版社,2002.

[7]孙芳.教师职业能力与应聘技巧[M].北京:现代教育出版社,2014.

[8]王道俊,王汉澜.教育学(新编本)[M].北京:人民教育出版社,1999.

[9] 杨耕.教育学研究理论与实践[M].北京:北京师范大学出版社.2016.

[10]杨兆山.教育学——培养人的科学与艺术[M].长春:东北师范大学出版社,2006.

[11]袁振国.当代教育学[M].北京:教育科学出版社, 2010.

[12]钟启泉.现代课程论[M].上海:上海教育出版社,1989.